Ⓡ 人民时评

人民日报评论年编·2023
人民时评

人民日报评论部　编

人民日报出版社

北　京

图书在版编目（CIP）数据

人民日报评论年编.2023.2，人民时评 / 人民日报
评论部编. — 北京：人民日报出版社，2024.1
　　ISBN 978-7-5115-8198-3

　　Ⅰ.①人…　Ⅱ.①人…　Ⅲ.①《人民日报》—时事评
论—2023—文集　Ⅳ.① D609

　　中国国家版本馆 CIP 数据核字（2024）第 018396 号

书　　　名：人民日报评论年编·2023·人民时评
　　　　　　RENMINRIBAO PINGLUN NIANBIAN · 2023 · RENMINSHIPING
作　　　者：人民日报评论部

出 版 人：刘华新
责任编辑：曹　腾　高　亮
版式设计：九章文化

出版发行　人民日报 出版社
社　　　址：北京金台西路 2 号
邮政编码：100733
发行热线：(010) 65369509　65369527　65369846　65363528
邮购热线：(010) 65369530　65363527
编辑热线：(010) 65369523
网　　　址：www.peopledailypress.com
经　　　销：新华书店
印　　　刷：大厂回族自治县彩虹印刷有限公司
法律顾问：北京科宇律师事务所　010-83622312

开　　　本：710mm×1000mm　1/16
字　　　数：1433 千字
印　　　张：96.5
版次印次：2024 年 1 月第 1 版　　2024 年 12 月第 3 次印刷

书　　　号：ISBN 978-7-5115-8198-3
定　　　价：218.00 元（共四册，含光盘）

编辑说明

评论是报纸的旗帜和灵魂。2023 年，人民日报评论坚持以习近平新时代中国特色社会主义思想为指导，紧紧围绕党和国家工作大局，充分发挥在舆论上的导向作用、旗帜作用、引领作用；坚持人民至上，始终把人民立场作为根本立场，关注社会热点，回应舆论关切，牢牢把握正确舆论导向，注重打造精品力作，强信心、聚民心、暖人心、筑同心；坚持守正创新，不断增强穿透力、凝聚力和感染力，"上连党心、下接民心"，在党心和民意的同频共振中弘扬正气、保持朝气、磨砺锐气，让舆论引导更接地气，让党报声音更加响亮，体现了人民日报"中流砥柱"和"定海神针"的作用。

本书汇集了"人民论坛""人民时评""人民观点""评论员观察"四个专栏 2023 年刊发的全部文章，其中"人民论坛"167 篇，"人民时评"194篇，"人民观点"114 篇（"人民观点"文章的作者均为人民日报评论部，不再一一标明），"评论员观察"126 篇，并附有电子版，敬请读者参阅、指正。

人民日报评论部

2024 年 1 月

目　录

岁稔年丰，筑牢大国粮仓

郁静娴

粮食安全是"国之大者"。全年粮食产量再创新高，折射出我国粮食供给保障能力稳步提升

五谷归仓，又迎来一个丰收年！国家统计局近日公布的数据显示，2023年全国粮食总产量13908.2亿斤，比上年增加177.6亿斤，增长1.3%，连续9年稳定在1.3万亿斤以上。今年，在自然灾害多发频发的情况下，粮食生产扛过台风、干旱、洪涝等多重挑战，取得这份丰收答卷，殊为不易。

粮食安全是"国之大者"。沉甸甸的粮袋子，背后不仅是经济账，更连着政治账。今年以来，受极端天气多发、贸易保护主义抬头和地缘政治动荡等多重因素叠加影响，国际粮食市场复杂多变，价格波动剧烈。我国防灾减灾救灾科学有效，市场调节及时有力，牢牢稳住了农业基本盘。全年粮食产量再创新高，折射出我国粮食供给保障能力稳步提升，为加快建设农业强国奠定了坚实基础，也为应对各种风险和挑战赢得战略主动。

看丰收，"中国粮食""中国饭碗"成色越来越足。从严格落实粮食安全党政同责，到优化粮食品种结构和区域布局，再到推进间套复种、整改复耕，各地积极盘活存量、挖掘增量，播种面积连续4年增加，为粮食丰收打下扎实基础。今年中央一号文件提出："实施新一轮千亿斤粮食产能

提升行动。"在环境资源约束下，与面积相比，粮食单产提升潜力还很大。从实践来看，立足耕种管收、地种药肥全环节找差距，集成配套各类资源措施，300 个重点县整建制推进单产提升，对粮食丰收的贡献率达到 73%，成为今年秋粮增产的鲜明亮点。

当前，全球粮食产业链供应链不确定风险增加，我国粮食供求紧平衡的格局长期不会改变。习近平总书记指出："确保国家粮食安全和主要农产品有效供给，是发展农业的首要任务。"解决吃饭问题，根本出路在科技，特别是要紧紧抓住耕地和种子两个要害。一方面，耕地保护要量质并重，以"长牙齿"的硬招实招保数量、提质量，同时，改革完善耕地占补平衡制度，提高高标准农田建设投入标准，促进良田粮用。另一方面，要发挥我国制度优势，深入推进种业振兴行动、农业关键核心技术攻关等，在"底盘技术"、核心种源、关键农机装备等领域发力，强化创新驱动，加快补上短板弱项，挖掘农业科技增产潜力。

保障粮食安全，主产区、主销区、产销平衡区都有责任，必须坚持"饭碗一起端、责任一起扛"。中央经济工作会议提出，"探索建立粮食产销区省际横向利益补偿机制"。受多种因素影响，我国粮食生产持续向主产区集中。近年来，国家对粮食主产区实行以财政转移支付为主的纵向补偿机制，不断加大产粮大县奖励资金投入，调动主产区重农抓粮积极性。在此基础上，继续健全粮食主产区利益补偿机制，有利于优势互补、利益共享、协同发展，进一步形成粮食主产区、主销区、产销平衡区耕地保护合力，促进粮食主产区粮食生产发展和经济实力增强有机统一、农民生产粮食和增加收入齐头并进。

放眼黄淮海平原，新一季小麦已在悄然孕育。近日，习近平总书记对"三农"工作作出重要指示，强调"要全面落实粮食安全党政同责，坚持稳面积、增单产两手发力"。全方位夯实粮食安全根基，把粮食生产抓紧抓实，我们有信心、有底气把饭碗牢牢端在自己手中，绘就更加壮丽的丰收画卷。

（2023 年 12 月 22 日）

整治网络戾气　弘扬社会正气

李　拯

让恶意攻击的人付出代价，让放纵戾气的平台承担责任，才能形成有效震慑、树立鲜明导向

当今时代，网络的影响无远弗届。它在丰富社会生活、打开表达空间的同时，也滋生了网络戾气的问题。或是进行人肉搜索，大肆泄露个人信息；或是使用网络暴力，恶意攻击谩骂；或是挑起对立情绪，激化社会矛盾。凡此种种，既给人们带来身心伤害，也污染网络空间、破坏公序良俗。

前不久，中央网信办决定在全国范围内启动为期1个月的"清朗·网络戾气整治"专项行动，聚焦网络戾气容易滋生的重点环节版块，围绕社交、短视频、直播等重点平台类型，坚决打击借社会热点事件恶意诋毁、造谣攻击，编造网络黑话、恶意造梗，煽动网上极端情绪等7方面问题。这一系列举措落地实施，有力遏制了网络戾气传播扩散，有助于健全防范治理网络戾气的制度机制，更好保障广大网民合法权益，维护良好网络生态。

社会需要秩序，公民需要良知，网络需要清朗。相较于现实社会，网

络空间具有隐匿性、虚拟化的特征，容易使一些人失去言行的边界感和责任感，毫无节制地宣泄非理性情绪。比如在"网络厕所"这种网络戾气的"新马甲"里，有人直接晒出他人照片或网络言论，诱发攻击性言论；还有人通过"开盒挂人"将他人的个人信息公开到网上，以达到威胁、羞辱或报复的目的。动辄"对骂""互撕"，污名化特定群体，有组织地恶意辱骂举报他人……网络戾气产生于虚拟空间，但对广大网民的伤害、对社会文明的践踏却是真实的；网络戾气若不加遏制，则网络空间的每个人、每个机构都可能成为受害者。

构建理性文明的网络环境，需要利剑高悬、抓好整治。在前段时间公布的《关于依法惩治网络暴力违法犯罪的指导意见》暨典型案例中，对诸如"网上侮辱他人""购买并通过信息网络发布个人信息"等行为，依法给予惩罚，形成良好的警示作用。也要看到，一些充斥网络戾气的言行打擦边球，尚不构成犯罪，由于参与者众多，执法成本也比较高，可通过这次专项行动查找问题漏洞，完善治理机制。只有坚持重拳出击，集中关闭一批严重违规、影响恶劣的账号群组，坚决取缔一批戾气聚集、问题突出的功能版块，从严查处一批履责不力、顶风作案的网站平台，让恶意攻击的人付出代价，让放纵戾气的平台承担责任，才能形成有效震慑、树立鲜明导向。进一步压实网站平台主体责任，摒弃拉踩引战、煽动对立、制造恐慌的"有毒流量"，才能为平台长远健康发展营造良好环境，形成风清气正的网络氛围。

网络空间污浊，人人受其害；网络空间清朗，人人享其利。每个网民的言行都影响着网络风气，大家应该形成反对网络戾气的共识，并自觉抵制网络戾气。在热点事件中，是理性关注，还是被虚假信息带节奏？在公共讨论中，是文明对话，还是渲染极端情绪？多一些理性思考，少一些情绪宣泄；多一些求同存异，少一些党同伐异；多一些尊重包容，少一些对立对抗，就能从社会心理层面消除网络戾气滋生的土壤，为清朗网络空间奠定坚实文明基础。

网络空间是现实社会的延伸，是亿万民众共同的精神家园，应该成为促进理性交流、激发社会活力、维护社会秩序的公共空间。政府部门、平台企业以及广大网民携起手来，把专项整治与长效治理结合起来，把外部监管与自我约束结合起来，就能形成消除网络戾气的合力，共同构建理性文明、清朗健康的网络空间。

（2023 年 12 月 15 日）

推动数字贸易繁荣发展

姜　照

数字贸易打破了传统贸易的时空限制，对全球贸易的模式、结构、规则等产生了深刻影响，成为引领全球贸易增长的重要力量

单孔腔镜手术机器人、无人驾驶汽车、直播电商数字人等吸引众多观众驻足；柬埔寨龙眼利用中国电商渠道拓展了销路；埃塞俄比亚咖啡豆经由海外仓转运至中国，被加工包装成挂耳咖啡，再由直播平台售出……前不久举办的第二届全球数字贸易博览会上，一些数字贸易新业态新模式令人眼前一亮，展现出数字贸易的旺盛活力。

习近平主席向第二届全球数字贸易博览会致贺信时指出："当前，全球数字贸易蓬勃发展，成为国际贸易的新亮点。"本届数贸会汇聚超800家境内外数字贸易企业参展，有100多项"数字新品"首发首秀首展，现场签约项目32个，总签约金额1558.5亿元。数贸会是以数字贸易为主题的国家级、国际性、专业型展会，为全球共商数字贸易合作、共享数字贸易红利搭建起平台，展现了数字经济发展带来的更多可能性。

随着数字技术的迅速发展，数字贸易正成为国际贸易发展的新趋势和未来发展的新增长点。近年来，我国高度重视发展数字贸易，取得了良好

成效，在数字贸易领域的国际知名度和影响力不断提升。商务部发布的《中国数字贸易发展报告2022》显示，2022年，我国可数字化交付的服务进出口额为3727.1亿美元，同比增长3.4%，规模再创历史新高；跨境电商进出口额达2.11万亿元，同比增长9.8%。这表明，我国数字贸易具有巨大发展潜力。顺应数字经济发展趋势，加强国际合作，共同促进全球数字贸易交流、数字经济发展，不仅有助于推动我国经济高质量发展，而且能为国际经贸合作注入新动能。

在当今世界百年变局加速演进、经济全球化遭遇逆流的大背景下，发展数字贸易对于创造国际贸易新的可能性、维护经济全球化具有重要意义。数字贸易打破了传统贸易的时空限制，对全球贸易的模式、结构、规则等产生了深刻影响，成为引领全球贸易增长的重要力量。在线平台和数字技术让服务提供商能够直接面向全球市场，打开了新的贸易空间。比如，北京市依托中关村软件园国家数字服务出口基地，打造"数字贸易港"，推进数字贸易国际合作。我国拥有海量的数据资源和丰富的贸易数字化应用场景，发展数字贸易具备独特优势，要进一步优化网络布局，提升数字化治理水平，推动数字贸易高质量发展。

也要看到，我国数字贸易发展仍然存在一些问题和挑战，如数据基础设施不够完善、规则体系需要健全、开放平台有待升级、经营主体竞争力有待提升等。下一步，要着力解决数字贸易领域存在的问题，加强国际开放合作。加快推进数据基础设施建设，推动国际数据基础设施互联互通，同时积极对标高标准国际经贸规则要求，不断完善数字贸易规则体系，才能为数字贸易发展营造良好环境、提供强大支撑。

戴上AR眼镜挑战虚拟飞镖，无师自通就能演奏钢琴，与AI下棋机器人对弈……参观数贸会后，有人将其形容为"过'未来'的一天"。在数字化时代，数字贸易将发挥更大的作用。充分利用全球数字贸易博览会平台，共商合作、共促发展、共享成果，一定能将数字贸易打造成为共同发展的新引擎，为世界经济增长注入新动能。

（2023年12月14日）

依靠科技创新增强发展动能

——经济发展新亮点观察①

林翊岚

科技创新如同撬动经济社会发展的杠杆，总能迸发出令人意想不到的强大力量

在长三角，有个新能源汽车的"4小时产业圈"。在上海，整车设计出炉，芯片、软件等"车辆大脑"不断升级；在安徽桐城，堪称"汽车心脏"的动力电池产量逐步提升；在江苏南京，汽车完成组装、走下产线；在浙江永康，对车内的智能软件进行测试……得益于协同创新和产业集群的支撑，平均不到10秒，就有一辆新能源汽车在长三角下线。这是今年以来长三角区域加强科技创新和产业创新跨区域协同的生动缩影，也是我国依靠科技创新增强发展动能的具体体现。

近日，习近平总书记在上海考察时指出，"要以科技创新为引领，加强关键核心技术攻关，促进传统产业转型升级，加快培育世界级高端产业集群，加快构建现代化产业体系"。以科技创新开辟发展新领域新赛道、塑造发展新动能新优势，是大势所趋，也是高质量发展的迫切要求。今年以来，从国产大飞机 C919 完成商业首飞，到国产大型邮轮"爱达·魔都号"

稳步起航，从全球首个陆上商用模块化小堆"玲龙一号"反应堆核心模块完成出厂验收，到我国自研海底地震勘探采集装备"海脉"实现产业化制造，科技创新捷报频传，创新成果不断涌现，有力助推高质量发展。今年1—10月，高技术产业投资同比增长11.1%，快于全部投资8.2个百分点；航空、航天器及设备制造业，医疗仪器设备及仪器仪表制造业投资分别增长19.0%、16.7%。科技创新的支撑引领作用越显著，经济新动能就越澎湃。

科技创新如同撬动经济社会发展的杠杆，总能迸发出令人意想不到的强大力量。能否充分发挥科技创新的杠杆作用，一个十分关键的方面，就看能否牢牢扭住自主创新这个"牛鼻子"，把关键核心技术掌握在自己手里。"人造太阳"全超导托卡马克核聚变实验装置（EAST）迎来重大突破，自主育种研发的油菜新品种"中油早1号"创造新的高产纪录，我国科学家成功实现51比特量子纠缠态制备……今年以来，我们瞄准关键核心技术进行攻关，着力提升科技前沿领域原始创新能力，不断取得新突破，为持续增强产业链供应链韧性夯实了基础。时不我待推进科技自立自强，只争朝夕突破"卡脖子"问题，就能把创新主动权、发展主动权牢牢掌握在自己手中。

提高科技成果转化水平，科技创新才能释放强大发展动能。在安徽合肥中科采象科技有限公司，有一个编号为"海洋石油720"的深水物探船模型。正是"海洋石油720"完成了我国自主装备首次超深水海域地震勘探作业，如今它搭载的关键技术就地转化，叩开了一个约50亿美元的物探装备新产业。今年以来，各地着力突破科技成果转化的市场化断点、利益共享痛点与产业化堵点。1—10月，高技术服务业中，科技成果转化服务业、专业技术服务业投资分别增长37.3%、29.1%。提升科技成果从"书架"到"货架"的转化速度，以效率变革、动力变革促进质量变革，我们就能不断突破高质量发展的卡点瓶颈，更好解决发展不平衡不充分问题。

企业是科技创新的主体。挖掘创新的潜力与活力，重点在企业。今年以来，《中共中央国务院关于促进民营经济发展壮大的意见》发布，明确支持提升科技创新能力；国家发展改革委等部门出台促进民营经济发展的若干举措，支持民营企业参与重大科技攻关；国务院国资委推动中央企业加快发展战略性新兴产业……一系列政策举措同向发力、落地生根，企业创新活力得到进一步激发。中国中小企业协会调研数据显示，三季度，中小企业发展信心显著提振，投资意愿有所增强，投入指数为 83.3，比上季度上升 0.4 点。随着企业科技创新主体地位不断强化，"创新之花"将更好结出"发展之果"，科技创新将持续赋能高质量发展。

中国式现代化关键在科技现代化。今天的中国，创新活力奔涌，发展日新月异。大力推进科技创新，加强科技创新和产业创新深度融合，定能不断催生新产业新业态新模式，拓展发展新空间，培育发展新动能，让科技创新这个"关键变量"转化为高质量发展的"最大增量"。

（2023 年 12 月 11 日）

使消费潜力充分释放出来

——经济发展新亮点观察②

白弈非

推动电商高质量发展，以新场景提供新体验，以新业态满足新需求，以新模式激发新活力，就能持续培育消费市场的新增长点

紧扣需求变化，顺应升级趋势，持续优化供给，方能更好满足品质化、多样化、个性化的消费需求

"同城上午寄下午到、下午寄当天到""跨省最快可实现'次晨达'""下单1小时内上门取件"……现实生活中，不少人都能切身感受到，快递越来越快了。相关数据也证明了这一点：今年第三季度，我国快递服务全程时限为54.24小时，同比缩短2.50小时；72小时准时率为83.75%，同比提升3.36个百分点。

快递提速，带来更好的消费体验，助力快递业保持向上的发展势头。国家邮政局监测数据显示，今年我国快递年业务量首次突破1200亿件，再创新高。优质的快递服务，让网络零售市场更加兴旺。今年1—10月，全国实物商品网上零售额同比增长8.4%，占社会消费品零售总额的比重为26.7%、比1—9月提升0.3个百分点、比上年同期提高0.5个百分点。网

络零售市场稳步增长，丰富了居民的消费选择，也助推消费持续恢复提升。

网络零售市场的发展，得益于持续优化的市场环境，也离不开电商平台等主体的不断创新。前者助力消费者没有后顾之忧敢消费，后者让新场景、新业态、新模式不断涌现，促使消费者愿消费。以直播电商为例，AI 虚拟主播全天在线，满足多品类、多场景直播需要；直播带货与文化旅游相结合，给消费者带来更多沉浸式、体验式、互动式消费新场景。新产品、新服务、新玩法，进一步增强了居民消费意愿。根据商务大数据监测，今年1—10 月，我国直播销售额超 2.2 万亿元，同比增长 58.9%，占网络零售额18.1%。长远来看，推动电商高质量发展，以新场景提供新体验，以新业态满足新需求，以新模式激发新活力，就能持续培育消费市场的新增长点。

电商网络不仅连接起城市与乡村，也连接起中国与世界。前不久，在首届链博会上，来自不同国家的咖啡，香飘展馆，吸引观众驻足。不仅是咖啡，从西班牙的火腿到泰国的榴莲，从赞比亚的蜂蜜到南非的芦荟胶和红酒，越来越多的优质进口商品借助电商平台走进中国消费者的日常生活。数据显示，10 月份，电商平台上菲律宾蜜饯果干、印尼护发用品、智利葡萄酒、哥伦比亚咖啡豆销售额同比分别增长 92.8%、66.9%、40.1% 和25.7%。当前，我国消费市场呈恢复增长态势，消费需求更加多样，消费提质升级的大趋势没有改变。紧扣需求变化，顺应升级趋势，持续优化供给，方能更好满足品质化、多样化、个性化的消费需求，不断开拓市场蓝海。

习近平总书记强调："我国新型工业化、信息化、城镇化、农业现代化深入推进，消费日益成为拉动经济增长的基础性力量。要增强消费能力，改善消费条件，创新消费场景，使消费潜力充分释放出来。"我国已连续多年成为全球规模最大的网络零售市场，网购用户 10 余年内呈现爆炸式增长，未来网络零售市场发展空间仍然广阔。为电商高质量发展营造更优环境，充分发挥电商联通线上线下、生产消费、城市乡村、国内国际的独特优势，相信消费潜力将得到有效释放，消费拉动经济增长的作用将进一步增强。

（2023 年 12 月 12 日）

绿色发展，动能焕新

——经济发展新亮点观察③

周珊珊

着力构建绿色低碳循环经济体系，加快形成科技含量高、资源消耗低、环境污染少的产业结构，经济绿色化程度大幅提高的过程，就会成为发展潜力和后劲持续增强的过程

下大功夫，练真功夫，坚定不移走绿色发展道路，以"绿"为底，向"绿"而行，打好法治、市场、科技等政策"组合拳"

天津港保税区，法国液化空气集团天津氢能供应基地注册启动。上海临港新片区，特斯拉储能超级工厂项目落户。江苏昆山，星巴克建起绿色环保咖啡烘焙工厂。中国欧盟商会发布的《中国欧盟商会商业信心调查2023》显示，95% 的受访企业计划在 2050 年前实现在华业务去碳化，46% 的企业打算在 2030 年前实现碳中和。今年以来，众多绿色低碳项目成为外商在华投资的新方向，折射绿色发展的强劲势头，也为我们观察中国经济打开了一扇窗。

观察今年经济发展，绿色无疑是一个重要的关键词。截至 10 月底，全国可再生能源发电装机规模再创新高，约占全国发电总装机的一半；1—

10月，新能源汽车产销量同比分别增长 33.9% 和 37.8%，市场占有率达到 30.4%；前三季度，以电动载人汽车、锂电池、太阳能电池为代表的"新三样"产品出口，同比增长 41.7%……一串串鲜活数据，彰显今年以来我国绿色低碳发展取得的积极成效，照见发展向"绿"、动能焕新的坚实步伐。

生态环境保护和经济发展不是矛盾对立的关系，而是辩证统一的关系。保护生态环境就是保护生产力，改善生态环境就是发展生产力。习近平总书记指出："要站在人与自然和谐共生的高度谋划发展，把资源环境承载力作为前提和基础，自觉把经济活动、人的行为限制在自然资源和生态环境能够承受的限度内，在绿色转型中推动发展实现质的有效提升和量的合理增长。"着力构建绿色低碳循环经济体系，加快形成科技含量高、资源消耗低、环境污染少的产业结构，经济绿色化程度大幅提高的过程，就会成为发展潜力和后劲持续增强的过程。

南京港就是个典型的例子。过去几年，南京港投入大量资金建设码头油气回收装置、油气化工码头管控平台、原油自动工艺改造等项目。环保投入，不仅改善了过去油气刺鼻的环境，也带动南京港连续三年业绩提升——环保设备将污染物回收利用，大大节省了成本；依托新设备开展数字化管理，港口的装卸效率和安全生产水平都有显著提升。相关负责人感慨，环保和安全投入不是"花冤枉钱"而是"物超所值"。这也启示我们，发展要算大账、长远账、整体账、综合账，实现绿色转型的确需要付出巨大努力，但可以塑造发展新动能新优势。

推动各方护绿、降碳、减排，离不开政策引领护航。《温室气体自愿减排交易管理办法（试行）》发布，规范相关交易及活动；《电力现货市场基本规则（试行）》印发，为推动新能源参与电力市场交易理顺机制；《绿色低碳先进技术示范工程实施方案》出炉，助力绿色低碳新产业新业态发展……今年以来，我国加快构建有利于绿色低碳发展的政策机制，财政政策不断丰富，货币工具持续完善，能源领域价格改革深化，市场交易更加活跃。继续完善绿色低碳发展政策，强化财税、金融等支持，协同推进降碳、减污、扩绿、增长，加快培育壮大绿色低碳产业，我们将不断开辟新赛道、创造新市场，形成新的经济增长点。

推动经济社会发展绿色化、低碳化，有挑战，也充满机遇。下大功夫，练真功夫，坚定不移走绿色发展道路，以"绿"为底，向"绿"而行，打好法治、市场、科技等政策"组合拳"，我们定能更好抓住机遇，以发展的"含绿量"提升增长的"含金量"，在绿色低碳高质量发展的路上行稳致远。

（2023 年 12 月 13 日）

品质过硬，国货"常青"

——经济发展新亮点观察④

崔　妍

今天，国货品牌已经站在了一个新的历史起点，我国消费市场足够广阔，为国货品牌创新发展提供了宽广的舞台

今年全国各地的马拉松赛场上，国产品牌跑鞋令人眼前一亮。在 2023 北京马拉松 2402 名 "破 3"（在 3 小时内完赛）选手中，近七成在比赛日选择国产品牌跑鞋。这是国货流行新趋势的一个具体体现。

观察今年的消费市场会发现，越来越多的国货品牌获得了市场的认可。蜂花、上海硫磺皂等老牌国货在社交平台、直播电商平台上赢得好口碑；陶陶居、北京稻香村等老字号，收获了一大批年轻粉丝；大白兔、回力等品牌，通过跨界经营和产品迭代焕发新活力。今年 "双 11" 期间，在一家电商平台上，共有 402 个品牌成交额破亿元，其中有 243 个是国货品牌。国货大放异彩，品牌影响力更上一层楼。

国货 "蔚然成风"，凭的是什么？

质量是产品的核心竞争力，是品牌的基础，也是国货备受市场欢迎的关键。曾几何时，不少消费者到国外旅游时纷纷抢购电饭煲。而如今，国

产品牌的电饭煲质量好、功能全，而且价格实惠，不仅受到国内消费者的青睐，还远销海外。不只是电饭煲，扫地机器人、无线吸尘器、智能洗地机、高速吹风机等国产品牌家电，也因功能升级、质量优良，销量不断上升。质量好是硬道理，是赢得市场的不二法门。聚焦市场需求，在提升质量上做足文章，国货品牌才能在激烈的市场竞争中站稳脚跟。

创新是品牌发展的"活力之源"。国货之所以能引领潮流，离不开持续的创新。就渠道创新而言，国货品牌没有墨守成规，而是紧跟时代潮流，创新营销方式，拥抱电商新业态，借助短视频、直播等拉近与消费者的距离，拓展消费人群。从产品创新来看，技术创新让国货品牌不断塑造新优势。以看似不起眼的纽扣为例，浙江永嘉桥头镇的纽扣企业，通过引入彩印、雕刻、激光、手工画漆等新工艺，推出玻璃珠光纽扣、雕花纽扣、金属挂扣等新品类，延伸了产业链，提高了附加值，把小纽扣做成了大产业。这也告诉我们，无论是老牌国货，还是新兴品牌，都应加强创新，在工艺、功效和性能上下更大功夫，以"创新力"提升"硬实力"。

国货之所以流行，原因不仅在于产品品质不断提升，还在于形成了良好的文化体验。今年以来，"国潮"持续引领消费新风尚。相关平台数据显示，今年前三季度，以"非遗"为关键词的搜索量同比增长 168%，"非遗"主题相关的团购订单量同比提升 245%。《千里江山图》折扇、联名口红，源自《食物本草》中柿子造型的"柿柿如意"摆件……国货展现"国潮"，让优秀传统文化与日常生活贴得更近，为人们带来了丰富的文化体验。在这个意义上，国货品牌乘势而上，既是一个"经济故事"，也是一个"文化故事"。

习近平总书记强调："推动中国制造向中国创造转变、中国速度向中国质量转变、中国产品向中国品牌转变。"今天，国货品牌已经站在了一个新的历史起点，我国消费市场足够广阔，为国货品牌创新发展提供了宽广的舞台。提升质量，勇于创新，深入挖掘文化价值，期待更多高品质国货引领消费热潮，让中国品牌点亮美好生活。

（2023 年 12 月 21 日）

乡村处处蕴新机

——经济发展新亮点观察⑤

尹双红

> 激活农村内需，是培育乡村发展内生动力、推进乡村全面振兴的重要一环，也是畅通国民经济循环、构建新发展格局的题中应有之义

在山东胶州里岔镇市集，年轻的摊主刚送走摊前的客人，转头又继续对着手机直播卖货。透过镜头，集市上熙熙攘攘的人群、高低起伏的吆喝、热气腾腾的食物，吸引了全国各地的观众。观众不仅在网上下单，有的还专程赶来体验农村大集的氛围。网络直播带动里岔镇市集人气倍增，折射出农村市场的旺盛活力。

围绕着力扩大国内需求，近日举行的中央经济工作会议强调："要激发有潜能的消费，扩大有效益的投资，形成消费和投资相互促进的良性循环。"激活农村内需，是培育乡村发展内生动力、推进乡村全面振兴的重要一环，也是畅通国民经济循环、构建新发展格局的题中应有之义。从加强农业农村基础设施建设，到实施特色产业提升行动，再到推进县乡村商

业体系建设，各地畅通城乡商品、服务和生产要素流通渠道，深入挖掘农村内需潜力，农村投资消费稳步恢复。数据显示，今年1至11月，乡村消费品零售额为5.75万亿元，同比增长7.9%，增速快于城镇；前三季度，农产品网络零售额保持两位数增长，乡村休闲旅游稳步恢复，农业功能价值不断拓展。总的来看，农业农村经济稳中向好，对稳增长、稳就业、稳物价的支撑作用日渐凸显。

乡村消费潜力巨大。一方面，随着生活水平的提升，农村居民消费需求日趋多样化。加快完善县乡村电子商务和快递物流配送体系、出台购车补贴等政策措施，优化了农村消费供给，改善了农村消费环境，让农村居民的消费意愿水涨船高。另一方面，农村好生态也是摇钱树、聚宝盆。如今，伴随着农村生态环境和人居环境的改善，越来越多城市游客来到乡村，既买产品，又买体验，推动绿色农产品、乡村康养、科普教育、风俗旅游等消费日渐红火。千方百计增加农民收入，下更大功夫改善农村消费环境，农村消费市场提质扩容将会有更坚实的支撑。

相较于城市，我国乡村基础设施相对滞后，但这也是投资空间与增长潜力之所在。加强高标准农田建设，大力发展现代设施农业，完善农村水网，持续改善农村水电路气房讯等基础设施条件，这些举措既方便了生活、促进了生产，也为扩大有效投资、畅通城乡经济循环提供了助力。初步测算，未来5至10年，高标准农田、设施农业等乡村建设投资需求有近15万亿元。拿出更多实招硬招，着力扩大农业农村有效投资，就能推动农村内需潜力加速转化成发展动力。

激活农村内需是一项系统工程，需要多方面协同发力。在产业上，不妨立足农业农村资源禀赋，发展壮大优势明显、特色鲜明的乡村产业。在投资上，不妨健全政府投资与金融和社会投入联动机制，持续推进农业农村重点领域补短板投资。在供给上，不妨增加绿色优质农产品供给，扩大电子商务和物流快递的农村覆盖率，让农产品"上行通畅"、工业品"下沉顺畅"，促进家电家具等耐用品消费增长。

习近平总书记强调，"充分发挥乡村作为消费市场和要素市场的重要作用"。扩大国内需求、构建新发展格局，广袤乡村大有可为。扎实推进以县城为重要载体的城镇化建设，推动城乡融合发展，增强城乡经济联系，畅通城乡经济循环，乡村将会消费更热、投资更旺、人气更足，不断焕发蓬勃发展新活力。

（2023 年 12 月 25 日）

发挥重大工程的"乘数效应"

——经济发展新亮点观察⑥

石　羚

今年下半年，我国铁路建设捷报频传：贵南高铁全线运营，为沿线区域拓展新的发展空间；丽香铁路开通运营，结束了云南迪庆藏族自治州不通铁路的历史，丽江市至香格里拉市最快 1 小时 18 分可达；连通京津冀地区的第四条铁路干线——津兴城际铁路正式开通运营。数据显示，今年 1 至 11 月，全国铁路完成固定资产投资 6407 亿元、同比增长 7.4%。铁路密集投产，交通网络持续加密，为流动中国注入新活力，也为我国重大工程项目持续推进写下生动注脚。

重大工程是最直接、最有效的基础设施建设投资。逢山开路、遇水架桥，交通建设勇当"先行官"；修堤筑坝、连通水系，水利建设跑出"加速度"；寻油找气、追风逐日，能源建设激发"新活力"；塔吊林立、机器轰鸣，场馆建设按下"快进键"。从东部沿海到西部内陆，从南海之滨到北国边陲，各重大工程、重大项目建设蹄疾步稳，拉动有效投资，增添发展动力，推动我国经济运行整体回升向好。

重大工程体量大，是保障和促进经济发展的"压舱石""稳定器"。一段时间以来，总需求不足成为经济运行的突出矛盾。重大工程建设规模大、周期长，能够有效吸纳投资、扩大内需，释放我国超大规模国内市场的需求潜力，助推经济企稳回升。今年 1 至 11 月，计划总投资亿元及以上项目投资同比增长 9.6%，增速比全部固定资产投资高 6.7 个百分点，投资带动作用明显。充分发挥重大工程牵引示范作用，有利于稳投资、稳增长，巩固和增强经济回升向好态势。

重大工程战线长，直接拉动力、间接带动力都很强。以今年 7 月实现先期通水的引汉济渭工程为例。从直接效果看，工程建设带动了水泥、钢铁、物流运输等相关企业的发展。从长远影响看，这一工程润泽关中、解渴陕北、带动陕南，有利于破解陕西水资源瓶颈制约、实现水资源配置空间均衡，促进区域协调发展。重大工程往往也是各类新装备、新技术的"练兵场"。从具备无人巡检和自主导航等功能的水下机器人，到基于区块链技术的混凝土生产信息管理系统，技术创新为引汉济渭工程建设提供了保障，推动中国建造、中国制造能力水平进一步提升。由此可见，重大工程具有公共性、通用性、基础性的特点，既能为产业链上下游发展提供机遇，也能为区域经济发展带来支持，还能为加快产业转型升级注入动力。更好发挥重大工程的"乘数效应"，对持续推动经济实现质的有效提升和量的合理增长，具有重要意义。

重大工程建设还蕴含着巨大的社会效益。作为奋战在平陆运河工地的建设者之一，广西横州市平塘村村民孙国旗感慨，"以往休渔期只能补渔网、修渔具"，而如今，"休渔期也能在家门口挣钱"。前三季度，各地通过在相关建设项目中实施以工代赈吸纳 174 万余名低收入群众务工就业。从吸纳就业，到更好满足千家万户用水用电需求，从改善生活环境，到提升防灾减灾救灾能力，一批重大工程补齐民生短板，释放发展暖意，让改革发展成果惠及更多群众。

近期举行的中央经济工作会议强调，"着力扩大国内需求"。重大工程的有序推进离不开强有力的政策保障。今年以来，浙江启动"千项万亿"工程，统筹用好多种融资工具，支持重大项目建设；山东建立重要项目协调机制，加大省级统筹力度；广西开展重大项目"审批直通车"活动，创新服务举措。保持"等不起"的紧迫感、"慢不得"的责任感，持续发挥政府投资和政策激励的引导作用，更多重大工程将拔地而起，内需潜力将加快释放，中国经济将更具活力。

（2023 年 12 月 26 日）

营商环境优，发展磁场强

——经济发展新亮点观察⑦

邹　翔

营商环境越好，经营主体获得感就会越强，信心就会越足

前不久，美德纳（上海）医药贸易有限公司正式落户上海闵行区。在有关部门收到办理工商注册所需的最后一份文件 1 小时后，美德纳公司代理律师就拿到了营业执照，并感慨："闵行的速度，为企业抢出来了发展的黄金时间。"从沿海到内陆．不断优化的服务，持续提升的速度，汇聚成我国营商环境不断改善的强大动能。

营商环境是稳定市场信心、激发经济发展活力、推动高质量发展的重要因素。就像阳光、水和空气之于人的生存，好的营商环境对经营主体来说不可或缺。各地区各部门从企业实际需求出发，持续优化营商环境，助力企业爬坡过坎、蓄势发展。2023 年前三季度，全国新设民营企业 706.5 万户，同比增长 15.3%；前 11 个月，全国新设立外商投资企业 48078 家，同比增长 36.2%。《2023 年第三季度中国外资营商环境调研报告》显示，八成以上受访外资企业对中国营商环境评价满意以上。不断优化的营商环境，为培育和激发经营主体活力、推动高质量发展提供了有力支撑。

营商环境好不好，企业最有发言权。在安徽，得益于"免申即享"平台，企业只需提供准确的相关信息，就可以实现高效审批，资金快速到账。在山东东营，一个 25 亿元的风电项目从规划落地到建设施工，审批部门一对一靠前服务。在湖南衡南，屋场恳谈会制度推动党员、干部深入一线听取各方面意见建议，帮助解决生产经营难题。营商环境越好，经营主体获得感就会越强，信心就会越足。

某种意义上来说，优化营商环境的过程，也是一个不断深化改革冲破思想观念束缚、突破利益固化藩篱的过程。无论是清除市场壁垒，还是转变政府职能，无论是提升服务质效，还是推进制度集成创新，都需要坚持向改革要动力、向创新要活力。既着力解决短板弱项、疏通堵点难点，又注重建立长效机制、夯实制度基础，确保营商环境持续优化，才能更有效激发市场活力和社会创造力。

法治是最好的营商环境。从优化营商环境立法供给，到加强对行政法规中有违公平条款的清理工作，再到取消和调整工业和信息化、住房城乡建设等领域 33 个罚款事项，我国以法治建设优化营商环境迈出坚实步伐。依法平等保护国有、民营、外资等各类所有制企业产权和企业家的合法权益，促进完善产权保护、市场准入、公平竞争、社会信用等方面的制度规范，将为各类经营主体创造稳定、透明、规范、可预期的法治环境，也将为打造对外开放新高地和推动经济高质量发展注入强劲动力。

中央经济工作会议强调，"持续建设市场化、法治化、国际化一流营商环境"。巩固和增强经济回升向好态势，持续推动经济实现质的有效提升和量的合理增长，优化营商环境是必不可少的重要一环。在优化环境中激发活力，在制度创新中积蓄动力，中国经济将向着"气质更佳""颜值更高""活力更足"的方向不断迈进。

（2024 年 01 月 02 日）

中欧班列跑出互利共赢"加速度"

——经济发展新亮点观察⑧

张　凡

"黄土地上，吹来徐徐'海风'。"在陕西西安国际港站内，一列列中欧班列往来穿梭。搭乘中欧班列，来自中亚的小麦、蜂蜜等优质农产品进入国内市场，新能源汽车、光伏组件等"中国制造"走向海外。奔驰不息、联通万里的"钢铁驼队"，助力不靠海、不沿边的三秦大地，站上了我国向西开放的前沿。

"驼铃古道丝绸路，胡马犹闻唐汉风。"千年之前，络绎不绝的驼铃商队支撑起古丝绸之路的繁华盛景；千年之后，随着一声声嘹亮的汽笛鸣响，呼啸穿梭的中欧班列续写着亚欧大陆的生机勃勃。中欧班列开创了亚欧国际运输新格局，搭建了沿线经贸合作新平台，有力保障了国际产业链供应链稳定，为世界经济发展注入新动力。目前，中欧班列已通达欧洲25个国家217个城市。数据显示，2023年1—11月，中欧班列累计开行16145列，发送货物174.9万标箱，同比分别增长7%、19%，综合重箱率100%，货物运量已超2022年总运量。不断上扬的数字，凸显我国外贸稳中向好发展态势，折射高水平对外开放不断迈出新步伐。

从曾经的月均1列，到如今月行千列，中欧班列车次越开越密，运输通道不断拓宽，更多内陆腹地搭乘中欧班列的"快车"，走向开放前沿。在河南郑州，过去大宗货物出口欧洲，需先运至东部海港，再经海运入欧，如今依托中欧班列，郑州一跃成为内陆开放新高地。在四川成都，受益于中欧班列（成渝），青白江区实现从老工业区到开放前沿的华丽蜕变。一个个"洼地"变"高地"、内陆变门户的发展故事，本身就是对"开放带来进步"的生动注解，就是对"中国开放的大门不会关闭，只会越开越大"的有力印证。

中欧班列服务品质持续提升，离不开我国推进高水平制度型开放的不懈努力。比如，在江苏，中欧（亚）班列全面应用铁路"快速通关"模式，铁路进出口货物转关运输效率和便利化水平得以提高，单趟班列缩短运行时间 2—3 天，企业申报成本降低约 20%。提高沿线通关便利化水平，不断优化口岸营商环境，持续完善国际运输规则……稳步扩大规则、规制、管理、标准等制度型开放，中欧班列将进一步提升亚欧大陆互联互通水平，跑出互利共赢"加速度"。

中国的发展是世界的机遇。今天，以中欧班列、西部陆海新通道等为纽带，区域协调发展战略和区域重大战略相互激荡，我国高水平对外开放向纵深推进，为世界创造更多需求、带来更多机遇。来自哈萨克斯坦的马合江，是江苏连云港中哈国际物流有限公司的业务员。亲眼见证一个个满载货物的集装箱通过中欧班列驶向远方，他颇为感慨："借助'中欧班列'等平台，中哈贸易额大幅增长，也为像我这样的年轻人提供了更多就业机会。"日夜兼程的中欧班列，体现了中国扩大高水平对外开放的坚定决心，彰显"以中国新发展为世界提供新机遇"的格局和胸怀。面向未来，积极有为推进高水平对外开放，将让中国开放的春风温暖世界。

前不久举行的中央经济工作会议强调，"扩大高水平对外开放"。朝着更高质量、更好效益、更加安全方向发展，中欧班列、西部陆海新通道等必将不断拓宽惠及各国人民的"幸福之路"、造福世界的"繁荣之路"，为高水平对外开放的时代画卷增添更多亮色。

（2024 年 01 月 04 日）

建立"一张网" 服务"一站式"

康 岩

建立"一张网",提供"一站式"服务,彰显了政府部门为中小企业真心实意解难题、真招实招助发展的决心

中小企业连着千家万户,是推动创新、促进就业、改善民生的重要力量。如何优化政务服务,提高治理效能,提高企业获得公共服务的精准性、便捷性?

建立"一张网",提供"一站式"服务,这是中小企业的普遍期待。不久前,工业和信息化部发布《关于健全中小企业公共服务体系的指导意见》,明确提出建立全国中小企业服务"一张网",为中小企业提供"一站式"服务。

"一张网",旨在充分运用大数据、云计算、人工智能等技术,有效整合各类服务资源,贯通国家、省、市、县各级中小企业公共服务机构,与政务服务平台加强互联互通;"一站式",旨在打造横向连通、纵向贯通、便利共享、泛在可及的服务平台,形成政策直享、服务直达、诉求直办的服务模式。

近年来,我国陆续设立各级中小企业公共服务机构1697家,基本形成了覆盖全国的中小企业公共服务体系,有力推动了中小企业健康发展。

但是，基层服务机构还比较薄弱，服务资源整合不足，中小企业享受公共服务仍不够便利。建立"一张网"，提供"一站式"服务，成为解决问题的一个有力抓手，将在帮助中小企业纾困解难、降本增效方面发挥积极作用。

建立"一张网"，提供"一站式"服务，机制协同联动是关键。以河南新乡平原示范区的探索为例，当地由政务服务和大数据管理局牵头，搭建惠企政策直达快享平台，实现政策查询、解读、推送、兑现流程全部可线上办理。在惠企政策集中办理窗口，企业可以便捷享受政策咨询、绿色通道、帮办代办等服务。通过"一张网"，推动政府各部门建立常态化协调机制、打破部门壁垒和信息孤岛，提供跨区域、跨部门、跨层级的"一站式"服务，能有效解决企业和群众"找不到、读不懂"优惠政策，不熟悉新流程、往返跑等痛点难点，让企业更精准、更全面、更便利地享受相关优惠政策。

实现线上政策"一网汇聚"、线下问题"一窗通办"，先进信息技术是支撑。用好数据共享、大数据分析、人工智能等技术，实现政策和服务智能匹配、自动送达、快速兑现，才能畅通惠企政策落实落地的"每一公里"。吉林省通化市创新体制机制，以税商联动为基础，搭建服务民营经济发展的"税商联动＋多方融入"平台，对惠企政策享受条件与企业基础信息等进行分析比对，多维度勾勒企业的"数据画像"，实现相关政策精准推送。依托相关服务平台，实现从"企业找政策"到"政策找企业"，能够大大降低企业获取相关政策的难度，让企业诉求"件件有着落、事事有回音"。

当下，新一轮科技革命和产业变革正在重塑经济发展结构，中小企业数量持续增多，规模实力不断提高，对公共服务的需求也在不断增长。据统计，截至 2022 年末，我国中小微企业数量已超 5200 万户，2022 年平均每天新设企业 2.38 万户。建立"一张网"，提供"一站式"服务，彰显了政府部门为中小企业真心实意解难题、真招实招助发展的决心。健全公共服务体系，鼓励和支持中小企业发展壮大，不断提振市场预期和信心，中国经济必将汇聚起更磅礴的内生动力。

（2023 年 12 月 08 日）

为养老服务筑牢法治之基

石　羚

> 更好发挥立法的引领和推动作用，强化立法的针对性、及时性、系统性、可操作性

让每一位老年人老有所养，既是家事，也是国事。近年来，为满足老年人多层次多样化需求，实现老有所养、老有所依、老有所乐、老有所安，多地积极展开养老服务专门立法工作。据不完全统计，目前已有 20 多个省区市针对养老服务出台法规，就人才培养、设施建设、服务内容、监督管理等方面作出明确规定，为养老服务高质量发展绘制"路线图"，划出"硬杠杠"。

"法者，治之端也。"我国养老事业不断取得新成绩，与法治护航密不可分。修订老年人权益保障法，印发国家老龄事业发展和养老服务体系规划，制定相关国家和行业标准……党的十八大以来，我国不断强化养老服务法治保障，初步确立了以法律为纲领、国务院政策文件为基础、部门专项政策和标准为支撑的养老服务制度体系。当前，老龄事业和养老服务还存在发展不平衡不充分问题，建设与人口老龄化进程相适应的养老服务体系的紧迫性日益凸显，必须更好发挥立法的引领和推动作用，强化立法的针对性、及时性、系统性、可操作性，为养老服务筑牢法治之基。

经济社会发展步伐行进到哪里，人民群众的期盼和需求在哪里，立法

工作就应跟进到哪里。针对服务机构用地难，《江西省养老服务条例》明确将具备条件的闲置办公用房、厂房等改造建设为养老服务设施；针对农村养老服务相对滞后，《河南省养老服务条例》提出建立城市与农村养老服务对口支援和合作机制；针对养老护理人才缺口，《海南省养老服务条例》支持高等学校、职业院校开设老年服务和管理相关专业或者课程……相关立法聚焦养老服务发展瓶颈，提出有针对性的举措，受到群众好评。由此可见，养老立法必须坚持问题导向，围绕破解养老服务供给不足、质量不高、市场发育不健全等问题，不断增强立法实效。

用法治保障人民安居乐业，是坚持法治为民的重要体现。让银发族安享晚年，需要发展多样化养老服务。从明确老年人住院治疗期间子女享受陪护假，到支持开展社区邻里服务等互助性养老服务，再到探索机构养老床位和医疗床位按需规范转换，各地将实践探索融入本地法规制度，搭建多层次养老服务体系，将适合的服务送到老年人身边。着眼养老服务全方位各环节，将行之有效的经验做法上升为法律规范，推动老龄事业与产业、基本公共服务与多样化服务协调发展，养老服务体系就能更加健全高效。

近年来，我国人口老龄化程度进一步加深。截至去年底，60周岁及以上老年人口已超2.8亿。加快发展养老产业，加大养老服务供给，提升养老服务资源配置效率，才能有效应对不断增大的养老压力。而养老产业的发展壮大，离不开法治护航。一方面，要通过立法为养老服务设定标准，为从业者提供法治支持，明确各方权利义务。另一方面，要划定底线红线，明确违法行为的法律责任和处罚措施，让养老服务在法治轨道上运行。坚持市场化、法治化方向，加快形成多层次、多样化的养老服务供给格局，才能为老年人营造更加友好的社会环境。

法治是持续增进民生福祉的重要保障。今年9月，十四届全国人大常委会立法规划公布，养老服务法位列其中。不断推出的养老服务地方立法，为国家层面立法奠定了坚实基础。加快养老服务立法，健全法规、政策、标准相衔接的养老服务法治体系，必能为老年人幸福生活提供有力护航。

（2023 年 12 月 07 日）

以数字化激发文旅消费潜能

王　珂

江苏苏州丝绸博物馆对现存丝绸纹样进行数字化开发，打造可供全社会使用的"丝绸纹样资源库"；浙江推出线上应用"浙里文化圈"，集纳各类文博机构的 2000 多个线下展览，一年内"一键入馆预约"超过 400 万人次；由互联网企业打造的"文心大模型"，通过学习文化资源数据，实现对《富春山居图》残卷的线上补全修复……不久前，文化和旅游部公布 2023 年文化和旅游数字化创新示范"十佳案例"和 34 个"优秀案例"，生动展示了数字文旅助力中华优秀传统文化传承创新的重要作用。以数字化赋能文旅业高质量发展，趋势所向，潜力无限。

随着互联网、大数据、虚拟现实等新技术在文旅领域加速应用，数字化已成为很多文旅项目创新产品、优化体验的关键词，由"数字＋文旅"催生的文旅项目在各地不断涌现。比如，在吉林长白山传奇飞行体验馆，穿云破雾、身临其境般的沉浸式体验给很多游客留下难忘回忆；在山东济宁曲阜尼山圣境，集合了无人机表演、光影水秀、烟火秀等元素的夜游主题活动，让游客感受中华文化的魅力。数字化创设了"诗和远方"新场景，给游客带来新鲜有趣的体验，形成文旅市场新的增长点，为恢复和扩大文旅消费注入新的动力。

文旅行业借助数字化赋能实现新发展，背后有消费升级趋势在起作用。

人们对文旅服务品质要求越来越高，更期待通过多种方式体验旅游地的传统文化、风土人情。与此同时，更多游客也愿意跟着演出去旅行、吃着美食去旅行、奔着民宿去旅行。游客的需求类型不断扩展、需求层次不断提升，对文旅产品供给提出了更高要求。运用数字化技术丰富文旅产品服务供给，成为适应消费升级趋势、精准对接游客需求的有效方式，也是深化文旅业供给侧结构性改革的有力抓手。

以数字化赋能文旅业高质量发展，创新是根本动能。当前，新一代数字技术飞速发展，给文旅业带来全方位、多层次的改变，深刻影响了文旅信息获取、供应商选择、消费场景营造、支付方式以及社交分享等旅游全链条。推动文旅业发展迈上新台阶，必须在服务方式、消费模式和管理手段等方面不断推陈出新。在产品端，可以开发更多数字化体验产品，发展沉浸式互动体验、虚拟展示、智慧导览等新型文旅服务。在管理端，可以应用智能旅游公共服务、旅游市场治理"智慧大脑"等新技术新手段。坚持创新驱动，以数字化手段推动文旅融合发展，才能给游客带来新体验，更好激发文旅消费潜能。

以数字化赋能文旅业高质量发展，离不开政策支持。今年以来，文化和旅游部不仅印发了《国内旅游提升计划（2023—2025年）》，部署加快智慧旅游发展、推动科技赋能旅游，还公布了首批全国智慧旅游沉浸式体验新空间培育试点名单、20个沉浸式文旅新业态示范案例，体现出"有形之手"的主动作为。积极落实用地、财政、税收、金融、投资、人才等支持政策，才能推动文旅业更好运用数字化、网络化、智能化科技创新成果。

当前，我国文旅市场加速回暖，为数字文旅产业的发展创造了有利条件。更加敏锐地捕捉新需求新趋势，用好数字化这个帮手，推出更多符合消费者期待的精彩产品和服务，定能吸引更多人走出家门，拥抱"诗和远方"。

（2023 年 12 月 06 日）

以法治护航历史文化遗产保护

张　璁

充分发挥法治的引领、规范和保障作用，是保护好历史文化遗产的有效途径，也是正确处理好城市发展和历史文化遗产保护关系的内在要求

老城墙、吊脚楼、黄葛古树……位于重庆市渝中区的戴家巷，紧邻洪崖洞景区，近些年来，经过更新改造、保护利用，来此旅游休闲、感受山城文化魅力的游客络绎不绝。老旧建筑焕发新生，《重庆市历史文化名城名镇名村保护条例》等规章的护航，功不可没。法治，为当地加强历史文化的保护传承、促进历史建筑的保护与合理利用提供了更加系统全面的制度保障。

不仅是重庆市，近年来，各地聚焦"保什么""谁来保""怎么保"等关键问题，纷纷出台地方性法规，加强历史文化遗产保护。从实践来看，充分发挥法治的引领、规范和保障作用，是保护好历史文化遗产的有效途径，也是正确处理好城市发展和历史文化遗产保护关系的内在要求。

截至目前，全国共有国家历史文化名城 141 座，中国历史文化名镇名村 799 个，中国传统村落 8155 个，历史文化街区 1274 片，历史建筑 6.3 万多处。随着保护对象不断扩充，如何实现应保尽保，做到空间全覆盖、要素全囊括，成为必须解答好的新课题。当前，在个别地方，城乡历史文

化保护传承工作还存在建设性破坏屡禁不止、保护对象不完整、保护修缮不到位等情况。切实保护、利用、传承好城乡历史文化遗产，必须进一步筑牢城乡历史文化遗产保护的法治屏障。

加强法治保障，不仅需要完善法律法规，也要强化法规制度的执行。前不久，最高人民检察院、住房城乡建设部联合印发《关于在检察公益诉讼中加强协作配合依法做好城乡历史文化保护传承工作的意见》，提出建立健全住房城乡建设（规划）部门行政执法与检察公益诉讼协作机制。这有助于强化城乡历史文化保护传承领域执法司法衔接，推动形成行政执法与检察监督的保护合力。城乡历史文化保护传承涉及规划、建设、管理的全过程，从加强执法检查，到发挥行政公益诉讼的督促协同优势，推动多部门共同履职、统筹协调，将法规制度执行到位、落到实处，才能不断提升城乡历史文化保护传承工作水平。

让城乡历史文化保护融入城乡建设，既要守住法治底线，禁止破坏性地开发利用，也要依法加强活化利用。在广东省广州市越秀区东山口署前路，有一栋"90多岁"的红砖洋楼，去年被评为越秀区第二批传统风貌建筑。前两年，因为雨水多，小洋楼三层出现漏水现象，使用人不得不把三层的地砖全部撬开，重新做防水，再找来新地砖铺上，花费不少。针对此类情况，今年7月正式施行的《广州市传统风貌建筑保护规定》明确提出："非国有传统风貌建筑保护责任人可以向市、区人民政府申请日常维护和修缮资金补助。"这有利于激发保护责任人的保护主动性和相关主体的参与积极性。城乡历史文化遗产就在群众身边，做好保护传承工作应鼓励和引导社会力量广泛参与。及时依法解决群众关心关注的问题，保护更有法治温度，才能更好凝聚各方力量。

今日之中国，锦绣大地上，历史文脉融入现代生活，山水人文交汇成现代宜居之地。以法治护航城乡历史文化遗产保护，在城乡建设中加强历史文化保护传承，统筹好发展与保护，定能更好地让历史文化和现代生活融为一体，让城市留住记忆，让人们记住乡愁。

（2023 年 12 月 05 日）

守护传承好绿色"国宝"

于　洋

让古树名木真正成为有记忆的地标、可触摸的历史，成为坚定文化自信的有力支撑

古树名木是记录自然生态变迁的"活化石"，是承载民族历史记忆的绿色"国宝"。从"万条垂下绿丝绦"的春意盎然，到"晴川历历汉阳树"的壮阔悠远，从《诗经》里"其叶牂牂"的东门之杨，到《项脊轩志》里"亭亭如盖"的枇杷树，树木寄托的是人与人、人与故乡、人与自然的情与意，是中国历史传承至今的朴素生态观和绿色发展理念。

习近平总书记高度重视古树名木保护工作。在广东湛江红树林国家级自然保护区，习近平总书记强调，这片红树林是"国宝"，要像爱护眼睛一样守护好。在四川广元古蜀道上的翠云廊，习近平总书记嘱咐当地负责同志，要把古树名木保护好，把中华优秀传统文化传承好。不久前，国家文物局、国家林草局、住房城乡建设部联合发出通知，就做好全国重点文物保护单位内古树名木保护工作进行部署，既要求"落实落细古树名木日常养护措施"，又鼓励"开展对古树名木文化内涵、历史价值的研究和必要的展示阐释"，对更好保护古树名木、挖掘其文化价值具有重要意义。

我国幅员辽阔，历史悠久，古树名木众多。第二次全国古树名木资源

普查结果显示，全国普查范围内古树名木共计 508.19 万株，其中散生在广大城乡的有 122.13 万株，以古树群形式分布的有 386.06 万株，5000 年以上树龄的古树有 5 株。它们是自然与文化的共同遗存，是大自然和祖先留下的宝贵财富。古树名木的保护是一项系统性工程，需要搭建好制度框架，抓好制度执行。我国古代就有"官民相禁剪伐""交树交印"等树木保护制度，今天做好古树名木保护要坚持守正创新，既从历史中寻找行之有效的护木经验，也要依托智能化、数字化技术手段，完善古树名木数据库，建设信息管理平台，形成精细化、网格化管理格局。

保护古树名木，要讲好古树故事，挖掘古树名木背后的文化和精神价值。陕西黄帝陵的轩辕柏、山西洪洞的大槐树、安徽黄山的迎客松，这些古树穿越时空，是中华文明的一部分；塞罕坝的落叶松，大漠深处的胡杨林，种子"飞"上太空的普陀鹅耳枥，这些名木记录着国家和民族发展进步的印记。应精心挖掘整理每棵古树名木背后的动人故事，讲好并传承好这些故事，让古树名木真正成为有记忆的地标、可触摸的历史，成为坚定文化自信的有力支撑。

保护古树名木还要充分调动广大人民群众的积极性主动性创造性。当前，我国城镇化进程不断推进，要把古树名木保护与城市建设有机结合起来，在城市建设规划时将古树名木保护考虑进去，统筹好发展和保护的关系。在做好保护的前提下，可围绕古树名木修建一些面向群众的文化休闲场所，让更多人了解古树名木的经济价值、社会价值和文化价值，推动更多群众参与古树名木保护。

林草兴则生态兴，生态兴则文明兴。枝繁叶茂、历经沧桑的古树名木，背后是繁荣、和平、昌盛的家国乡土。保护古树名木不仅是为子孙后代留下一棵棵树、一片片林，更是通过古树名木的保护，延续文化传统、传承发展理念，共建人与自然和谐共生的美丽中国。

（2023 年 12 月 04 日）

为区域协调发展筑牢教育地基

蒋云龙

教师是立教之本、兴教之源。为各类教育人才创造干事创业的舞台，用事业留人、机遇留人、环境留人，是欠发达地区、农村地区兴教强教的关键所在

位于新疆生产建设兵团第六师芳草湖农场分场的官地小学，是一所典型的农村小学。今年，学校迎来5名新老师。与新老师沟通，已扎根村小17年的教师王正旺很感慨："别看咱们是村小，教学楼配了多媒体设备，老师有周转房，收入有保障，培训也越来越高质量！"农村地区教育条件在改善，老师们心气旺起来，是笔者近年来在基层采访时的一个明显感受。

教师是立教之本、兴教之源，从一定程度上讲，也是地方长远发展的重要基础性资源。党的十八大以来，以习近平同志为核心的党中央坚持把教育作为国之大计、党之大计，着力推动义务教育优质均衡发展和城乡一体化。比如从2021年起，国家启动"中西部欠发达地区优秀教师定向培养计划"，由教育部直属师范大学与地方师范院校采取定向方式，每年为832个脱贫县和中西部陆地边境县中小学校培养1万名左右师范生。特岗计划、"三区"人才支持计划教师专项计划、银龄讲学计划、乡村教师生活补助政策……一系列来自中央的政策支持助力教师扎根农村、服务基层，

改善了基层教育质量，为区域发展和乡村振兴筑牢教育地基、提供人才保障。

一名优秀的老师，可以改变孩子的一生；一名优秀的校长，可以带出一个好的学校。而要培养出这样的优秀教师、校长，往往需要十余年甚至几十年的时光。如何回报付出？谁来分担培养成本？为欠发达地区、农村地区培养、留住一批优秀教师，离不开强有力的引导激励政策。今年6月，中办、国办印发《关于构建优质均衡的基本公共教育服务体系的意见》，明确提出"以推进师资配置均衡化为重点，加快缩小校际办学质量差距""加强民族地区师资队伍建设"等举措。以改革添动力，用政策促均衡，支持优质的教育资源和优秀校长、教师向欠发达地区、农村地区流动，有助于推动义务教育均衡发展，让优秀教育人才在基层扎下根、留得住。

让优秀教育人才在基层扎根，欠发达地区、农村地区自身也需要练好"内功"、做好"后勤"，培厚教育人才发展的土壤。笔者在西部多地走访发现，农村地区教育薄弱环节正在不断补强。不少地方都实现了"村镇最好的房子是学校""财政发工资第一批给教师"。在一些偏远地区，当地政府还为教师修建了周转房，解决了他们的住宿难题。得益于政策引导和制度支撑，不少欠发达地区、农村地区的教师有了"坚守三尺讲台，潜心教书育人"的底气，教师队伍也越来越稳定。

为各类教育人才创造干事创业的舞台，用事业留人、机遇留人、环境留人，是欠发达地区、农村地区兴教强教的关键所在。尤其是对于优秀校长和教师，教育部门更要予以关注和支持，让他们能心无旁骛地躬耕教坛、发光发热。对于年轻教师，不妨进一步加强培训和交流，加快其成长，打造科学合理的人才梯队。不少地方已经有所突破，形成"县管校聘""省管校用"等行之有效的机制，调动一批优秀教师、校长到乡镇、到农村、到薄弱学校教书育人。这些创新之举，契合了义务教育优质均衡发展的本义。

加强教师队伍建设，是建设教育强国最重要的基础工作。在欠发达地区、农村地区培养造就师德高尚、业务精湛、结构合理、充满活力的高素质专业化教师队伍，必将积功长远，惠及更多学子和家庭。

（2023 年 12 月 01 日）

点亮屋顶的光　照亮绿色发展的路

魏文栋

　　户用分布式光伏深入家家户户，渗透农村生产生活各个方面，不仅为新能源发展找到了新的应用场景，更为农民增收、乡村振兴开辟了新蓝海

　　行走在千里沃野、美丽田园，所见的不止有袅袅炊烟、行人车辆，还有农家屋顶上的深蓝色太阳能光伏板。户用分布式光伏安放在农户屋顶，是广袤田畴的新鲜事物，也成为我国新能源发展的生动缩影；不仅串联起千家万户的日常用电、幸福生活，更有利于推动我国能源转型、助力乡村振兴。

　　国家能源局 11 月中旬发布的统计数据显示，截至今年 9 月底，全国户用分布式光伏累计装机容量突破 1 亿千瓦，达到 1.05 亿千瓦；前 9 个月，全国户用分布式光伏新增装机 3297.7 万千瓦，约占分布式光伏新增装机的一半，超过全国光伏新增总装机的 1/4，成为可再生能源发展的重要动力源。我国户用分布式光伏快速发展，商业模式不断创新、开发规模屡创新高，在保障电力安全可靠供应、推动能源绿色转型发展、带动农民增收等方面发挥了重要作用，实现了经济效益、生态效益和社会效益的共赢。

　　户用分布式光伏虽小，却具有多方面的独特优势。相较于大型集中式

光伏电站，户用分布式光伏不必选址建造在远离人烟之处，能有效利用村民屋顶等闲置空间，输电损耗也更低。我国幅员辽阔，人口众多，建筑屋顶资源丰富，光照情况较好，为户用分布式光伏发展提供了良好条件。据有关机构预测，我国农村地区可安装光伏屋顶面积约 273 亿平方米，超过 8000 万户，开发潜力巨大。正因如此，户用分布式光伏如同我国推进能源革命的轻骑兵，为促进经济社会发展全面绿色低碳转型汇聚涓滴之力。

点亮屋顶的光，照亮绿色发展的路。户用分布式光伏深入家家户户，渗透农村生产生活各个方面，不仅为新能源发展找到了新的应用场景，更为农民增收、乡村振兴开辟了新蓝海。在脱贫攻坚中，光伏扶贫项目作为十大精准扶贫项目之一，通过国家财政补贴以低成本为村民安装分布式光伏发电设备，以售电收益的形式补贴贫困户生活。有村民感慨："装了 3 千瓦的光伏设备，现在每年能发几千度电，虽然不多，但有这份收益我们感到心安，生活有了保障。"随着"千家万户沐光行动"的深入实施以及各地支持政策落地见效，一个个光伏设备建设落成，传递着阳光之"暖"，在守护绿水青山的同时，又给群众带来了金山银山。

更好推进户用分布式光伏发展，需要多措并举。一方面，要依照区域资源禀赋条件制定差异化发展目标，在构建完善市场体系与企业准入标准的基础上，充分发挥基层组织的连接作用，切实维护村民利益。另一方面，还要着力完善农村电网升级改造，结合智能化管理监测技术，提升配电网故障监测能力，缓解分布式光伏不确定性对电网造成的调峰压力，积极建设源网荷储系统。

习近平总书记强调，"构建清洁低碳安全高效的能源体系，加快构建新型电力系统"。户用分布式光伏作为可再生能源的新兴形式，将在生态文明建设压力叠加、负重前行的关键期，助力端牢能源饭碗、福泽更多群众，为加快能源转型、推动乡村振兴、实现"双碳"目标添砖加瓦。

（2023 年 11 月 30 日）

向广袤森林要食物

常　钦

森林食品产业一头连着粮食安全，另一头连着农业农村现代化，是促进农民增收致富和乡村全面振兴的重要产业

国家林业和草原局统计显示，全国森林食物年产量超过 2 亿吨，已经成为我国继粮食、蔬菜之后的第三大重要农产品，人均森林食物产量 130 公斤左右，居世界前列。事实证明，科学利用森林和林地资源，发展经济林和林下经济，向森林要食物，构建多元化食物供给体系，能够有力增强我国食物供给能力，丰富食物来源，不断提升人民群众生活品质。

习近平总书记指出，"要向森林要食物""要积极推进农业供给侧结构性改革，全方位、多途径开发食物资源，开发丰富多样的食物品种，实现各类食物供求平衡，更好满足人民群众日益多元化的食物消费需求"。森林食品主要是指森林或者林地生产的食物，包括可食性的果实、花、叶、枝、皮、根、脂液以及寄生物、附生物等非木质林产品。我国 34 亿多亩森林、8000 多种木本植物蕴藏着丰富的食物资源，是公认的粮库、油库，名副其实的"摇钱树"。

我国一直高度重视森林食品生产，森林食品产业已经成为林草主导产业，成为"绿水青山就是金山银山"的有力写照。特别是党的十八大以来，各地区各部门实施退耕还林、天然林保护、国土绿化、荒漠化防治等重点林业生态工程，建设经济林生产基地，提高森林食品生产能力，取得了显著成效。目前，全国经济林面积约为 7 亿亩，经济林产量 2 亿吨左右，种植规模居世界首位；林下经济利用林地面积达到 6 亿亩，产值突破 1 万亿元。开发森林食品是践行大食物观的重要方面，森林食品种类成百上千，不与粮争田、扩大食物生产空间，产品绿色安全、营养健康，可谓前景广阔、潜力巨大。

树立大农业观、大食物观，全方位多途径开发食物资源，需要继续优化森林食品供给结构。全国经济林挂果面积占经济林总面积的 67% 左右，一些木本粮油单产不高、干鲜果品供需存在结构性矛盾，林下经济产品深加工不足，森林食品产业还有较大的发展空间。一方面，要形成同市场需求相适应、同资源环境承载力相匹配的生产结构和区域布局。另一方面，应做强林下绿色食品的深加工，打造林粮、林菜、林下养殖等系列森林食品，加强与食品、医药等领域的科技合作，不断增加产品附加值，提升生态森林食品供给能力和水平。

山区林区高质量发展，潜力在山，希望在林。森林食品产业一头连着粮食安全，另一头连着农业农村现代化，是促进农民增收致富和乡村全面振兴的重要产业。从赣南脐橙到秦岭木耳，目前各地已经形成了一大批颇具特色的森林食品产业品牌。开发森林食品，离不开创新生态产品价值市场化实现形式，形成全社会参与森林保护、促进林区发展的良好机制。以完善林下经济产品标准和检测体系来强化服务，以健全利益联结机制来激发活力，持续促进产销对接、强化科技支撑，就能进一步调动农民干事创业的积极性。

林业是生态文明建设的主体，既是一项重要的公益事业，又是一项重要的基础产业。广袤的森林在提供丰富生态产品的同时，还为人类的生存繁衍提供着多样的食物资源。以市场需求为导向，调优生产布局，做好政策支持，全方位、多途径开发食物资源，一定能将更多营养健康的森林食品端上消费者的餐桌，进一步厚植粮食安全的根基。

（2023 年 11 月 29 日）

直播带货，规范方能长远

燕　陆

网络消费市场新模式新业态不断衍生，也有必要针对新情况新变化及时完善规则制度，回应现实问题

"没错的""上链接""还剩最后 3 单"……在不少电商直播间里，总能见到、听到类似的"直播捧哏"。从某种程度上说，"直播捧哏"是电商直播行业持续发展衍生出的一种细分职业。然而，有些"直播捧哏"会"逼单"，通过附和主播来营造价格低、库存少的氛围，催促用户赶紧下单。此外，有的直播间还有"职业弹幕人"。他们通过跟播互动、刷虚假好评等增加人气，制造商家商品好、销量高的假象，诱导消费者非理性下单。诸如此类问题，亟待整改规范。

近年来，我国电商直播行业迎来蓬勃发展的黄金期。商务部数据显示，今年前 10 月，全国直播销售额超 2.2 万亿元，同比增长 58.9%，占网络零售额 18.1%。电商直播活跃了消费市场，为经济发展注入生机活力。与此同时，网络直播行业中的种种乱象也给不少人带来困扰，直播电商平台投诉多发。产品质量差、虚假宣传、不文明带货、价格误导等问题引发消费者"吐槽"。相关问题不仅损害消费者的合法权益，也影响市场公平竞争。及时为势头正猛的行业设路标、划红线，不是限制其发展，而是确保其行

进在健康发展的轨道上，使行业发展更有后劲。

直播间绝非法外之地。广告法、电子商务法、产品质量法、消费者权益保护法等法律规定，皆适用于网络直播带货。《网络直播营销管理办法（试行）》明确了直播营销各方参与主体的责任，《关于进一步规范网络直播营利行为促进行业健康发展的意见》提出加强网络直播营利行为规范性引导，最新修订的《互联网广告管理办法》将通过互联网直播方式推销商品或者服务的商业广告纳入管理。近年来，我国陆续出台一系列针对网络直播尤其是带货直播的政策法规。依法加强电商直播管理，整治不正之风，惩治不法勾当，才能为行业健康有序发展夯实基础。此外，随着网络消费市场新模式新业态不断衍生，也有必要针对新情况新变化及时完善规则制度，回应现实问题。

网络消费市场的繁荣发展离不开法治护航，也需要多方力量协同共治。监管部门应认真履职尽责，对电商直播相关违法违规行为加大打击力度；平台要认真履行管理主体责任，加大监管力度，做好引导规范；商家则须严格遵守法律规定，强化自律，诚信经营。当然，消费者也应提高自身的风险意识，在网购过程中加强对各类营销套路的防范，发现权益受损及时向平台和监管部门举报求助。经营者多一分担当，消费者多一分理性，直播带货就能在欣欣向荣中行稳致远。

惠民、利民、便民，让亿万人民在共享互联网发展成果上有更多获得感，是我国网信事业发展的旨归。第五十二次《中国互联网络发展状况统计报告》显示，截至今年6月，我国网络直播用户规模达7.65亿人，其中电商直播用户规模为5.26亿人。合力共促直播带货向阳生长、清朗前行，推动电商直播行业持续健康高质量发展，方能不断提振消费信心，更好满足人民群众对美好生活的向往。

（2023年11月29日）

用绿色行动共建美丽家园

刘　毅

可持续发展的理念、坚持不懈的绿色行动，让天更蓝、山更绿、水更清，让我们的家园更美丽

保护地球家园，是每个国家、每个民族、每个公民的共同责任。不久前，联合国环境规划署宣布，将联合国环保领域最高荣誉"地球卫士奖"授予中国海洋塑料废弃物治理新模式"蓝色循环"。继河北塞罕坝林场建设者、内蒙古库布其沙漠治理者、浙江"千万工程"等之后，中国环保行动再度摘得这一荣誉，充分体现了我国推进绿色低碳发展的坚定决心和不凡成就。

塑料产品使用范围广泛，但难以降解，其造成的污染是全球生态环境保护面临的一大难点痛点。"蓝色循环"模式之所以能从全球2500个申报项目中脱颖而出，在于它创造性地解决了"人从哪里来、钱从哪里来、是否可持续"等难题，为塑料污染治理提供了一个长期可持续的解决方案。这一项目运用区块链和物联网等技术，实现塑料污染物"从海洋到货架"的全过程可视化追溯，并设立"蓝色联盟共富基金"进行价值二次分配，反哺一线收集群体，调动了参与各方的积极性。这既有助于减少塑料产品的环境影响，还能实现环保与富民"双赢"，为有志于治理塑料污染的地

方和企业树立了榜样。

"蓝色循环"模式的成功探索，从内在逻辑看，得益于前沿技术的支撑，是创新思维结出的硕果；从外部环境看，则得益于绿色底色的厚植，是新发展理念的产物。党的十八大以来，我国深入推进生态文明体制机制改革创新，开展了全球最大规模的生态环境保护行动，绿色发展理念深入人心，为生态环境治理机制创新创造了有利条件。以塑料污染治理为例，近年来先后出台实施《关于进一步加强塑料污染治理的意见》《"十四五"塑料污染治理行动方案》等一系列政策举措，在生产、消费、流通和处置等各环节推行全链条治理，构建起较为完善的废塑料回收利用体系。目前，我国废塑料回收利用量居世界第一。可持续发展的理念、坚持不懈的绿色行动，让天更蓝、山更绿、水更清，让我们的家园更美丽。

绿色发展是一场深刻变革，需要我们打破对传统经济发展方式的"路径依赖"，不断拓展生态产品价值实现路径。这将是一个长期过程，需要付出艰苦努力，不可能一蹴而就、一劳永逸。从现实情况看，我们还面临持续深入打好蓝天、碧水、净土保卫战等艰巨任务，以及协同推进降碳、减污、扩绿、增长，形成绿色生产方式和生活方式等重大挑战。开拓创新，久久为功，充分调动社会各界参与生态文明建设的积极性和主动性，切实做到经济效益、社会效益、生态效益同步提升，才能推动美丽中国建设不断迈上新台阶。

习近平总书记强调："环境就是民生，青山就是美丽，蓝天也是幸福。"随着生态文明建设驶入快车道，人民群众对美好环境的需求和期待也在不断提升。在压力叠加、负重前行的关键期，坚持以习近平生态文明思想为指引，不断践行绿色发展理念，我们定能让良好生态环境成为人民生活的增长点、经济社会持续健康发展的支撑点、展现我国良好形象的发力点，为子孙后代留下一个更加秀丽的大美中国。

（2023 年 11 月 28 日）

把美好想象变为现实创造力

喻思南

创新是引领发展的第一动力，也是科幻产业的重要生命线

当代中国科幻小说畅销全球，本土科幻影片连连收获好口碑，科幻主题公园受到游客青睐……近年来，我国科幻产业迈入发展快车道。前不久，世界科幻大会首次在中国举办。这场科幻盛会展示了中国科幻产业的深厚创新潜力，为世界科幻产业发展注入了鲜活能量。

兼具科学与幻想元素，科幻是培育想象力的重要载体，能够激励创新创造。以人类对自然宇宙的持续追问为向导，科幻蕴含的奇思妙想，有时能给科学研究以启迪。从星际探索到人机对话，过去科幻作品畅想的场景如今许多都已成为现实。科幻作品满足了人们的好奇心、惊奇感，在推动科普方面有天然优势。比如，得益于《流浪地球2》《三体》等影视作品的热播，太空电梯、数字生命、核聚变等成为人们津津乐道的话题，激发了全社会对浩瀚太空的憧憬之情和探索决心。

今天，从量子科学、脑机接口到未来网络，不断拓展的科学前沿也为科幻创作打开了空间。当前，我国科技强国建设踔厉步稳，重大成果接续涌现，人脸识别、智能驾驶等新技术应用走向深入，越来越多的人关注科幻、热爱科幻，科幻产业发展基础更加坚实。《2023中国科幻产业报告》

显示，2022 年中国科幻产业总营收达 877.5 亿元，科幻阅读、科幻影视、科幻文旅等板块发展势头较为强劲。

时代为科幻发展提供了土壤，人们对科幻也有更多期待。与日新月异的科技进步相比，我国科幻产业总体上处于起步阶段，科幻作家、受众群体和优质作品还比较欠缺，以科幻激发想象力、培育创造力的氛围尚未形成。面向未来，促进科幻产业高质量发展，不仅能为人们提供丰富的文化产品，还有助于点亮公众对未知的好奇和热爱，提升全民科学素质，培养出一批批科技创新的生力军。

政策引导、市场驱动，是产业兴盛的密码。科幻与科技、文学、影视、游戏等行业深度交叉，资源相对分散。营造良好的产业氛围和生态，有必要聚集相关资源，推动文学、漫画、影视、衍生品、旅游等全产业链发展。作为新兴行业，科幻产业培育也离不开政策支持。2020 年，国家电影局、中国科协联合印发《关于促进科幻电影发展的若干意见》，提出了加强扶持引导科幻电影创作生产等 10 条政策措施。近年来，北京、四川成都等地也出台了支持科幻产业的务实举措。促进科幻与相关产业融合发展，还需脚踏实地补短板，用好各项扶持政策。

创新是引领发展的第一动力，也是科幻产业的重要生命线。正视科幻创作面临的挑战，需要鼓励创作者挥洒想象力，将中国本土的美学、文化与全人类的共同关切结合起来，创作出具有国际视野的高质量作品。科幻深受青少年喜爱，青少年也是科幻创作的重要力量。通过多种形式进一步激发青少年对科幻的兴趣，发挥科幻文学的教育功能，能够让更多孩子成为科幻爱好者、潜在的创作者、未来的科学研究者。

在世界科幻大会上，与会专家对我国科幻未来充满期待。从盘古开天、嫦娥奔月的浪漫想象，到"天宫"遨游、"嫦娥"落月的伟大实践，中国人从不缺乏想象力，更不断积蓄着把美好想象变为生动现实的创造力。搭建起想象与创新的桥梁，科幻将助力提升我国科技竞争力、培养创新人才。

（2023 年 11 月 27 日）

管好用好城镇开发边界

常　钦

> 强化底线思维，严格规范城镇开发边界的全生命周期管理，避免"寅吃卯粮"，为未来发展预留合理空间

据自然资源部消息，我国统筹划定了城市、镇以及各类开发区城镇开发边界。在优先划好划足耕地和永久基本农田保护红线、应划尽划生态保护红线的前提下，各省份按不超过 2020 年现状城镇建设用地总规模的 1.3 倍控制城镇开发边界范围。对管好用好城镇开发边界提出具体要求，有助于引导建设活动向城镇开发边界内集中，进一步提高国土空间利用效率，促进绿色发展。

国土空间规划是各类开发、保护、建设活动的基本依据。习近平总书记指出，"以国土空间规划为依据，把城镇、农业、生态空间和生态保护红线、永久基本农田保护红线、城镇开发边界作为调整经济结构、规划产业发展、推进城镇化不可逾越的红线"。城镇开发边界是"三区三线"重要组成部分，涉及城市、镇和各类开发区等。随着我国经济由高速增长阶段转向高质量发展阶段，资源环境约束趋紧，必须加快转变国土开发利用方式。推动城镇开发边界划定成果精准落地实施，是当务之急，也是长远之计。

做好城镇开发边界管理，要强化底线思维，严格规范城镇开发边界的全生命周期管理，避免"寅吃卯粮"，为未来发展预留合理空间。当前，我国绿色、集约发展水平在不断提升，但城乡建设用地较为粗放、城镇空间布局结构与资源环境承载能力不匹配等问题亟待解决。面对风险挑战以及不确定难预料因素，我们应当着眼长远，尽最大努力推动城镇紧凑发展和节约集约用地，以最少的资源消耗支撑经济社会持续发展。划定城镇开发边界，加大存量用地挖潜力度，推动地上地下空间复合利用，并依托国土空间规划"一张图"实施监督信息系统，做好实施、监督、评估、考核、执法等工作，才能更好推动城市内涵式、集约型、绿色化发展。

制度的生命力在于执行。划定了城镇开发边界，就要维护好其严肃性和权威性。城镇开发边界外不得规划建设各类开发区和产业园区，不得规划城镇居住用地；不得擅自突破城镇建设用地规模和城镇开发边界扩展倍数，严禁违反法律和规划开展用地用海审批……对明令禁止的行为，必须严格监督。此外，还要明确哪些情形可以对城镇开发边界进行局部优化，应采取什么样的评估调整程序。在统筹做好规划城镇建设用地安排的基础上，强化制度刚性约束，才能有效防止城镇无序蔓延、引导空间布局优化，促进城镇高质量发展。

经济社会发展必须建立在资源得到高效循环利用、生态环境受到严格保护的基础上，城市规模需要同资源环境承载能力相适应。合理控制城镇开发边界，合理安排城镇建设用地规模、结构、布局和时序，构建高质量发展的国土空间支撑体系，形成节约资源和保护环境的空间格局、产业结构、生产方式、生活方式，就能蓄积经济社会发展潜力和后劲，为子孙后代留下一个可持续的生存环境。

（2023 年 11 月 24 日）

协力推动城市公交可持续发展

韩 鑫

城市公交与老百姓的日常生活密不可分。作为综合交通体系的重要组成部分，发展城市公共交通，不仅是提升城市居民生活品质的有效举措，也是促进交通可持续发展的重要方面。

近年来，随着城市轨道快速成网、私人汽车加速普及以及电动自行车日渐风靡，公众出行习惯发生变化，城市公共汽电车竞争力相对不足，客流出现下滑。客运量降低，加上各地城市公交长期执行低票价政策，公交企业收入明显减少，经营困难进一步加剧，引发社会关注。

城市公共交通具有鲜明的公益属性，属于基本公共服务。落实运营补贴补偿政策，完善价格机制．加强规划引领和用地保障，改善设施条件，关心关爱从业人员……不久前，交通运输部等 9 部门联合印发《关于推进城市公共交通健康可持续发展的若干意见》（以下简称《意见》），提出 5方面 15 项具体举措，为化解城市公交经营困境、推进城市公共交通健康可持续发展注入信心动力。

新形势下，尽管城市出行服务供给日益多元化，但受能源、资源、环境等约束影响，公共交通在城市交通体系中的主体地位不会改变。持续推进公共交通建设这项民生工程，满足出行需求，有利于维护社会公共利益。

同时，提高城市公交覆盖率和服务水平，将有效降低小汽车通行总量，有助于缓解城市交通拥堵，减少居民出行碳排放、促进绿色出行，推动城市交通绿色低碳转型。

推动城市公共交通的可持续发展，"有形的手"需持续助力。政府购买公交企业的服务提供给公众，是保障人民群众日常出行的重要举措。如果资金不到位、不及时，公交企业运营便会难以为继。稳固城市公交发展基础，就必须压紧压实地方政府发展城市公共交通的主体责任，确保及时足额拨付相关资金。此次《意见》将落实运营补贴补偿政策摆在首要位置，提出因地制宜建立并实施城市公共汽电车企业运营成本核算和补贴补偿制度，就是为了以真金白银的投入，支持公交行业更好服务公众。

发展城市公共交通，也要靠企业主动作为。不断提升公交的吸引力和竞争力，变外部"输血"为内部"造血"，才能化解运营困境，实现健康发展。面对客流下滑挑战，不少地方主动应对、积极探索。在山西临汾，运营企业创新开通微循环公交线路，配置小型公交车并开进社区，增加了公交客流；在山东滨州，公交公司面向大型会议、体育赛事等推出特色服务线路，通过延展服务范围，拓展增收渠道。从保障公交优先通行到改善场站设施条件，从开通多种定制线路到利用闲置设施开展商业服务……用好用活政策、推进多元增收，着力提升服务能力和水平，公交企业就能增强自身发展动能。

发展公共交通是现代城市发展的方向。近年来，我国坚持公交优先发展战略，城市公共汽电车线路数和车辆数持续增长、车辆装备不断提档升级，共同为城市公共交通转型发展奠定了坚实基础。如今，行业可持续发展的路线图已然绘就，不少城市公交探索成功案例不断涌现。期待在政府、企业和公众的协同努力下，未来的城市公共交通能够呈现更丰富多元的面貌，更好满足人民群众美好出行需要。

（2023 年 11 月 23 日）

以信息畅通优化健康服务

孙秀艳

继续填补数字鸿沟，消除信息壁垒，提升信息处理和数据治理能力，预约诊疗、双向转诊、远程医疗等方面的场景将更加丰富，为居民健康管理提供更坚实的支撑

不少患者有这样的经历：去医院就诊，除了要带上医保卡，还要带着就诊医院的就诊卡。异地就医患者还得拿上具有储值功能的就医地卡。由于各医院间就诊卡不通用，大家手里会积攒各种就诊卡。不同医院之间不能"一卡通用"，诊疗信息不能共享，困扰了许多人。

前不久，国家卫生健康委新闻发布会透露，我国基本构建了一套可以覆盖全体居民个人健康身份识别的体系，并且支撑多卡或多码协同应用。下一步将依托国家全民健康信息平台和国家人口基础信息库，建成电子健康卡跨域主索引的服务系统，加强信息互通、业务互通，方便群众使用。推动电子健康卡与其他卡、码协同应用，解决"一院一卡、多卡并存、互不通用"等就医的堵点问题，有关改革举措受到公众好评。

客观地说，在医疗服务信息化初始阶段，就诊卡极大提高了诊疗效率。在有就诊卡之前，患者就诊需要带好以往的纸质病历、检查检验结果，一些"老病号"有时还需要调取大病历由专人送至就诊科室。有就诊卡后，患者的个人信息、本院的既有病历、医嘱、检查检验结果、影像资料等多

种类型的数据嵌入卡中，接诊医生在电脑上就可以读取这些信息。然而，由于各医院电子信息系统不联通，就诊卡逐渐成了一个个信息孤岛。

在异地就医需求旺盛、群众对便捷服务要求日益提升的大背景下，仅有医联体、医共体的信息互通远远满足不了需求。去年，《"十四五"全民健康信息化规划》发布，要求进一步推进新一代信息技术与卫生健康行业深度融合，充分发挥信息化在卫生健康工作中的支撑引领作用，同时提出开展全国医疗卫生机构信息互通共享三年攻坚行动。确立普及推广电子健康卡、推动检查检验结果互通共享、建立统一的卫生健康信息传输网、推动医院信息化建设提档升级等目标任务，为的就是着力破解医疗服务中因信息不通产生的梗阻问题。

小步快走，步步为营，是务实管用的改革方法论。据了解，目前已经有8000多家二级以上公立医院接入区域全民健康信息平台，20个省份超过80%的三级医院已接入省级的全民健康信息平台，25个省份开展了电子健康档案省内共享调阅，17个省份开展了电子病历省内共享调阅，204个地级市开展了检查检验结果的互通共享。着眼未来，继续填补数字鸿沟，消除信息壁垒，提升信息处理和数据治理能力，预约诊疗、双向转诊、远程医疗等方面的场景将更加丰富，为居民健康管理提供更坚实的支撑。

也要看到，彻底打破就诊卡的信息孤岛，并非易事。医疗服务涉及多个部门和环节的协同工作，包括门诊、住院、医技、药房等多个业务流程。患者医疗数据还关乎个人隐私。将这些信息安全完整地互通共享，对方方面面都是考验。统筹发展和安全，推动建立完善的、符合医疗健康信息互通共享场景的网络与信息安全管理制度，全力提升网络和数据安全的防护能力，才能全链条全过程防止信息泄露。

展望未来，随着全民健康信息平台功能不断完善，健康医疗大数据共享通道将更畅通。以广大群众需求为导向，以具体的应用场景为驱动，强化信息化互联互通、普惠共享，就能持续改善就医体验，不断增强人民群众的获得感、幸福感和安全感。

（2023 年 11 月 22 日）

打造各具特色的劳务品牌

李洪兴

建设劳务品牌是一项系统工程、长期工程。只有更加注重从量的积累转向质的提升，建立健全促进机制和支持体系，劳务品牌才能既做专做精又做实做好

"广东技工""吴忠厨师""云阳面工"……近年来，经过各地区各部门积极培育，全国劳务品牌数量已近 2000 个。劳务品牌具有地域特色、行业特征和技能特点，是推动产业发展、全面推进乡村振兴的有力支撑。切实加强劳务品牌建设，推动劳务品牌提质升级，有助于实现更加充分更高质量就业，进而为经济社会高质量发展提供强大助力。

劳务品牌能带动大发展。据统计，广西"八桂米粉师傅"吸纳从业人员 40 万人，河北"河北福嫂"带动就业 6.5 万余人，江西"武宁装饰人"形成 10 万人的装饰队伍。这说明，劳务品牌的就业容量大，吸纳从业人员多。从供给侧看，建设劳务品牌使得更多劳动者掌握一定专业技能，成为实现高质量充分就业的"助推器"。

劳务品牌也连着大民生。请保姆看护孩子、家装找施工队、给老人请护理员等，有劳务品牌作为保障，往往更能让人放心、满意。不少劳务品

牌集中在家政服务、餐饮、养老服务等领域，有助于人们提高生活品质。从需求侧看，人民对美好生活的需要日益增长，建设劳务品牌也顺应了这一趋势。

一头关联就业市场，一头关乎民生福祉，建设劳务品牌能够让供需两端实现双赢。更好实现促就业与惠民生的"双向奔赴"，需要在提质量、挖潜力上下功夫。一方面，要分类型发掘劳务品牌，特别是对有一定基础但技能特点不突出、分布较为零散的劳务产品进行引导，逐步形成劳务品牌。另一方面，要分领域培育劳务品牌，既面向民生需求，又聚焦新产业新业态，挖掘细分行业工种的用工需求，尽可能精准对接人民群众美好生活需要。

建设劳务品牌是一项系统工程、长期工程。近年来，一些独具地方特色的劳务品牌，知名度、认可度和美誉度不断提高，品牌效益持续显现。这很大程度上得益于政府支持、行业发力、群众参与。从设立专项扶持资金到大力开展技能培训，再到推动制定行业标准，一系列举措，推动劳务品牌发展从粗放迈向精细，从社会民生领域拓展到经济发展范畴，提高专业性、产业化水平。面对发展新领域、就业新趋势、生活新需求，只有更加注重从量的积累转向质的提升，建立健全促进机制和支持体系，劳务品牌才能既做专做精又做实做好，真正成为促就业、惠民生、助发展的"金名片"。

当前，我国经济社会高质量发展、人民生活换挡升级，为劳务品牌的培育、发展、壮大提供了良好环境。"楚天豆腐郎"从业人员达10万多人、年劳务收入20亿元，"吕梁山护工"从业者年工资性收入总计达16亿元以上，"丘北纺织工"带动就业1.3万人、每年实现务工收入7.8亿元……加速劳务品牌壮大升级，是聚集优质资源、引领产业升级、辐射区域发展的题中应有之义。对此，应继续以品牌建设引领技能强化，推动产业资源与人力资源有效对接，坚持市场化运作、规范化培育，不断拓展劳务协作的广度和深度，为各类劳动者实现自身发展提供更多机会。

　　打造各具特色的劳务品牌，是千方百计增加群众收入、促进全体人民共同富裕的有力举措。不断强化基层人力资源技能化开发、规模化输出，让劳务品牌发展成创业品牌、产业品牌、文化品牌，就能为高质量发展提供更加坚实的人才保障。

（2023 年 11 月 21 日）

让优质托育服务惠及更多家庭

杨彦帆

2020—2023 年共安排中央预算内投资约 36 亿元，新建 48 个地市级以上托育综合服务中心；33 个城市（区）被命名为第一批全国婴幼儿照护服务示范城市；《家庭托育点管理办法（试行）（征求意见稿）》发布……新时代以来，我国逐步建立完善相关政策法规和标准规范，不断扩大托育服务供给，为更多家庭带来便利。

幼有所托，是重要的民生。近年来，托育服务行业进入快速发展时期，新模式新业态不断涌现。不过，市场上的托育机构普惠性的占比较低，质量参差不齐，资源分布不均，导致群众需求迫切和机构入托率偏低的情况同时存在。为促进托育服务提质增效，国家卫生健康委办公厅、国家中医药局综合司、国家疾控局综合司 3 部门联合印发《关于促进医疗卫生机构支持托育服务发展的指导意见》，提出开展订单签约服务、加强儿童照护指导等具体举措，鼓励医疗卫生机构支持托育服务发展。为更多家庭提供安全质优、价格可承受、方便可及的托育服务，有助于缓解群众生育养育焦虑，也是促进人口长期均衡发展的重要举措。

在托育服务供给仍然不足的现阶段，有效破解"托育难"问题，需进一步增加普惠性托育服务有效供给。一方面，应加大政策支持力度，通过建设补贴、运营补助、租金减免、用地保障、税收优惠等方式，切实降低企业投入与运营成本。另一方面，应积极探索多元化建设模式，可以通过奖励补助、购买服务等方式，支持机构提供普惠性托育服务。充分调动各方力量和积极性，引导多元主体发展多样化的托育服务，才能在增加有效供给的同时，进一步提升群众满意度。

面对我国人口发展呈现少子化、老龄化、区域人口增减分化新的趋势性特征，推动托育服务长足发展，还要合理规划托育服务布局，确保托育服务供给侧与需求侧之间的有效匹配。可运用大数据、人工智能等，及时调研 3 岁以下婴幼儿家庭在托育服务类型、年龄、内容、形式、价格、距离等方面的不同需求与特点，进行动态监测和研判，并统筹考虑城乡差别和城镇化进程，有效补齐托育服务民生短板，同时避免造成资源浪费。

促进托育服务业可持续发展，既要加大扶持力度，也要强化监管。随着行业快速发展，高素质专业人才的缺口进一步加大。应整合多方资源，充分发挥院校培养、职业培训、行业培育等方面的积极作用，加快相关人才的培养和储备。同时，要加强对托育机构的硬件设施、服务质量、食品安全等方面的监管，让家长安心。

托育服务不仅关系着婴幼儿的健康成长，也关系着千家万户的幸福与国家民族的未来。顺应群众期待，聚焦实际困难，鼓励社会力量积极参与，更好发挥各级政府作用，大力发展普惠性托育服务体系，建立健全生育支持政策体系，我们一定能呵护婴幼儿健康成长，让他们得到安全健康、科学规范的照护，让更多家庭从托育服务升级中受益。

（2023 年 11 月 20 日）

规范特殊类型招生 夯实高考公平公正

赵婀娜

"2024 年起，高校高水平艺术团不再从高校招生环节选拔，由有关高校从在校生中遴选培养""2024 年起，高水平运动队考生文化考试成绩全部使用全国统一高考文化课考试成绩；专业测试全部纳入全国统考，由体育总局牵头组织实施，高校不再组织相关校考"……近日，教育部办公厅印发《关于做好 2024 年普通高等学校部分特殊类型招生工作的通知》（以下简称《通知》），反映高校招生选拔机制改革诸多新动向、新趋势，回应了社会各界期待。

考试招生制度是国家基本教育制度，是人才培养的枢纽环节，关系到国家发展大计，关系每一个家庭的切身利益，关系亿万青少年学生前途命运。特殊类型考试招生是高校考试招生工作的重要组成部分。一方面，该招生类型是具备艺术、体育等特长的学生成长发展的重要途径；另一方面，特殊类型考试招生工作能否阳光有序推进，事关整体高校考试招生工作的科学公正。《通知》对艺术类、体育类考试招生工作进行了系统性、全局性的改革，旨在通过规范特殊类型招生，夯实高考招生的公平公正。

近年来，我国高校高水平运动队建设和艺术类专业人才招生培养取得了明显效果、积累了宝贵经验，但在考试招生、在校管理等方面仍有改进空间，比如高水平运动队考试招生，存在个别学生文化成绩和体育竞技水平偏低，个别高校考试组织不规范、在校管理不严格，个别地方运动员技术等级证书造假等问题；又如艺术类专业考试招生，存在学科专业布局待完善、部分考生重专业能力轻文化素质、艺考培训市场虚火过旺且不规范等问题。优化招考办法、严格招生政策、严肃招生纪律，是确保高考公平公正的必然要求，是加快建设高质量教育体系的内在要求和时代呼唤。

改革后的特殊类型招生工作，较好地兼顾了招生选拔的公平与效率。《通知》既尊重学生在艺术与体育方面的兴趣特长，为学生提供公平发展的机会和健康成才的通道，也充分尊重相关高校在人才培养方面的探索实践，支持少数专业特色鲜明、人才培养质量较高的艺术院校，经批准可在省级统考基础上组织个别专业校考。同时，强化招考办法和招生政策的公平性，比如进一步加强统考统测，严格选拔标准，引导高校不再盲目组织校考；在考试组织中严格考试监督管理，建立健全校外评委制度、考评人员回避制度、"黑名单"制度等，坚决消除利益交换空间。

培养什么人、怎样培养人、为谁培养人是教育的根本问题。《通知》着眼于落实立德树人根本任务，较好体现了科学性与系统性。比如，引导根据不同专业人才选拔培养要求采取不同的考试方式，艺术史论等专业直接依据高考成绩录取，大部分艺术类专业依据高考文化成绩和省级统考成绩录取。同时，从人才全面成长出发，强化提升文化底蕴，进一步提高对艺术体育类考生的高考文化成绩要求，加强人文综合素质考查，着力选拔培养全面发展的高水平艺术体育人才。

教育公平是社会公平的重要基石，招生公平是教育公平的重中之重。从合理划定特殊类型招生最低录取文化课分数线，到提高体育、艺术类招生的专项测试要求和文化课成绩录取要求，从不得将社会机构和公司提供的测评结果与招生工作挂钩，到不得降低报考条件、不得放宽资格审核标准，我国特殊类型招生机制改革一直不断推进。杜绝招生腐败、确保高考招生公平公正，是教育改革向纵深推进必须啃下的"硬骨头"。不断完善高校招生选拔机制，办好人民满意的教育，必能以教育之力厚植人民幸福之本，以教育之强夯实国家富强之基。

（2023 年 11 月 17 日）

多措并举扩大有效投资

李心萍

中央财政将在今年四季度增发 2023 年国债 1 万亿元，增发的国债资金初步考虑在 2023 年安排使用 5000 亿元。本次增发国债，为支持灾后恢复重建和提升防灾减灾救灾能力的项目建设提供了有力资金保障，也将在保障国家水安全、促进民生持续改善、推动经济运行持续好转等方面发挥重要作用。

投资是稳增长、促发展的重要途径和有效手段。1—10 月份，全国固定资产投资（不含农户）同比增长 2.9%。在房地产市场调整的背景下，这样的投资增长呈现了较强韧性。从结构看，基础设施投资同比增长 5.9%，制造业投资增长 6.2%，高技术产业投资增速保持在 11% 以上，说明我国产业转型升级领域投资仍具有强劲动力。

立足当下，打好全年经济工作"收官战"，稳投资依旧至关重要。一方面，扩大有效投资是促进经济恢复和较快增长的必需，积极扩大有效投资，有利于提升经营主体预期，通过投资的乘数效应带动就业和消费，促进国民经济良性循环。另一方面，今天的投资，就是明天的供给。投资项目不仅关乎当期的"量"，还关乎未来产业发展的"质"，以及可持续增长的"能"。因此，稳投资不是为了拉动经济一时增长，而是面向未来，构筑高质量发展的基础。

做好稳投资工作，应更好发挥政府投资的撬动作用。在 1—10 月份经济数据中，计划总投资亿元及以上项目（以下简称"大项目"）投资同比增长 9.9%，增速比全部固定资产投资高 7.0 个百分点，十分亮眼。观察各地的"大项目"清单，或涉及科创中心建设，或关乎交通基础设施的更新。这些项目往往有很强外溢性，需要政府投资牵头，进而带动民间投资。

特别是科技创新投资，政府投资大有可为。比如，上海光源是政府投资的国家重大创新能力基础设施，向基础研究、应用研究、高新技术开发研究各领域的用户开放。一家中国企业就利用上海光源，自主研发出抗癌新药，成功在国外获批上市。国际经验显示，在经济发展水平从中高收入迈向高收入阶段时，投资增长动力将从要素依赖型转向创新驱动型。这正是我们需要抢抓的机遇期。用好政策性开发性金融工具，发挥重大项目的牵引和政府投资的撬动作用，就能不断拓展有效投资新空间，推动内需潜力加速转化成发展动力。

稳投资还要进一步释放民间投资活力。民间投资是全社会固定资产投资的主力军。应看到，受外部环境变化、市场需求波动、收入利润下降等因素影响，当前投资信心和预期仍有待提升。为此，各地应继续优化政策、减轻民营企业负担，继续优化营商环境，为民营企业参与重大科技创新项目、重大补短板项目、重大示范项目等提供有效路径，创造公平竞争的市场环境，不断激发民间投资活力。

在重庆，我国首条横穿大巴山腹地的西渝高铁施工现场，路基、隧道、桥梁等 177 个工点同时施工、连点成线、齐头推进；在贵州，贵安新区多个数据中心建设跑出"加速度"、聚集成势……广袤的神州大地上，重大项目正密集"上新"。我们应当坚定信心，随着各项政策落地生效，基础设施和制造业投资的拉动力将进一步增强，投资有望持续保持较好增长态势。

（2023 年 11 月 16 日）

积极稳步推进城中村改造

丁怡婷

城中村改造是民生工程，也是民心工程。今年以来，城中村改造备受关注。4 月 28 日，中共中央政治局召开会议指出"在超大特大城市积极稳步推进城中村改造"；7 月，国务院办公厅印发《关于在超大特大城市积极稳步推进城中村改造的指导意见》。不久前，住房城乡建设部对城中村改造进一步提出具体政策落实措施。城中村改造事关群众切身利益，积极稳妥把这件好事办好，对于改善民生、扩大内需、推动城市高质量发展等具有重要意义。

城中村伴随着工业化、城镇化快速发展而形成，被称为"都市里的村庄"。在一些超大特大城市，城中村呈现数量多、面积大、人口多等特点。以广东广州为例，城中村村域面积占全市面积的 1/10 左右，常住人口占全市常住人口的三成以上。在发展过程中，不少城中村存在房屋安全和消防安全隐患多、配套设施落后、环境脏乱差等突出问题。另外，一些城中村违章建筑多、人口密集、产权关系复杂。现阶段推进城中村改造是一项复杂艰巨的系统工程，需要因地制宜，以新思路新方式破解一系列难题。

城中村情况复杂多样，改造要坚持先谋后动，采取拆除新建、整治提升、拆整结合等不同方式，做到成熟一个推进一个、实施一项做成一项。比如，资金可以平衡的、改造意愿强烈的、产权基础清晰的，适合实施拆除新建。不具备条件的不硬上，以守住安全底线为原则，常态化开展整治提升。一些城中村年代悠久，保存着不少文物古迹、历史建筑，则应在历史空间活化、城市风貌提升等方面下更大功夫，避免大拆大建、拆真建假，为人们留住乡愁。

城中村改造需要大量资金，钱从哪里来？可以由政府筹措资金，也可以引入社会资金。不过，城中村改造通常周期较长，加上当前房地产市场出现调整等多种因素影响，社会资金筹措难度较以往可能有所增加。各地应结合城市发展实际，积极寻求多样融资渠道，更好挖掘土地价值，细化相关政策支持等。近几年，上海、陕西西安等城市设立了城市更新基金，其中上海创设了全市统一的旧改功能平台，相关单位还联合多家企业和金融机构共同发起城市更新基金。统筹全市资源，以市场化融资手段破解旧改资金筹措和平衡难题，这为城中村改造提供了值得借鉴的解题思路。

城市是一个有机生命体，城中村为外来人口提供了低成本的居住空间，也为不少小微企业和个体户提供了创业空间。城中村改造不能"一刀切"，必须进行认真调研和分析，解决好人和产业怎么安置的问题。城中村的一大特点就是其业态不是预先规划的，而是随着市场需求变化而不断变化，因此要更加注重产业导入和培育孵化。此外，需要按一定比例建设保障房，给低收入人口提供安居之地，以免形成新的城中村。切实保障好居民利益，发展多样化业态，才能不断完善城市功能，让新市民更好地在城市扎根。

城中村改造是一项关乎多方利益的民生工程，必须坚持系统思维，充分发挥市场在资源配置中的决定性作用，更好发挥政府作用，统筹处理各方面利益诉求。当前，超大特大城市城中村改造正积极稳步推进，期待改造能有效改善城市居住环境，让更多人更好地融入城市、享受均等化的公共服务。

（2023 年 11 月 15 日）

不断提升防灾减灾救灾能力

李 斌

应对大涝大灾，大建和大治必须两手抓、两手硬

全方位提升自然灾害防治能力，努力实现防灾关口更靠前、减灾基础更牢固、救灾机制更灵敏

治理水患，历来是安民兴邦的大事。北方入冬之际，习近平总书记在北京、河北考察灾后恢复重建工作，强调"大涝大灾之后，务必大建大治，大幅度提高水利设施、防汛设施水平"，要求"加快完善防洪工程体系、应急管理体系，不断提升防灾减灾救灾能力"，为整体提高京津冀地区的防洪能力指明了方向，为各地全力做好防灾减灾救灾工作提供了遵循。

防灾减灾救灾事关人民生命财产安全，事关社会和谐稳定，是衡量执政党领导力、检验政府执行力、评判国家动员力、体现民族凝聚力的一个重要方面。我国灾害种类多，分布地域广，发生频率高，这是一个基本国情。灾害多发频发，决定了我们必须更加自觉地处理好人和自然的关系，正确处理防灾减灾救灾和经济社会发展的关系，不断从抵御各种自然灾害的实践中总结经验，落实责任、完善体系、整合资源、统筹力量，提高全民防灾抗灾意识，全面提高国家综合防灾减灾救灾能力。

习近平总书记指出："中国式现代化，也包括水利现代化、应急管理现

代化。"应对大涝大灾，大建和大治必须两手抓、两手硬。特大洪水发生时，北京门头沟妙峰山民族学校在断水断电和通信中断的情况下，成为附近群众的"安全岛"，累计安置超千人次，从一个侧面印证了建好基础设施、完善建筑物的防洪标准、设好紧急安置点的重要性。习近平总书记在此次考察中，提出"既要建好用好水库等控制性工程，也要完善山区道路、房屋等建筑物的防洪标准""城市恢复重建要做好防灾减灾论证规划，充分考虑避险避灾""防汛抗洪是一盘棋，要深入研究推进京津冀地区防洪工程体系建设"等一系列要求。各级党委和政府、各有关部门要认真贯彻落实，筑牢经济社会发展的安全防线。

水利工程是防汛抗洪的重要安全"屏障"。无论是官厅水库、斋堂水库、三家店引水枢纽，还是小清河分洪区、兰沟洼、东淀、献县泛区等蓄滞洪区，在应对洪涝灾害方面都发挥了重要作用。推进水利现代化，必须大幅度提高水利设施、防汛设施水平，加快完善防洪工程体系。最近中央决定增发 1 万亿元国债，用于支持灾后恢复重建和提升防灾减灾救灾能力的项目建设。高质量推进项目建设，把各项工程建设成为民心工程、优质工程、廉洁工程，必能系统有效提升防灾减灾救灾能力。

在治理方面，运用制度威力应对风险挑战的冲击是一条重要经验。立足我国国情和灾害特点，推动形成统一指挥、专常兼备、反应灵敏、上下联动的中国特色应急管理体制，对提升防灾减灾救灾能力、维护社会公共安全、保护人民生命财产安全具有重要意义。坚强有力的组织领导是防灾有力、减灾有效、救灾有序的根本保证。要进一步夯实地方党委政府防汛救灾主体责任，实行防汛救灾党政同责、一岗双责。与之相应，还要大力提高领导干部风险意识和应急处突能力，切实把确保人民生命安全放在第一位落到实处。

"善除患者，理于未生"。不断提升防灾减灾救灾能力，需注重抓当前与谋长远相统一。一方面，应抓紧补短板、强弱项，总结经验、汲取教训，绷紧防大汛、抗大洪、抢大险、救大灾这根弦，进一步强化措施、落实责任；另一方面，应坚持系统观念，坚持求真务实、科学规划、合理布局，把恢复重建与推动高质量发展、推进韧性城市建设、推进乡村振兴、推进生态文明建设等紧密结合起来。在全球气候变化的背景下，我国自然灾害风险进一步加剧，极端天气趋强趋重趋频，迫切需要全方位提升自然灾害防治能力，努力实现防灾关口更靠前、减灾基础更牢固、救灾机制更灵敏。

习近平总书记深刻指出："一个民族之所以伟大，根本就在于在任何困难和风险面前都从来不放弃、不退缩、不止步，百折不挠为自己的前途命运而奋斗。"深入贯彻以人民为中心的发展思想，始终坚持安全发展理念，不断提升防灾减灾救灾能力，强国建设、民族复兴的新征程就能获得更为牢固的安全保障。

（2023 年 11 月 14 日）

让工业互联网跑出发展"加速度"

谷业凯

工业互联网是以数字化、网络化、智能化为特征的新型生产方式，是支撑工业智能化发展的关键基础设施，更是加快新型工业化进程的有力抓手

在智慧矿山，通过数字孪生技术构建数字模型，调度员坐在屏幕前就能完成视频巡检、远程控制、智能工单派发；利用定制化平台，服装企业可根据消费者个性化需求，驱动面辅料采购、版型选取、排版剪裁；在关键生产工艺、碳排放上采用数字化监控系统，水泥行业更好实现节能减排……近年来，我国工业互联网基础设施不断完善，融合应用走深向实，产业生态加速构建。

当前，我国经济社会发展越来越呈现出数字化特征，正在进入以数字化生产力为主要标志的新阶段。工业互联网是以互联网为代表的新一代信息技术在工业领域的应用和发展。通过对物联网、大数据、人工智能等的综合集成应用并与工业制造技术深度融合，工业互联网对研发、生产、管理、服务等环节进行重塑和再造，既提升了产业自身的质量和效率，又衍生出诸如数字化管理、平台化设计、智能化制造、个性化定制等新业态新

模式，持续推动着产业优化升级。

数字孪生、信息物理系统、低代码等新技术的广泛应用，进一步推动工业互联网在更广范围、更深程度、更高水平上进行融合创新。当前，我国已建设近万家数字化车间和智能工厂，重点平台工业设备连接数超过8900万台（套）。中国工业经济联合会前不久发布的数据显示，样本企业工业数字化转型评价综合指数达到62.7，数字化转型的就绪度指数达到66.1。这表明，我国工业互联网创新发展和融合应用取得了积极成效，智能制造应用规模和发展水平不断跃升。

目前，工业互联网已全面融入45个国民经济大类，产业规模突破万亿元大关。不少大企业在完成自身数字化转型后，转型为平台服务商，带动中小企业开展智能化改造。越来越多的中小企业也意识到数字化转型的重要性，开始自发探索建设工业互联网平台。随着工业互联网加快从概念验证走向应用落地，各类功能和应用场景也不断拓展、深化。

也应看到，我国工业互联网还存在一些短板弱项。比如，工业控制领域自主能力有待提升，高端传感器、物联网芯片等技术不成熟，标准规范不健全，解决方案同质化现象比较突出。个别传统行业仍未找到工业互联网落地路径，中小企业数字化转型进程相对落后。随着万物互联时代到来，以往相对封闭的工业生产系统环境被打破，关键生产设备、仪器和系统存在被入侵、控制和破坏的风险，新型安全风险不容忽视。

推动工业互联网加快发展，必须加强关键核心技术攻关，围绕工业互联网发展的短板开展工程化攻关，提升平台创新发展能力；培育具备较强技术研发能力、市场开拓能力和服务支持能力的平台，推动平台互联互通和数据共享，形成发展合力；加快研究制定相应标准和规范，强化安全保障体系建设。着眼未来，还应持续培养掌握传统工业领域知识和新一代信息技术的复合型人才，为工业互联网提供强大的人才支撑。

党的二十大报告提出，"加快发展数字经济，促进数字经济和实体经济深度融合"。工业互联网是以数字化、网络化、智能化为特征的新型生产方式，是支撑工业智能化发展的关键基础设施，更是加快新型工业化进程的有力抓手。推动工业互联网加快发展，把建设制造强国同发展数字经济、产业信息化等有机结合，就一定能为中国式现代化构筑强大物质技术基础。

（2023 年 11 月 13 日）

"要坚持把强化区域协同融通作为着力点"

金 铭

一趟"大豆的旅行",可以窥见长江经济带协同发展的气象。前不久,装载1.12万吨大豆的"江海直达"67号船,自浙江宁波舟山港起航,历经6天5夜航行后,抵达位于湖北黄石的黄石新港。大豆再经水铁联运转运作业,由铁路发运至川渝一带。与传统江海联运方式相比,这种"海水铁"联运模式可缩短1至2周的运输时间,运输成本却基本相近。一条条直达航线、一次次水铁联运,为沿江省市协同融通提供坚实的物流支撑。

长江经济带横贯东西、承接南北、通江达海,是区域协调发展的重点。习近平总书记强调:"正确把握自身发展和协同发展的关系,努力将长江经济带打造成为有机融合的高效经济体。"近8年来,从成渝地区双城经济圈,到长江中游城市群,再到长三角一体化,沿江省市强化协作,区域融合实现重大提升,区域协同联动不断加强,长江经济带日益成为引领经济高质量发展主力军。

成就有目共睹,经验值得总结。在进一步推动长江经济带高质量发展座谈会上,习近平总书记强调,"要坚持把强化区域协同融通作为着力点"。"强化区域协同融通",既映照着"长江流域生态环境保护和高质量发展正处于由量变到质变的关键时期"的大判断,也蕴含着"促进区域协调发展"的方法论。

如何理解"强化区域协同融通"这一要求？可以从这次会上提出的两个关键词切入。

一个是"生态共同体"。长江流域是一个整体，沿江各地共饮一江水、命运紧相连。推动这样一个庞大集合体的发展，一定要处理好自身发展和协同发展的关系，首先要解决思想认识问题。

习近平总书记举过一个例子，"经过 30 余年开发，嘉陵江上游布局了大量采矿冶炼企业，形成了 200 余座尾矿库"，位于嘉陵江上中游分界点的一些城市尽管"坚持生态优先、加紧防治，但仍饱受防不胜防的输入型污染之痛"。可见，推进长江生态环境保护修复，必须从生态系统整体性和流域系统性出发，立足"共"字做文章。对沿江各省市而言，认清楚"长江经济带因长江而生、因长江而兴"这个因果关系，在各自发展过程中从整体出发，把自身发展放到协同发展的大局之中，坚持把共抓大保护摆在第一位，在高水平保护上下更大功夫，才能把"被动地"重点突破变成"主动地"整体推进。

另一个是"利益共同体"。长江经济带地区发展条件差异大，各个地区、每个城市都有推动自身发展的意愿，但只有放在长江经济带高质量发展"一盘棋"中研究自身的功能定位，合理确定差异化协同发展的新目标新举措，才能避免无序低效竞争、产业同构等问题，实现优势互补、互利共赢。共同利益，就意味共同责任。清除市场壁垒，打通堵点，增强区域交通互联性、政策统一性、规则一致性、执行协同性，才能把共同利益的"蛋糕"做大做好，提升国内大循环内生动力和可靠性。这也是加快建设全国统一大市场、筑牢构建新发展格局的基础支撑的题中应有之义。

强化区域协同融通是一项复杂的系统工程，不可避免会遇到一些新的问题。对此，习近平总书记作过透彻阐述："已经明确的方向和重点，要用'快思维'、做加法""如果一时看不透，或者认识不统一，则要用'慢思维'，有时就要做减法""对一些二选一甚至多选一的'两难'、'多难'问题，要科学论证，比较选优""对那些不能做的事情，要列出负面清单"。沿着这样的思路，相信，长江经济带将在区域协调发展中交出更精彩的答卷。

（2023 年 11 月 10 日）

拓展群众"家门口的幸福"

王　珂

> 既通过增加数量解决"有没有"的问题，也注重提升质量满足"好不好"的关切

早晨起来，在小区门口的社区早餐店点一份热气腾腾的早点；中午饭前，到社区便民菜店挑选几样新鲜的食材，做一顿丰盛的午餐；晚上闲暇，来社区便民中心领取代收的网购快递，修理坏了的衣服拉链……如今，越来越多的城市居民发现，家门口的社区商业更完善、生活更方便了。一刻钟便民生活圈建设，给群众带来了满满"家门口的幸福"。

在城市消费和生活的版图中，如果说大型购物中心是"主动脉"，那么以周边社区居民为服务对象的一刻钟便民生活圈就像是"毛细血管"，作用不可小视。建设好一刻钟便民生活圈，是增进人民福祉、提高人民生活品质、让改革发展成果惠及更多群众的重要举措，对于惠民生、扩内需、促消费，以及畅通国民经济循环、推动经济高质量发展等具有重要意义。

出台指导意见和建设指南、确定三批共 150 个地区开展试点、制定《全面推进城市一刻钟便民生活圈建设三年行动计划（2023—2025）》……2021年以来，商务部联合有关部门积极推动城市一刻钟便民生活圈建设，取得明显成效。截至今年 6 月底，前两批 80 个试点地区累计建设便民生活圈2057 个，涉及商业网点 45 万个，带动社会投资 440 多亿元，带动就业 300

多万人，直接服务社区居民 4200 多万人。越来越多社区的服务更全面了、质量也更让人放心了，群众的获得感、幸福感、安全感大大提升，一刻钟便民生活圈建设给试点区域的居民带来实实在在的便利和红利。

同时也要看到，从全国范围看，一些城市社区还存在商业网点布局不科学、设施老化、业态传统、服务单一、新业态新技术新模式发展不平衡不充分等问题，居民生活不便利的问题还不同程度存在。比如，一些新小区商业配套招商还不齐全，生活不够便利；一些老旧社区，商业设施简陋、业态传统，由于历史原因，改造提升的空间有限；还有一些社区，老年人较多，但相应的助餐助浴、康复护理等服务还不完善。建好一刻钟便民生活圈，必须瞄准消费需求，既通过增加数量解决"有没有"的问题，也注重提升质量满足"好不好"的关切。

从实践来看，一些地区在更好推动一刻钟便民生活圈建设上，积累了不少政策创新、管理创新、模式创新方面的经验。北京将便民生活圈纳入商业消费空间布局专项规划，科学布局生活圈数量，建立动态地图、精准补建网点。上海徐汇区大力建设集养老、医疗、文体等为一体的"生活盒子"，除了常规的社区食堂、医疗卫生、文体活动等，不少"生活盒子"还因地制宜提供特色服务。这些探索启示我们，建好一刻钟便民生活圈，既需要坚持问计于民、问需于民，缺什么、补什么，进一步提升服务的精准化水平，也需要千方百计调动经营主体的积极性，解决好如何补的问题。如此，才能更有效提升一刻钟便民生活圈的服务供给水平。

更好推动一刻钟便民生活圈建设，还要继续向创新要动力。比如，鼓励场景和模式创新，发展线上线下融合的即时零售模式，赋能实体门店，拓展服务半径。再如，鼓励健身房、保健理疗店等进社区，推动一刻钟便民生活圈与养老托育圈、文化休闲圈、快递服务圈等"圈圈相融"。

以精准满足需求为基础，以创新为动力，以提升社区生活消费的便利化、品质化水平为目标，相信在未来，一刻钟便民生活圈将在改善服务民生、促进消费升级、畅通城市经济"微循环"方面发挥更大作用。

（2023 年 11 月 09 日）

完善全民终身学习推进机制

吴　丹

　　无论是应对"知识爆炸"还是对抗"知识老化"，唯有与时
俱进地加快知识更新、优化知识结构、拓宽眼界视野，才能获得
与时代同行共进的过硬本领

　　上海市民艺术夜校秋季班开启报名，12门课程1分钟内被抢光；山东
探索建立农民学分银行，在10个县开展农民学历教育创新试点；我国慕课
数量与学习规模位居世界第一，优质教育资源通过网络为更多人推开学习
之门……如今，越来越多人通过各种途径主动学习，拓展个人知识边界。

　　今年5月，习近平总书记在中共中央政治局第五次集体学习时强调，
"要建设全民终身学习的学习型社会、学习型大国"。建设学习型社会、学
习型大国，是建设教育强国的重要方面。教育部印发的《学习型社会建设
重点任务》明确提出，调动社会上一切可利用的学习资源，打通家庭教育、
学校教育、社会教育各环节，完善政府统筹、教育牵头、部门协同、社会
参与的全民终身学习推进机制，构建网络化、数字化、个性化、终身化的
教育体系。一系列举措和部署，对提高广大人民群众的思想道德素质、科
学文化素质和身心健康素质，具有重大指导意义。

　　千秋伟业，人才为先。让14亿多人口整体迈进现代化社会，需要统

筹协调教育、科技、人才一体化发展，以优质教育体系为科技创新、人才培养提供更多源头活水。当前，我国已经进入高质量发展阶段，对人力资源的要求从数量密集型向知识密集型、技术技能密集型转变。建设学习型社会，让人人享有公平的学习机会、优质的教育资源以及终身的配套服务，不仅能激活人才发展的一池春水，让每个人都获得人生出彩的机会，还能凝聚起创新发展的蓬勃力量，以教育之强夯实国家富强之基。

当前，全球正在进行新一轮的科技革命与产业变革，新技术、新概念、新产品层出不穷，新产业、新业态、新职业不断涌现。学历教育能为个人发展奠定重要基础，但很难满足个人一生所需的全部知识和技能。联合国教科文组织的一项研究表明，上世纪 80—90 年代，许多学科的知识更新周期缩短为 5 年；进入 21 世纪，这个数字已经继续缩短为 2 到 3 年。知识迭代更新的周期在不断缩短。无论是应对"知识爆炸"还是对抗"知识老化"，唯有与时俱进地加快知识更新、优化知识结构、拓宽眼界视野，才能获得与时代同行共进的过硬本领。

党的二十大报告提出："推进教育数字化，建设全民终身学习的学习型社会、学习型大国。"这一重要部署，充分体现了数字化在促进全民终身学习中的战略定位和重要价值。我国幅员辽阔、人口众多，构建方式更加灵活、资源更加丰富、学习更加便捷的终身学习体系，数字化是必由之路。在资源共享方面，要不断夯实数字基础设施与平台建设，丰富数字化资源与内容供给，筑牢支撑"人人皆学、处处能学、时时可学"的学习型社会数字底座。在模式创新方面，要不断创新智能化、体验式的学习场景，把教育数字化作为推进学习型社会建设的"倍增器"，不断满足各类人群多样化的学习需求。

当前，我国学习型社会的"四梁八柱"逐步完善，课程互认、学分银行等举措更好满足了学习者不断变化的学习需求和发展目标。学习是人生成长之梯，是文明传承之途，是国家兴盛之要。从学历继续教育到非学历教育，从县域社区学习中心建设到学习型城市建设，从青少年读书活动到社区老年大学，不断完善的面向 14 亿多人口的终身学习体系将惠及更多人。

（2023 年 11 月 06 日）

反餐饮浪费要做到"常"紧盯"新"

崔　妍

　　常抓不懈，持续推进制止餐饮浪费工作，倡导简约适度、绿色低碳的生活方式，反对奢侈浪费和过度消费

　　推出个性化汤面，顾客可根据个人喜好"定制"浇头和面汤的分量；运用 APP 收集顾客对菜品的反馈，优化调整菜品菜量；高校食堂推出"按需定制"就餐模式，提供"小份菜、半份饭"，满足学生的个性化需求……近年来，不少餐饮服务单位创新方式、优化供给，用实际行动对餐饮浪费说"不"。

　　前不久发布的《2023 中国餐饮业年度报告》显示，2022 年我国餐饮行业减少"舌尖上的浪费"取得显著成效。从举措看，餐饮企业聚焦生产与服务两大环节，持续实施反浪费举措，在"强化食材采购、储存、使用管理，减少浪费和积压""有效利用食材边角料，提高出成率""堂食菜单中提供部分小份菜、小份主食选项""餐厅醒目位置开展制止餐饮浪费宣传"等方面表现突出。从数据看，参与调研企业的餐厨垃圾量平均减少 11.2%，垃圾处理费平均减少 6.7%，打包餐盒使用量平均增加 11.7%。相关成果来之不易，折射出餐饮行业反餐饮浪费的决心和态度。

　　取之有制、用之有节则裕，取之无制、用之不节则乏。珍惜粮食、厉

行节约，不仅是中华民族的传统美德，也是餐饮行业高质量发展的必然要求。习近平总书记一直高度重视粮食安全，提倡"厉行节约、反对浪费"的社会风尚。新时代以来，从反食品浪费法颁布施行、各地相关政策文件纷纷出台，到制止餐饮浪费国家标准体系基本建立，再到"光盘行动"、制止餐饮浪费专项行动等持续开展，餐饮浪费现象逐步改观，群众反映强烈的公款餐饮浪费行为得到有效遏制。也应看到，一些地方餐饮浪费现象仍然存在。常抓不懈，持续推进制止餐饮浪费工作，倡导简约适度、绿色低碳的生活方式，反对奢侈浪费和过度消费，才能助力夯实粮食安全根基，确保中国人的饭碗牢牢端在自己手中。

做到"常"，建立反餐饮浪费长效机制。一方面，应加强全周期管理。比如，浙江省温州市创建"全链条"制止餐饮浪费示范企业：采购时以餐食订单预测为依据，避免食材供应过量；制作环节加强后厨培训管理，对余料食材进行再开发；在服务环节设立餐厅点菜引导员，引导顾客适量点餐。另一方面，应注重全方位落实。比如，针对餐饮外卖、婚宴、自助餐、单位食堂等场景特点，明确行业标准与规范，压实主体责任，加强执法检查。落细落实各方面举措，织密制度之网，就能营造反对浪费、崇尚节约的良好社会氛围。

紧盯"新"，与时俱进查缺补漏。随着时代发展，餐饮业态、消费场景等也在变化，一些餐饮浪费新现象相伴而生。比如，有的外卖平台提供大额满减等活动，容易诱导消费者为了凑单多选多买；有的主播为了博眼球，在短视频平台上暴饮暴食。面对新情况新问题，必须从实际出发，下足绣花功夫，提高监管的精细度。主动作为，及时创新方式方法，方能有效遏制新出现的各类餐饮浪费现象。

制止餐饮浪费需要久久为功，离不开全社会共同努力。让我们携手行动，从点滴做起，从现在做起，不弃微末、日积月累，践行绿色健康的生活方式，涵养简约文明的饮食文化。

（2023 年 11 月 03 日）

化"关注红利"为城市竞争力

孟繁哲

"空中巴士"长江索道，穿楼而过的李子坝轻轨，灯火辉煌的洪崖洞……今年中秋国庆假期，山城重庆的"网红"景观再度吸引大量游客排队"打卡"。看建筑、拍照片、品茶、吃火锅，了解抗战历史、感受烟火气息，这座城市带来的独特文旅体验，令许多人流连忘返。

何止是重庆？长沙、成都、西安、淄博……近年来，国内的"网红城市"接连出圈。有人分析，城市走红离不开短视频等平台的传播。从某种意义上说，这背后也是人们在重新发现城市、理解城市。无论是在热门景区游玩，还是品尝当地美食，无论是探寻影视剧取景地，还是沉浸式体验非遗项目，当更多人认真品味城市、体验城市生活，寻常的景象便也蕴藏着与众不同。多样的元素得以有机组合，城市的历史建筑、自然风光、风土人情便拥有了新的文化内涵与审美价值。

时代在发展，旅游消费需求也在不断升级。如今，人们对旅游的理解不再停留于"看山看水看风景"，而更希望去感受文化、体验未知、丰富阅历。从古色古香的胡同小巷，到时尚前卫的现代街区，多一些精致的元素、人文的浪漫、拐角的惊喜，往往就能受到游客青睐。为适应新趋势，近年来，一些地方运用自身文化资源禀赋，努力打造城市名片，不仅赢得了人气，也开拓了发展空间。可以说，"网红城市"现象是城市文化底蕴、公共服务等一系列因素综合作用产生的，折射着城市文旅产业的深度融合。

那么，"网红城市"如何"长红"？越来越多的人认识到，文化是城市的灵魂，惟有传承历史韵味、坚守文化品位，城市才具有蓬勃生命力。因此，必须在挖掘、彰显自身文化独特性方面下更多功夫。以西安为例，这座十三朝古都拥有丰厚的历史文化资源，将历史的厚重、文化的韵味融入旅游产业，经过不懈努力，西安的文旅产品"爆款"不断。在汉长安城未央宫国家考古遗址公园穿越时空、触摸历史，在大唐不夜城漫步"古诗词路"，在易俗社文化街区听一场地道的古韵秦腔……通过打造新场景、创造新体验，西安的文化特质得到激活，让游客留下了深刻记忆。事实证明，文物古迹、历史街区、工业遗产、非物质文化遗产，都是城市记忆的结晶，都能为城市发展旅游业提供滋养。

也应看到，"网红"带来的客流，可能造成交通拥堵、安全隐患等问题，给当地人日常生活带来一定影响。这也提醒城市管理者，应当追求将"关注红利"转化为发展动力，着力完善配套设施、提供精细化服务，由内而外全方位提升城市品质。主动作为、不弃微末，补齐基础设施短板，持续做优公共服务，才能让游客玩得安心、舒心，也才能让城市的知名度、舒适度、美誉度更上层楼。

"城市是人民的城市，人民城市为人民。"今天，我们的城市更加宜居宜业宜游。无论"网红"与否，城市的核心是人，城市建设必须贯彻以人民为中心的发展思想，让人民群众生活更幸福。那些致力于让居民生活更美好的城市，必将在人们心中"长红"。

（2023 年 10 月 31 日）

把好山好水好风光融入城市

寇江泽

大大小小的公园，点缀成片的绿地，绵延起伏的绿道……如今在城市漫步，处处可见美丽风景。一些地方践行"公园城市"理念，推动城市建设向着更加宜居的目标稳步迈进。

城市发展不仅要追求经济目标，还要追求生态目标、人与自然和谐的目标。习近平总书记指出，"让城市融入大自然，让居民望得见山、看得见水、记得住乡愁"。将环境容量和城市综合承载能力作为确定城市定位和规模的基本依据，建设人与自然和谐共生的美丽城市，是全面推进美丽中国建设的应有之义。

新时代以来，我国把保护城市生态环境摆在突出位置，坚持尊重自然、顺应自然，依托现有山水脉络等独特风光推进城市建设，持续拓展城市生态空间，建设国家园林城市、国家森林城市，推进城市公园体系和绿道网络建设，大力推动城市绿化，让城市再现绿水青山。2012—2021 年，城市建成区绿化覆盖率由 39.22% 提高到 42.06%，人均公园绿地面积由 11.8 平方米提高到 14.78 平方米。

以自然为美，就要坚持把好山好水好风光融入城市。比如，北京持续推进"留白增绿"和"大尺度绿化"，千余座公园分布在首都的各个区域；广东深圳选取街道边角地或小区闲置绿地，打造出一个个家门口的美丽花园；江苏泗洪培育应用大量乡土树种，凸显城市本土特色。科学谋划、精细落实，就能让城市生态空间更加亮丽，百姓生活空间更加舒适美好。

城市生态空间是城市生命体的有机组成部分，不能随意侵占和破坏。据报道，近期个别城市出现跟风种植网红树种、过度追求景观化、急功近利推动"大树进城"等苗头性、倾向性问题，虽然不是主流，但需要警惕。建设人与自然和谐共生的美丽城市，关系城市生态环境改善，关系人居环境品质和人民生活幸福。充分认识这项工作的重要意义，多措并举、强化落实，才能取得更多实效。

建设美丽城市，必须坚持系统思维，遵循生命共同体的理念。作为城市有生命的基础设施，城市绿化应按照生态系统的整体性、系统性及其内在规律，统筹考虑自然生态各要素，给城市生态系统健康稳定、老百姓品质生活留足生态空间。不妨将整个城市建成一个大公园，通过对山水林田湖草沙生命共同体的构建和生态格局优化，实现人、城、境、业的和谐统一。推窗望绿、行路见荫、街角遇绿，当这样的诗情画意触手可及，人们就能更好畅享城市生活。

建设美丽城市，也要按科学规律办事。比如，城市绿化应科学选树、科学种树，尽量选择乡土树种，审慎使用外来树种草种，坚持适地适树原则。除了满足人的需求，也要给动物留下栖息空间，让树林有鸟声蝉噪、草地有蝶飞虫鸣，不断恢复城市生物多样性和城市生态系统完整性。同时，应坚持节俭务实原则，切忌贪大求洋，不搞脱离实际、铺张浪费、劳民伤财的面子工程、形象工程。

美丽城市，一定少不了蓝天碧水、公园绿地。坚定不移走生态优先、绿色发展之路，努力实现生产空间集约高效、生活空间宜居适度、生态空间山清水秀，一座座"公园中的城市"必将成为人与自然和谐共生的美丽家园。

（2023 年 10 月 27 日）

让矛盾纠纷化解在成讼之前

张　璁

> 充分发挥人民调解在矛盾纠纷预防化解中的基础性作用，使矛盾纠纷发生后能及时就地实质化解

调解是具有中国特色的矛盾纠纷化解方式。人民调解是一项具有中国特色的法律制度，在矛盾纠纷多元化解机制中发挥着基础性作用。

习近平总书记前不久在浙江考察时指出："要坚持好、发展好新时代'枫桥经验'，坚持党的群众路线，正确处理人民内部矛盾，紧紧依靠人民群众，把问题解决在基层、化解在萌芽状态。"我国拥有 14 亿多人口，素有"以和为贵"的文化传统，国情决定了我们不能成为"诉讼大国"。随着经济社会快速发展，社会矛盾纠纷规模较大，要把非诉讼纠纷解决机制挺在前面，充分发挥调解作用，依法保障人民群众合法权益。

人民调解是维护社会和谐稳定的"第一道防线"。近日，全国调解工作会议在京召开，表彰了全国模范人民调解委员会和全国模范人民调解员。数据显示，截至目前，全国有人民调解委员会 69.3 万个，人民调解员 317.6 万人，其中专职人民调解员 41.2 万人，覆盖城乡和重点领域、重点单位的调解组织网络基本形成。2022 年，全国人民调解组织调解各类矛盾纠纷 1494 万件，其中人民法院委派委托调解成功 675 万件，大量矛盾纠

纷被人民调解这道"防线"化解在成讼之前，有力促进了社会和谐。

着眼未来，充分发挥人民调解在矛盾纠纷预防化解中的基础性作用，使矛盾纠纷发生后能及时就地实质化解，才能让人民群众的获得感、幸福感、安全感更加充实、更有保障、更可持续。从邻里关系到家庭矛盾，从山林土地到房屋宅基地，发生在基层群众身边、关系群众切身利益的矛盾纠纷，如果久拖不调、久调不成，容易"小事拖大，大事拖炸"。比如，有的调解只是给纠纷画了个"逗号"，却没有画上实质化解的"句号"，导致纠纷最终进入诉讼，既给当事人增加讼累，又不利于社会和谐稳定。纠纷调解贵在"及时"和"就地"。要化解矛盾更快些，以法理情相结合及时妥善化解；也要距离群众更近些，把纠纷化解在群众家门口，推动源头预防、就地实质化解纠纷。

人民调解是全社会共同的事业，需要社会各界共同参与。应推动更多法治力量向引导和疏导端用力，凝聚调解工作合力。当前，一些地方的调解工作还有一定改进空间。比如，有的地方诉调对接延伸不到位，司法调解与人民调解衔接机制不够健全；有的地方存在"各管一段"现象，在促进矛盾纠纷实质化解方面还需加强沟通协作。必须进一步完善调解工作格局，做好人民调解，做实行政调解，做强司法调解，做优行业性专业性调解，促进各类调解协调联动。同时，努力打通"数据孤岛"，实现相关业务协同、信息共享。要积极运用大数据、云计算、人工智能等信息化手段，实现对矛盾风险的动态感知、精准分析，提高预测预警预防风险的能力。

法治建设既要抓末端、治已病，更要抓前端、治未病。调解工作贴近群众、贴近一线，一场场调解也是一堂堂普法公开课。坚持和发展新时代"枫桥经验"，在更高层次、更广领域发挥好调解的基础性作用，广泛引导和发动社会各方面力量参与矛盾纠纷化解，促进矛盾纠纷有效分流、及时调处，就能为建设更高水平的平安中国、法治中国汇聚更多力量。

（2023 年 10 月 23 日）

用心用力做好"数字帮扶"

何 娟

> 不断提升数字服务的可及性、便利性、包容性,才能让更多人共享数字红利

北京市的一些景点上线手语导览服务,助力听障人士更好游览观光;上海市启动信息系统改造,让生僻字可被识别;江苏省连续 3 年将"解决老年人运用智能技术困难专项普及培训工程"列入省政府民生实事,帮助老年人点亮幸福生活……随着数字化转型加速、数字中国建设持续推进,许多地方致力于拓展数字化的深度与广度,通过提升数字服务质量,让数字红利惠及更多人。

当今时代,日新月异的数字科技和数字应用深刻影响着社会生活,为人们带来诸多便利。同时,也有部分人遭遇了困扰。比如,姓名中含有生僻字的人,在办理在线事务时容易碰到不便录入信息系统的问题。不熟悉电子产品的老年人、无法顺畅使用大众软件的残障人士、数字技能欠缺的偏远地区人群等,时常面临"数字焦虑"。《"十四五"国家信息化规划》明确提出:"加快弥合数字鸿沟,补齐农村地区信息基础设施短板,提升信息弱势群体数字技能。"补齐信息普惠短板,帮助相应群体更好融入信息社会、畅享数字生活,对于促进社会公平正义、增进民生福祉具有重要意义。

建设数字中国，要让亿万人民在共享互联网发展成果上有更多获得感。不断提升数字服务的可及性、便利性、包容性，才能让更多人共享数字红利。近年来，我国致力于打造泛在可及、智慧便捷、公平普惠的数字化服务体系。从接入来看，数字乡村和新型智慧城市建设统筹推进，智能技术培训走进乡村社区，各种智能终端陆续涌现……数字服务的触角不断延伸。从使用来看，近年印发的《关于推进信息无障碍的指导意见》《互联网应用适老化及无障碍改造专项行动方案》等文件，指导众多常用网站和APP完成适老化和无障碍改造，助推自动读屏、一键叫车、"关怀模式"等新功能在适老助残方面发挥积极作用。数字资源下沉基层，"数字帮扶"持续扩面，正绘就优质普惠的数字生活新图景。

应当认识到，"数字帮扶"不能按一个模式"齐步走"。比如，高龄老人的需求侧重居家数字服务，残障人士则更需要带有身体辅助功能的产品。开展"数字帮扶"，必须精准把握各群体在不同场景下的真实诉求，提供多元多样的优质服务。在倡导数字化转型、推进数字化应用的同时，也应适当保留"非数字化"的替代选项。提高数字生活的包容度，有助于让人们融入数字时代的步履更加从容。

在一定意义上，"数字帮扶"也意味着一种"赋能"。加大数字技能帮扶力度，将为特定群体平等参与社会生活创造更多可能性。比如，有的平台推出"扫码播报订单信息"，帮助视障咖啡师"无障碍"接单；有的平台推出智能语音系统，辅助听障、语障外卖员与消费者沟通。实践也表明，更大范围的数据互联、信息互通，有利于提升治理效能与公共服务水平。

"数字帮扶"是一项系统工程，难以毕其功于一役，需要不弃微末、久久为功。政府、企业、社会、家庭凝心聚力、携手联动，在弥合数字鸿沟、降低数字门槛、保障用网安全等方面谋实招、求实效，就能打造更加包容、更有温度的数字环境，造福更多人。

（2023 年 10 月 20 日）

在开放合作中提升科技创新能力

谷业凯

> 全球进入大科学时代，科学研究的复杂性、系统性、协同性
> 显著增强，国际合作正在成为推动科技创新的一个"必选项"

近日，欧洲核子研究中心大型强子对撞机上的底夸克探测器实验国际合作组发现了两个新的粲强子态。主导完成这一成果的是中国科学院大学的科研人员，研究参与单位包括英国华威大学、美国麻省理工学院、法国马赛粒子物理实验室、中国清华大学等多个国家和地区的高校与科研机构。这一成果，折射出我国全方位加强国际科技创新合作，更加主动地融入全球创新网络，在开放合作中提升自身科技创新能力。

前不久，习近平主席在致2023年浦江创新论坛的贺信中指出："科技创新是人类共同应对风险挑战、促进和平和发展的重要力量。"当前，世界百年未有之大变局加速演进，新一轮科技革命和产业变革深入发展。中国坚定奉行互利共赢的开放战略，不断加大高水平对外开放力度，持续以更加开放的思维和举措推进国际科技交流合作。

当前，全球进入大科学时代，科学研究的复杂性、系统性、协同性显著增强，国际合作正在成为推动科技创新的一个"必选项"。从探索星辰大海到发现构成物质的基本粒子，从解决个体生命健康难题到寻求改善人

类整体生存环境的方法，国际科技合作日益紧密，创新链条难以分割。一张 5500 万光年外的黑洞照片，调动了全球 8 台射电望远镜"组网"拍摄；建设世界上最大的热核聚变实验装置，需要 35 国科学家通力合作……国际科技合作让不同地域、不同学科的科学家相互启发，形成了全球范围内的科技创新协同效应，大大增强了科技突破的可能性。

中国的创新发展离不开世界，世界的科技进步也越来越需要中国。目前，中国已与 160 多个国家和地区建立了科技合作关系，加入 200 多个国际组织和多边机制。中国空间站、西藏羊八井宇宙线国际观测站等已成为国际科技合作的大平台。中国对世界科技创新贡献率大幅提高，成为全球创新版图中日益重要的一极。今天的中国，正以更加开放的姿态继续同各国加强科技创新合作，建设具有全球竞争力的开放创新生态，同各国携手打造开放、公平、公正、非歧视的科技发展环境。

科技创新不仅是破解发展难题的关键变量，更是推动高质量发展的最大增量。今年以来，"奋斗者"号完成国际首次环大洋洲载人深潜科考任务，我国自主三代核电技术"华龙一号"全球首堆示范工程通过竣工验收，国产大飞机 C919 投入商业运营，首艘国产大型邮轮顺利出坞……我国正朝着高水平科技自立自强不断迈进。面向未来，我国将更好处理自主创新和开放合作的关系，以更加开放的思维和举措推进国际科技合作，打造各种创新要素发挥集聚效应的广阔平台，积蓄高质量发展新动能。

人类要破解共同发展难题，比以往任何时候都更需要国际合作和开放共享。积极开展国际科技合作，努力用好国际国内两种科技资源，聚四海之气、借八方之力、成创新之功，我们有信心有能力使我国在重要科技领域成为全球领跑者，在前沿交叉领域成为开拓者，早日建成世界主要科学中心和创新高地。

（2023 年 10 月 19 日）

携手共筑网络安全"防火墙"

李林宝

> 每个人都有责任做正能量的传播者、网络安全的维护者，携手共筑网络安全"防火墙"

召开网络安全博览会、网络安全技术高峰论坛，展示新产品和新技术、交流方法和经验；举办各类网络安全技能比赛，推动筑牢"头脑中的防线"；开展网络安全进基层活动，用方言快板小曲传唱网络安全知识……在2023年国家网络安全宣传周中，全国各地举办形式多样、内容丰富、各具特色的活动，宣传网络安全理念、普及网络安全知识、推广网络安全技能，在全社会营造共筑网络安全防线的浓厚氛围。

互联网发展日新月异，极大拓展了人类生产生活空间，网络安全也成为国家安全的重要组成部分。没有网络安全就没有国家安全，就没有经济社会稳定运行，广大人民群众的利益也难以得到保障。近年来，我国网络安全工作取得积极进展，网络安全政策法规体系不断健全，网络安全工作体制机制日益完善，全社会网络安全意识和能力显著提高，广大人民群众在网络空间的获得感、幸福感、安全感不断提升。国家网络安全宣传周从2014年开始每年举办一届，今年已是第十届。10年来，国家网络安全宣传周深入开展网络安全进社区、进农村、进企业、进机关、进校园、进军营、进家庭等多项重要活动，让网络安全观念愈加深入人心。

网络安全建设成效明显，但网络空间仍不太平，网络安全工作任重道远。从世界范围看，网络安全威胁和风险日益突出，侵犯个人隐私、侵犯知识产权、散布虚假信息、实施网络诈骗等违法犯罪行为已成为全球公害。在我国，各类网络违法犯罪时有发生，数据安全和侵犯个人隐私问题、关键信息基础设施安全防护问题日益凸显。面对十分复杂的网络安全形势，必须将网络安全摆在重要位置，坚持多管齐下，加强综合治理，形成从技术到内容，从日常监管到打击犯罪的综合治理合力。

在维护网络安全的众多举措中，不断增强全民网络安全意识和技能至关重要。习近平总书记对国家网络安全宣传周作出重要指示，强调"举办网络安全宣传周、提升全民网络安全意识和技能，是国家网络安全工作的重要内容"。每个人都有责任做正能量的传播者、网络安全的维护者，携手共筑网络安全"防火墙"。网络安全教育必须抓在经常、重视日常、积功平常。只有全民网络安全意识和素养增强了，技能提高了，网络安全工作才会基础扎实、推进有力。

集中宣传是有效提升全民网络安全意识和技能的方式之一。比如，坚持问题导向，围绕网络安全领域新政策、新举措、新成效，针对个人信息保护、数据安全治理、关键信息基础设施安全防护、电信网络诈骗犯罪防范、数字平台健康发展、青少年健康上网等社会热点问题，及时展开宣传；创新方式方法，多采用直播、短视频、公益短剧、益智游戏、线上课程等形式，同时与宣传展览、巡回讲座、技能大赛、社区讲解、互动体验等做好结合。通过创新性的内容供给、立体化的传播矩阵、针对性的受众投放，深入开展宣传教育，必能取得突出效果。

网络安全为人民，网络安全靠人民。每个人都不断提升网络安全意识和技能，齐心协力共同努力，一定能打赢网络安全的人民战争，实现网络强国梦。

（2023 年 10 月 18 日）

多措并举确保全年粮食丰收

常　钦

> 保障粮食安全，关键是要保粮食生产能力。全方位夯实粮食安全根基，要把"藏粮于地、藏粮于技"真正落实到位，将粮食生产的物质基础不断夯实

稻菽成浪，谷米满仓。秋粮占全年粮食产量的七成多，眼下，各地区各部门正全力以赴抓好秋粮生产，多措并举确保全年粮食丰收。今年我国夏粮获得丰收、早稻实现增产，秋粮播种面积稳中有增，整体长势良好，丰收在望。争取秋粮有好收成，就能为全年粮食丰收和经济社会发展奠定基础。

粮食安全是"国之大者"。习近平总书记强调："要牢牢把住粮食安全主动权，粮食生产年年要抓紧。"今年以来，我国粮食生产经历了多重考验，成绩来之不易。我们克服黄淮罕见"烂场雨"、华北东北局地严重洪涝、西北局部干旱等灾害影响，全年粮食生产有望再获丰收，为推动经济持续回升向好、加快构建新发展格局、着力推动高质量发展提供了有力支撑。一季季沉甸甸的收获，牢牢稳住粮食安全这块压舱石，展现了"基本盘"的稳健力量。

保障粮食安全，关键是要保粮食生产能力。全方位夯实粮食安全根基，要把"藏粮于地、藏粮于技"真正落实到位，将粮食生产的物质基础不断

夯实。耕地是粮食生产的命根子，切实加强耕地保护，全力提升耕地质量，加快建设旱涝保收、高产稳产的高标准农田，才能稳步拓展农业生产空间。

粮食稳产增产根本出路在科技。一项项新技术落地，一台台大农机驰骋，田间地头激荡着科技动能，凸显农业现代化"金扁担"的硬支撑。我国实施新一轮千亿斤粮食产能提升行动，大力推广优质耐密品种，配套密植精准调控技术模式和适宜高性能机械，推动大面积提高单产落地见效，挖掘增产潜力。目前，我国农业科技进步贡献率达到62.4%，农作物良种覆盖率超过96%，全国农作物耕种收综合机械化率超过73%。让更多"望天田"变成"高产田"，让农民从会种地变为"慧"种地，就能不断提升农业生产效率。

发展粮食生产，主体是种粮农民。农民种粮能挣钱，粮食生产才有保障。抓好粮食生产机制保障，让好政策进村下田，健全价格、补贴、保险"三位一体"政策体系，实施夏粮"一喷三防"、秋粮"一喷多促"补助，下达实际种粮农民一次性补贴……各项政策举措实打实，坚持把增加农民收入作为"三农"工作的中心任务，让农民通过种粮实现腰包越来越鼓、生活越来越美好，才能更好激发农民种粮积极性。

从实际情况来看，保障粮食安全还要做好农业防灾减灾工作，最大程度减少农业损失。这要求我们落细落实农业灾后生产恢复、稳定粮食和重要农产品生产措施，坚持底线思维，因地制宜、精准施策，分区域、分作物、分环节把情况摸清楚，努力提高防灾减灾的精准性、有效性、科学性，最大限度降低灾害损失，尽力实现非灾区多增产、轻灾区保稳产、重灾区少减产，确保全年粮食生产保持稳定。

农为邦本，本固邦宁。各级党委和政府要深入贯彻习近平总书记重要指示精神和党中央决策部署，锚定建设农业强国目标，稳住农业基本盘，绷紧粮食安全这根弦，盯紧防灾减灾、抓好秋管秋收，加强农机作业供需对接和服务保障，努力确保丰收到手、颗粒归仓，把粮食生产抓紧抓实，让"中国饭碗"端得更牢、成色更足。

（2023 年 10 月 17 日）

尊崇英烈，激发奋进力量

李龙伊

对于为国家、为民族、为和平付出宝贵生命的英烈，我们要永远铭记他们的牺牲和奉献

天地英雄气，千秋尚凛然。每逢烈士纪念日，都有无数群众前往烈士纪念设施瞻仰、献花，寄托对英烈的深切缅怀和崇高敬意。

习近平总书记指出："一个有希望的民族不能没有英雄，一个有前途的国家不能没有先锋。"在历史的天空中，英雄是民族最闪亮的精神坐标。据统计，革命战争年代以来，先后约有 2000 万名烈士为国捐躯。他们以坚定的信仰信念、炽烈的家国情怀，为争取民族独立和人民解放，实现国家富强和人民幸福，促进世界和平和人类进步而毕生奋斗、英勇献身，功勋彪炳史册，精神永垂不朽。

烈士纪念设施是纪念缅怀烈士的重要场所，铭刻了无数革命先烈为党和国家付出的伟大牺牲，是重要的红色资源。为进一步加强烈士纪念设施规范化管理，统一烈士纪念设施形象识别，退役军人事务部印发通知，公布启用烈士纪念设施保护标志及标识牌，明确烈士纪念设施保护标志整体为纪念碑造型，主体为金色，包括红星、"永垂不朽"题词、纪念碑和阶梯等元素。标志总体呈现昂扬向上的姿态，象征着烈士们的伟大理想和崇

高信念，体现了党和国家对英烈的尊崇、褒扬和纪念。

近年来，烈士纪念设施保护管理工作不断加强，纪念设施整体面貌大幅改善。但一直以来，烈士纪念设施没有统一的形象标识，部分地区自行设计使用的标志式样内容不一，不利于展现烈士纪念设施的庄严肃穆形象。烈士纪念设施保护标志启用后，全国各级烈士纪念设施有了统一的专有形象标识。这对于铭记英烈事迹、传承英烈精神有着重要意义，有助于进一步增强历史自信、激扬历史主动精神，让爱国主义和革命英雄主义更好成为引人向上、催人奋进的强大精神动力。

启用烈士纪念设施保护标志及标识牌，是鼓励全社会尊崇英烈、传承英烈精神的具体举措。这些年，从立法确定9月30日为烈士纪念日，到各地普遍举行烈士纪念日公祭活动；从迎接在韩志愿军烈士遗骸回国，到上线开通"烈士寻亲政府公共服务平台"、发起"为烈士寻亲"活动；从组织开展"百年英烈"褒扬纪念系列活动、推动7000余名英烈事迹进入中国共产党历史展览馆展陈，到公布第三批80处国家级抗战纪念设施、遗址名录和第三批185名著名抗日英烈、英雄群体名录……一系列致敬英烈之举，让全社会"崇尚英烈、缅怀英烈、学习英烈、捍卫英烈、关爱烈属"的氛围愈发浓厚。对于为国家、为民族、为和平付出宝贵生命的英烈，我们要永远铭记他们的牺牲和奉献。

崇尚英雄才会产生英雄、争做英雄才能英雄辈出。理想之光不灭，信念之光不灭，英雄精神如永不熄灭的明灯，照亮亿万人民的前行之路。对英烈最好的纪念，就是把先辈们开创的事业不断推向前进。传承英烈精神、汲取奋进力量，撸起袖子加油干，风雨无阻向前行，我们一定能用智慧和汗水打拼出一个更加美好的中国，书写新时代的英雄篇章。

（2023年10月16日）

从文物中汲取文化自信力量

李忱阳

考古工作者将埋藏于地下的古代遗存发掘出土，将尘封的历史揭示出来，延伸了历史轴线，增强了历史信度，丰富了历史内涵，活化了历史场景

前不久，由中国历史研究院建立的我国第一家以考古命名的国家级专业博物馆——中国考古博物馆，正式面向社会公众开放。新石器时代"7000岁"的陶人面像，二里头遗址绿松石龙形器，商代象牙杯，周代铜牺尊……一件件精美的出土文物，观众从中感受到中国古人的聪明才智，领略到中国古代的灿烂文明。

泱泱中华，万古江河。习近平总书记深刻指出："如果不从源远流长的历史连续性来认识中国，就不可能理解古代中国，也不可能理解现代中国，更不可能理解未来中国。"中华文明是世界上唯一绵延不断且以国家形态发展至今的伟大文明。从留下"中国"一词最早文字记录的西周青铜器何尊，到铸有"中国大宁"铭文的湖南长沙伍家岭出土汉代铜镜，再到出土于新疆和田地区的"五星出东方利中国"汉代织锦护臂，作为历史的见证，考古文物生动展现出中华文明弦歌不辍、中华文脉绵延不绝。

认识历史离不开考古学。考古工作是研究和展示中华民族历史、中华文明瑰宝的重要工作。对于没有文字记载的早期文明阶段，通过考古发掘

找到更多信息，可以用遗迹遗物廓清历史迷雾；而对于有文字记载的历史阶段，通过考古发掘"证经补史"，则可以让历史更加生动鲜活。浙江良渚、湖北石家河、山西陶寺、陕西石峁、河南二里头……考古工作者将埋藏于地下的古代遗存发掘出土，将尘封的历史揭示出来，延伸了历史轴线，增强了历史信度，丰富了历史内涵，活化了历史场景。

事实上，考古既是在不断发现遗存、探寻历史，也是在不断传承历史、弘扬文化。遗址的发掘与复原、文物的保护与修复，不仅让历史遗迹、文化瑰宝重见天日、重获新生，也让更多人能够在触摸历史中感知中华文明的独特魅力、在思接千载中读懂"何以中国"。与考古文物的每一次相遇，都能让我们更直观地了解先人的生活习俗、思维方式、审美取向，感受中华文化的源远流长、体会中华文明的博大精深。在这个意义上，文物不仅是历史的见证，也是坚定文化自信的重要物质载体。

近年来，考古学逐渐摆脱"冷门"的标签，以全新的面貌出现在人们的视野。一方面，这得益于考古与科技的更紧密结合。考古方舱、文物保护移动实验室等装备的亮相，碳十四测年、同位素分析等实验室考古技术的广泛应用，既助力考古不断取得新突破，也让考古发掘更有科技感，更加可感可知。

另一方面，这也与考古成果以更为多样的面貌走近公众密切相关。无论是《国家宝藏》《中国考古大会》《中国国宝大会》等节目受到观众欢迎，还是"数字敦煌"资源库、故宫"数字文物库"等项目给人带来全新文化体验，抑或是考古盲盒等文创产品走红，都启示我们，坚持创造性转化、创新性发展、与时俱进、勇于创新，才能让文物活起来、让考古火起来，在丰富全社会的历史文化滋养的同时，让更多人增强文化认同、坚定文化自信。

考古工作是一项重要文化事业，也是一项具有重大社会政治意义的工作。让考古工作被更多人看见，让文物更好走近大众，揭示其蕴含的思想观念、人文精神、道德规范，考古事业将不断焕发新的光彩，为推动文化繁荣、建设文化强国、建设中华民族现代文明贡献不竭力量。

（2023 年 10 月 13 日）

以高质量科普厚植科技创新沃土

喻思南

树立大科普理念，推动科普工作融入经济社会发展各领域各环节，构建全社会共同参与科普新格局，才能更好满足全社会对高质量科普的需求

近距离观看月壤，体验火箭发射、月地驾驶和空间站生活，了解数字技术如何为兵马俑做"体检"……2023 年全国科普日之际，各地开展丰富多彩、形式多样的科普活动，让人们感受到科学的魅力，拉近了公众与科技创新的距离，激发了更多人的科学热情。

科学普及是实现创新发展的重要基础性工作。科普伴随科技创新而生，也驱动科技创新不断向前。科普能提升公民科学素质。2022 年我国公民具备科学素质的比例达 12.93%，较 2015 年提高了 1 倍多。公民科学素质水平的持续快速提升，为我国进入创新型国家行列并向前列迈进，奠定了丰厚的人力资源基础。科普也能激发孩子们的好奇心。无数青少年因科普触摸科学、了解科学，进而热爱科学、投身科学，成为科技创新后备人才。科普还有助于树立热爱科学、崇尚科学的社会风尚。

近些年，我国科技创新成果不断涌现，科普质量不断提升。比如，各地深入推进科普信息化发展，大力发展线上科普，通过"互联网＋科普"

创新传播方式，让科学知识更加深入人心。再比如，科普大篷车等流动科普设施跨越山水，将科学带到边远小城、工厂社区、乡野田间等，不断补齐基层科普短板。从线下为主到拥抱线上，从传授知识转向涵养科学精神，从"以我为主"到贴近大众，科普的深度和广度不断拓展，在厚植创新沃土、夯实创新之基上发挥了重要作用。

今天，"科普之翼"越来越有力，但也应看到，与科技创新的需求相比，科普工作仍有提升空间。树立大科普理念，推动科普工作融入经济社会发展各领域各环节，构建全社会共同参与科普新格局，才能更好满足全社会对高质量科普的需求，为实现高水平科技自立自强、推进中国式现代化作出新的更大贡献。

激发科学兴趣应从娃娃抓起，科学的种子茁壮成长，离不开悉心呵护、持续培养。因此，有必要推动科普与学校教育深度融合。目前，我国在中小学已经开设了科学课程，但能够承担科学课程教育的专业老师相对不足。一方面，需要通过加强科学教师培训等方式，提升科学教育整体水平；另一方面，还可以借助各类科技场馆资源，开展馆校合作，推出公益科学课等，在教育"双减"中做好科学教育加法。

科普是全社会的共同事业。提升科普能力，更好满足人们多元化的科普需求，需要完善多元化科普投入机制，引导多方力量共同参与。比如，可以鼓励和引导社会资金通过建设科普场馆、设立科普基金、开展科普活动等形式投入科普事业，丰富科普供给；还可以探索政府购买服务等方式，提升科普的公共服务效能，激活社会资源蕴藏的科普潜能。

加强科普工作，需要一支专兼结合、素质优良、覆盖广泛的科普工作队伍。2021年，全国科普专、兼职人员数量超180万人，但在科技人力资源总量中的占比还很低，尤其是高质量科普人才存在较大缺口。通过强化经费支持、完善科普人才评价机制、畅通职业发展通道等措施，培养壮大科普人才队伍，才能让更多能做科普、愿做科普的专业人才脱颖而出。

不久前，"天宫课堂"第四课在中国空间站开讲，再次燃起孩子们对太空、对科学研究的热情和向往，彰显了高质量科普的重要意义。促进科普与科技创新协同发展，在全社会推动形成讲科学、爱科学、学科学、用科学的良好氛围，必能使蕴藏在亿万人民中间的创新智慧充分释放、创新力量充分涌流，科技强国建设的动力也必将更加强劲。

（2023 年 10 月 12 日）

假期消费展现中国经济蓬勃生机

白弈非

我国消费增长空间广阔，我们完全有基础、有底气不断把中国大市场蕴含的消费潜力释放出来

节假日消费是观察经济活力的一扇窗口。刚刚过去的中秋国庆假期，旅游景点游客如织，商场超市人流涌动，餐饮店铺排起长队，影院剧场观众爆满……升腾的烟火气息、丰富的消费场景、高涨的消费热情，既显现出浓浓的节假日氛围，也激荡着澎湃的经济动能。

消费旺，经济强。今年以来，随着经济社会全面恢复常态化运行，消费潜力逐步得到释放，市场销售总体保持较快增长，消费拉动作用持续显现。中秋国庆假期，出行旺、旅游火、人气热，线上线下消费"齐飞"，实物与服务供销两旺，正展现出我国消费市场的旺盛活力，折射着我国经济的蓬勃生机。中秋国庆假期消费市场交出的这份亮丽成绩单，从一个侧面印证着，中国经济韧性强、潜力大、活力足，中国经济大船将乘风破浪持续前行。

从经济发展规律来看，大国经济的特征都是内需为主导、内部可循环。消费是最终需求，是畅通国内大循环的关键环节和重要引擎，对经济具有持久拉动力。当前，我国消费市场呈现恢复增长态势。我国有14亿多人口，人均GDP超过1.2万美元，有世界上最具潜力的超大规模市场，消费发展长期向好的基本面没有改变，消费提质升级的大趋势没有改变。中秋国庆假期消费市场的红火再次启示我们，我国消费增长空间广阔，我们完全有基础、有底气不断把中国大市场蕴含的消费潜力释放出来。

供给和需求是市场经济内在关系的两个基本方面，是既对立又统一的辩证关系，二者你离不开我、我离不开你，相互依存、互为条件。新的需求可以催生新的供给，新的供给也可以创造新的需求。在四川省成都市，"火锅巴士"把沿途的太古里、望平街、锦江、电视塔等景点串点成线，让消费者在品味美食的同时，也能享受文化大餐，吸引了一批又一批的消费者；在贵州省贵阳市，由老厂区改造而成的青云市集，嵌入夜宵、夜景、夜演、夜购等业态，摇身一变成为消费新地标；在陕西省西安市的大唐不夜城步行街，AR 导览和各类表演，给消费者带来新感受，提升了文旅市场的热度……一个个案例告诉我们，不断创新消费场景、提升消费体验，能够创造消费需求，促进消费增长。

恢复和扩大消费，同样也离不开良好的消费环境。中秋国庆假期，有的地方要求聚焦解决假期期间就餐难、停车难等堵点、难点问题，持续优化服务品质；有的地方加强节日价格监管，引导经营者诚信、依法经营；还有的地方推行旅游消费投诉先行赔付机制，让游客"放心游"……一系列举措，为消费者营造了良好的消费环境，提振了消费信心。今天，随着新消费热点出现和服务消费增长，营造良好的消费环境显得更加重要。这既意味着要保障好消费者合法权益，也包括树立行业标准和规范，提升服务产品供给质量。持续优化消费环境，减少消费者后顾之忧，必能推动消费回暖跑出"加速度"。

习近平总书记强调，"中国经济是一片大海，而不是一个小池塘"。中秋国庆假期的消费盛况，就是中国经济大海之上的一朵浪花，反映的是中国经济如大海般广阔的市场前景和巨大的内需潜力。把恢复和扩大消费摆在优先位置，发力新消费、新场景、新动能，促进能消费、敢消费、愿消费，定能充分发挥消费"主引擎"作用，为推动我国经济持续回升向好注入强劲动能。

（2023 年 10 月 11 日）

在剧场，以文明成就艺术

王　珏

文明观演是对艺术的尊重，台上尽心演出，台下予以正向反馈，台上台下共同进入艺术情境，才能让演出更精彩、艺术水准更高

就座后不时被后座人踢椅背，开演后频繁使用手机打电话、发短信，一边观看一边交头接耳，演到精彩处身旁忽然响起吃东西的声音……在剧场，你是否也遇到过此类不文明行为？文明观演是一个老生常谈的话题，但观演不文明行为仍不时发生。

如今，随着生活水平提高，越来越多的人走进剧院，感受文化艺术的魅力，这是经济社会发展进步、精神文明水平提升的体现。现场演出的魅力来自演员，而演员的发挥又往往受到台下观众的影响。文明观演是对艺术的尊重，台上尽心演出，台下予以正向反馈，台上台下共同进入艺术情境，才能让演出更精彩、艺术水准更高。正如有演奏家所言："唱片是'死'的，演出是'活'的，而'活'就体现在演奏者与观众的情绪互动上。"不文明的观演行为不仅会破坏现场秩序、影响他人的观演体验，更会对演出质量造成负面影响。

舞台是一面镜子，既呈现精彩演出，也映照出观众的道德修养、艺术

品位和文明程度。观演礼仪本质上是一种行为规范，是在特定场所、特定时间段内的礼节性行为要求，既有在公共场合维护公序良俗的基本要求，也有与特定艺术类型相契合的更高文明规范。比如，音乐会的乐章间不宜鼓掌，歌剧的咏叹调结束可以鼓掌，古典舞剧在每幕结束或转场有明显音乐间隙时可以鼓掌，不同类型的艺术需要不同的观演礼仪。初次观演的观众，最好先了解掌握相关的观演礼仪。

形成文明观演的行为规范，在提升社会文明程度的同时，也会潜移默化提升人们的艺术素养。剧院不妨加强引导，以寓教于乐的形式宣传文明礼仪。开演前，可以推出导赏，发布剧目时长、中场休息时间的提醒，普及文明观演知识。演出后，剧院可以安排演后对谈、互动活动，让观众有机会表达观演感受。针对迟到和特殊观众，剧院可提供实时直播等设备，剧场服务人员多一些耐心劝导，以人性化服务，创造良好观演环境。针对孩子等群体，剧院可以通过动画、漫画等多样化的形式，传播文明观演知识。学校也可加强文明礼仪教育，讲授相关知识，培养孩子们的文明习惯。

一名剧院负责人曾经在剧场看到一名迟到的女士，提着脱下的高跟鞋，小心翼翼进入剧场。他不由得感叹，文明观演就体现在这些细节之中。走入剧场需要衣着整洁，观看演出保持手机静音，演出进行时不录音录像……这些观看演出的礼仪细节，值得观众留心留意。观演礼仪的背后，是剧场文化的传承，是城市文明的浸润。因此，当我们为欣赏艺术而走进剧场，也应自觉维护文明观演的氛围，提升自身的道德修养和艺术素养，以文明成就艺术、让艺术陶冶心灵。

一场精彩的演出，不仅有演员们的倾情演绎，也有观众的默契参与。观众恰当的掌声、专注的眼神，将会激发演员们临场发挥的激情和灵感；台上台下良性互动，才能成就一场场精彩的演出。个人、剧场、社会形成共塑文明观演的合力，将不断提升文化生活层次，塑造城市精神文明。

（2023 年 10 月 09 日）

共此月圆时，同叙家国情

胡文婷

有文化自信的民族，才能立得住、站得稳、行得远。中华优秀传统文化的丰富哲学思想、人文精神、教化思想、道德理念等，可以为人们认识和改造世界提供有益启迪，可以为治国理政提供有益启示，也可以为道德建设提供有益启发

秉持家国情怀的赤子之心，每一个家庭、每一个人的向上向好，构成了国家欣欣向荣的基石，化为中华民族生生不息的前进动力

中秋将至，航空公司推出的"赏月航班"提供新的赏月体验，街道社区开展的中秋活动带来沉浸式文化体验，社交媒体上刷屏的中秋快乐动图增添了节日的轻松感与趣味性，让传统文化更具时代活力。大江南北秋意渐浓，节日气氛不断升温，涌动着对团圆的渴望与喜悦，体现着薪火相传、延绵不绝的文化基因。

"中秋佳月最端圆"。在中秋国庆双节前夕，回家团圆或与家人一起旅游，成为许多人的期盼。中华民族自古以来就重视家庭、重视亲情，中秋节更是被称为"团圆节"。皓月当空之时，一家人围坐一堂，老人给孩子讲述嫦娥的故事，孩子跟着父母吟咏那些脍炙人口的中秋诗词，一起吃月

饼赏明月，乐何如哉！这样的团圆，既体现着亲情的凝聚，也传承着独特的家庭文化。围绕中秋夜的一轮明月，古往今来多少人寄托情思，留下"海上生明月，天涯共此时""但愿人长久，千里共婵娟"等千古流传的诗词，成为一代代中华儿女的共同记忆，沉淀为中华优秀传统文化的精彩篇章。

习近平总书记强调："中国人自古以来就具有家国情怀，国是第一位的，没有国就没有家，没有国家的统一强盛就没有家庭的美满和个人的幸福。"今年中秋与国庆双节同庆，这一时间巧合让人们感受到家与国的深层联系。在中华民族的精神谱系中，家与国，己与人，是密不可分的命运共同体。双节期间，从保障人们的安全出行，到丰富物质和文化产品供应，各行各业都有不少人需要坚守岗位，为千家万户的团圆托底。亲友欢聚时，人们感受国泰民安的美好图景，对"有了强的国，才有富的家"产生了更深刻的认识。

中秋节承载着中国人贯穿古今的情怀，同时也作为重要的文化符号沟通中外，成为展示中华优秀传统文化的窗口。东亚及东南亚不少国家亦有中秋传统，在赏月、拜月之外还形成了独具特色的庆祝民俗。而海外游子每逢中秋佳节，也喜欢开展文艺演出、赏灯猜谜、制作月饼等活动，充分体现了中华优秀传统文化跨越山海的魅力。中国的咏月诗词被翻译成英、法、俄等多种语言，流传海外，帮助世界认识中国。以中秋佳节为窗口，提炼展示中华文明的精神标识和文化精髓，推动中华文化走出去，有助于向世界展现可信、可爱、可敬的中国形象。

有文化自信的民族，才能立得住、站得稳、行得远。中华优秀传统文化的丰富哲学思想、人文精神、教化思想、道德理念等，可以为人们认识和改造世界提供有益启迪，可以为治国理政提供有益启示，也可以为道德建设提供有益启发。今天，无论是利用新兴媒体技术实现古今"穿越"，还是线上线下的中秋互动，都是在创新方式方法让中华优秀传统文化活起来、火起来。以共度中秋佳节为契机，挖掘诗词歌赋、礼仪风俗中的文化内涵，多样态、多维度地展示中国深厚的历史文化底蕴，更有效地推动中华优秀传统文化创造性转化、创新性发展，将为古老的中华文明注入新的活力，为建设中华民族现代文明提供更丰富的文化资源。

神州大地，日月光华；华夏文化，亘古亘今。秉持家国情怀的赤子之心，每一个家庭、每一个人的向上向好，构成了国家欣欣向荣的基石，化为中华民族生生不息的前进动力。中华优秀传统文化给予中华民族丰厚的滋养，必将不断与时俱进、返本开新，为实现中华民族伟大复兴筑牢文化基石。

（2023 年 09 月 28 日）

促进数字技术和实体经济深度融合

朱海龙

智能"防跌衣"通过芯片感知可自动实现跌倒监测，智慧窗帘在雨天能感知湿度自动关窗，智能眼镜通过"读"图帮助视障人群"看"见世界……在 2023 中国国际智能产业博览会展馆里，各种新技术、新产品、新应用尽显科技魅力，人们真切感受到数字技术带来的巨大变化，从而想象智慧生活的未来图景。

习近平总书记向 2023 中国国际智能产业博览会致贺信时指出："中国高度重视数字经济发展，持续促进数字技术和实体经济深度融合，协同推进数字产业化和产业数字化，加快建设网络强国、数字中国。"近年来，我国产业数字化进程提速升级，数字产业化规模持续壮大。《数字中国发展报告（2022 年）》显示，2022 年，我国数字经济规模达 50.2 万亿元，总量稳居世界第二。数字经济与实体经济的"双向奔赴"，不断催生新产业、新业态、新模式，为经济社会发展注入了澎湃的新活力、新动能。

以数字化赋能，提升商品和服务的供给质量，可以促进供需在更高水平上实现动态平衡。通过"线下生产＋线上数据分析"模式，传统产业能够在规模化生产之外，探索开展个性化定制服务。比如，先生产小批量产品投放市场，再通过数据分析细分需求决定是否扩大生产。这种"轻资产、快反应"的柔性供应链模式，增加了产品研发、制造和流通的弹性，能帮助解决传统供应链模式下机会成本高、运转周期长等问题。这样的生产变革，能够通过精细化运营实现供需精准匹配，是一种更加适合中小企业数字化转型的模式，能让中小企业以"小单快返"的新模式轻装上阵，形成独特的竞争优势。

以数字技术驱动，提高整个产业链条的协作化程度，能促进传统产业联动转型、跨界合作。为了缓解中小企业数字化转型的"阵痛"，一批工业互联网企业积极利用新兴技术手段，共同培育行业数字化新生态。比如，有的云平台为超过 5 万家中小微企业提供从研发到生产的全周期服务，突破原有组织、技术、时间与空间的限制，让隶属于不同组织的工程师协同推进这些中小企业的数字化转型，有效解决他们缺资源、缺技术、缺人才、缺方案等难题。

借助数字化力量对传统产业的生产流程进行智能化升级改造，能为实体工厂带来质的改变。比如，浙江省杭州市一家电梯工厂实现智能升级后，目前已经可以做到 2 分钟生产 1 台电梯。在生产端，可通过数字平台对产品进行从设计到发运的全过程在线质量监测和管理，实现制造效率、质量等级与环保效益的多重提升；在售后端，可借助"工程大脑"，应用先进的物联网技术，实时对电梯的运行状态进行精准捕捉，以最快速度维修，确保电梯正常运行。积极应用数字技术，既能推进企业设计、生产、制造、运输、服务、售后等全流程变革，也有助于推动企业向智能化、高端化、绿色化转型升级，创造新的发展空间。

当今时代，数字技术日益融入经济社会发展各领域全过程。数字经济是把握新一轮科技革命和产业变革新机遇的战略选择，已成为推动传统产业转型升级、促进高质量发展、持续提升民生福祉的新引擎。促进数字技术和实体经济融合走深走实，就能不断催生具有旺盛生命力的新事物、新技术，推动经济社会发展不断迈上新台阶。

（2023 年 09 月 26 日）

推动更多优质医疗资源下沉基层

杨彦帆

让优质医疗资源沉下去，提升基层医疗服务能力，是构建优质高效医疗卫生服务体系的重要内容，也是全面推进健康中国建设的迫切要求

上级医院预留门诊号源优先向辖区基层医疗卫生机构开放，推进中高级职称医师值守门诊，延长城市社区门诊服务时间……国家卫生健康委办公厅不久前印发的《基层卫生健康便民惠民服务举措》，提出10条具体举措，有助于提升群众在基层医疗卫生机构获得基本医疗和卫生健康服务的便利度和服务质量。

让优质医疗资源沉下去，提升基层医疗服务能力，是构建优质高效医疗卫生服务体系的重要内容，也是全面推进健康中国建设的迫切要求。近年来，我国覆盖城乡的医疗卫生服务三级网络不断健全，90%的家庭15分钟内能够到达最近的医疗点，基层防病治病和健康管理能力持续提高，医疗服务可及性明显提升。同时也要看到，基层医疗卫生体系发展不平衡不充分问题依然突出，基层诊疗能力、服务水平、便捷性与人民群众需求相比还有很大的提升空间，需要下大力气补短板、强弱项。

从我国国情来看，建立分级诊疗制度，引导医疗卫生工作重心下移、资源下沉，是满足人民群众看病就医需求的治本之策。而推动分级诊疗体系有效运转，提升基层医疗卫生机构的服务能力和诊疗水平十分关键。此次推出的各项举措，旨在提升基层诊疗能力、改善患者就医体验，增强基层医疗卫生机构对患者的吸引力。群众信任度和满意度提升了，就能逐步改变就医习惯，从而实现把小病、慢病、常见病诊疗留在基层的目标，让分级诊疗有序有效。

基层卫生健康服务能力不足，和医疗资源分布不均有关。近年来，我国通过组建各种形式医疗联合体、畅通双向转诊机制等方式，一定程度上缓解了这一问题。更好地发挥基层医疗卫生机构作用，需要进一步优化医疗资源布局，提高资源配置和使用效率。一方面，要引导城市优质医疗资源向县域辐射疏解，发挥县级医院向上承接资源、向下传导资源的作用。另一方面，要加强远程医疗服务网络建设，提供远程会诊等技术支持，探索基层数字健共体建设，促进医疗机构资源共享。在此基础上，乡镇卫生院等基层医疗卫生机构不妨在做好公共卫生服务的同时，有针对性、差异化地发展特色专科，使更多群众愿意也能够就地就近看病。

进一步提升基层卫生健康服务质量，关键在于吸引和留住人才。党的二十大报告提出："发展壮大医疗卫生队伍，把工作重点放在农村和社区。"长期以来，不少地方反映基层医师招不来、留不住。解决这一问题，要强化基层卫生队伍建设，加强以全科医生为重点的基层医疗卫生人才培养和配备。同时，要统筹城乡资源，对乡村医疗卫生人员建立县乡村上下贯通的职业发展机制，通过县管乡用、乡聘村用等方式，将乡村医疗卫生人员纳入县域医疗卫生人员管理。此外，应完善激励机制，落实相应社会保障待遇，改善医疗环境和条件。只有让人才留得住、留得下，才能变"输血"为"造血"，激发基层医疗卫生机构的活力。

基层医疗卫生机构是守护群众健康的第一道防线。采取有力措施，促进优质医疗资源扩容和区域均衡布局，筑牢城乡基层医疗卫生服务网底，才能形成"小病在基层、大病到医院、康复回基层"的合理就医格局。期待更多强基层、惠民生的政策举措落地见效，让广大城乡居民在家门口就能看好病，享受优质便捷的卫生健康服务。

（2023 年 09 月 25 日）

激活测绘地理信息数据要素潜能

谷业凯

不断激活测绘地理信息数据要素潜能，必将进一步推动数实融合，更好支撑各类生产要素在时间、空间和供需上实现精准匹配、高效流通

在北京，利用空间数据开发的增强现实产品，让公众能以全新方式领略古老建筑、胡同街巷的神韵。在湖南，利用遥感卫星精准捕捉地表"问题图斑"，提升了耕地保护预警监测的精准性和有效性。在广东广州，近9万公里的地下管线数据实现共享，有力支撑着各类项目的建设。

大数据时代，测绘地理信息既是重要的战略性数据资源，又是新型生产要素。当前，随着新一代信息技术加快发展，测绘地理信息数据与数字经济的耦合协同效应不断增强，为经济社会发展提供了可靠的数据要素保障。据统计，我国地理信息产业产值在 2021 年已达 7500 多亿元，卫星导航与位置服务产业总体产值去年突破了 5000 亿元。

测绘地理信息开发利用潜力很大，可广泛应用于精准农业、能源电力、智能网联汽车等行业领域，以及快递网购、外卖送餐、家政服务等生活场景。今年上半年，自然资源部重点监测的 29 家地理信息企事业单位提供位置服务合计达 101.2 万亿次，日均 5590.5 亿次。相关数据显示，高级辅

助驾驶地图已覆盖我国360多个城市、110多万公里道路。测绘地理信息数据像水、电、气一样，已渗透到生产生活的方方面面，给人们带来巨大便利。

强化测绘地理信息数据要素供给，进一步激活其潜能，可以为高质量发展注入新动能。不久前，《自然资源部关于加快测绘地理信息事业转型升级　更好支撑高质量发展的意见》出台，从加快建立新型基础测绘体系、夯实时空信息定位基础、丰富基础时空数据资源、推进行业和企业数据供给等方面作出部署。建立以现代测绘基准、实景三维中国、时空大数据平台为主要内容的新型基础测绘业务格局，促进北斗导航定位、数字地图、遥感等测绘地理信息与实体经济深度融合，加强行业地理信息数据的共享与利用，测绘地理信息数据将在现代化建设中发挥更大作用。

测绘地理信息数据在推动高质量发展中具有基础性先行性作用。从"老基建"到新基建、从传统管理到现代化治理，各方面对测绘地理信息数据的需求不断增加。激活测绘地理信息数据要素潜能，既要在数据供给上下功夫，也要深挖数据价值和作用，在提升数据规模和质量的基础上不断丰富应用场景，推动数据资源向数据资产转变。把数据用好，才能为政府决策和各行各业发展赋能。

还要看到，测绘地理信息数据事关国家主权、安全和发展利益。激活测绘地理信息数据要素潜能，必须统筹好发展和安全、牢牢守住安全底线。要以安全应用为核心，完善测绘地理信息法规政策，建立测绘地理信息数据分类分级保护制度。面对高分辨率卫星影像和人工智能、大数据以及自动驾驶技术发展的新态势，惟有构建好测绘地理信息新安全格局，才能让测绘地理信息数据资源"跑"得顺畅、用得放心。

欲筑室者，先治其基。加快推进测绘地理信息事业转型升级，不断激活测绘地理信息数据要素潜能，必将进一步推动数实融合，更好支撑各类生产要素在时间、空间和供需上实现精准匹配、高效流通。日益丰富的测绘地理信息数据及应用，也将为人民群众带来更加舒适便捷的美好体验。

（2023年09月22日）

相约亚运盛会　共赴美好未来

巩育华

亚运会见证了中国体育事业的蓬勃发展，也刻录下中国坚定有力的前进步伐

以体育为载体，讲好中国故事、传播中国声音，"心心相融，爱达未来"的杭州亚运会将为构建人类命运共同体贡献宝贵力量

金风送爽，包含200多个品种的亚洲花卉主题园在浙江杭州芬芳开园；"薪火"相传，杭州亚运会火炬在浙江11个地市热情传递；食材入仓，餐饮保障各项工作准备就绪……伴随着紧锣密鼓的筹备，杭州亚运会进入开幕倒计时，各个方面竭尽全力打磨办赛细节，精益求精提升服务水平。从场馆运维到服务保障，从文化交流到城市氛围营造，杭州将以饱满昂扬的姿态，迎接八方来客。

继1990年北京亚运会、2010年广州亚运会后，亚运火炬第三次在中国点燃。33年间，亚运会见证了中国体育事业的蓬勃发展，也刻录下中国坚定有力的前进步伐。自本届亚运会申办成功以来，杭州和宁波、温州、金华、绍兴、湖州5个协办城市秉持"绿色、智能、节俭、文明"的办赛理念，致力于呈现一届"中国特色、亚洲风采、精彩纷呈"的亚运盛会。

　　这将是一场绿色的盛会，绿色发展理念结出累累硕果。亚运场馆及办公场地全部使用绿电，助力打造亚运史上首届碳中和亚运会。一根根电缆编织成网，把千里之外的绿色电能送到亚运举办地；一辆辆电动汽车在街道上忙碌穿梭，助力打造绿色出行新风尚；一座座亚运场馆设计精妙，借助技术手段降低能耗、实现可持续利用。"绿色亚运"说到做到，体现出保护生态环境、呵护人类家园的大国风范。

　　这将是一场智能的盛会，科技创新体现在赛场内外、方方面面。走进位于杭州滨江区的亚运数智管理中心，场馆的能耗、实时状况、人流量、车流量等信息一目了然；在绍兴棒（垒）球体育文化中心的外部道路上，装饰着亚运元素图案的自动驾驶巴士静待观众到来……得益于更多科技手段的运用，杭州亚运会的场馆管理更加精细，服务保障全面升级，观众也将获得更好的观赛体验。

　　这将是一场节俭的盛会，"简约却不简单"是追求，更是行动。杭州亚运会的绝大部分场馆是改建改造而来，新建场馆只占一小部分。例如，亚运会壁球场馆由杭州国际博览中心展厅临时改建而成，馆内的 LED 屏幕、观众座席、消防器材等采用了租赁方式，比赛结束后，场馆可在最短时间内完成拆除，恢复展厅原有功能。节俭办会不意味着放弃创新、降低标准，而是少花钱、多办事、办好事，坚持"好钢用在刀刃上"。

　　这将是一场文明的盛会，亚运之城增添新的文明风景。处处"亚运味"，满城"文明风"。深入开展迎亚运"城市品质、城市治理、城市文明"三大提升行动，举办相关活动 1 万多场次；56 个竞赛场馆设置了约 1 万处无障碍设施和母婴室；推进省域文明新实践，涵养城市文化、提升城市品质……全方位提升城市形象、城市环境、城市风貌，激活每一位市民的主人翁意识，让"人人都是服务员，人人都是志愿者"蔚然成风，于精雕细琢中"绣"出文明新风。

　　来自亚洲 45 个国家和地区代表团的 1.2 万余名运动员，相聚钱塘江畔，共襄这一体育盛会。"我们同拥有一个家，心相融爱相加，纵天涯隔不开牵挂，亿万个骄傲的声音，汇聚成一句话，你和我同住亚细亚。"正如主题歌曲《同爱同在》所歌唱的那样，杭州亚运会正成为共创亚洲和世界美好未来的一个重要契机。以体育为载体，讲好中国故事、传播中国声音，"心心相融，爱达未来"的杭州亚运会将为构建人类命运共同体贡献宝贵力量。

（2023 年 09 月 21 日）

促进数据高效流通使用

谢卫群

数据要素正成为劳动力、土地、资本、技术之外最先进、最活跃的新型生产要素，成为高质量发展重要的基础性与战略性资源

数据资源是数字中国建设的核心要素。产业数字化、教育数字化、生活数字化、娱乐数字化……当前，我国诸多领域都在向数字化转型，以数据要素为核心的经济新业态越来越丰富。在数据要素市场建设和价值释放的过程中，数据交易所是不可或缺的一环。

目前，全国各地已有多家由政府发起、主导或批复的数据交易所。与此同时，数据资产评估、登记结算等市场运营体系加快建设，数据采集、存储、应用等领域专业化企业快速发展，数据要素产业体系初步形成。国家互联网信息办公室发布的《数字中国发展报告（2022年）》显示，2022年我国大数据产业规模达1.57万亿元，同比增长18%；数据产量达8.1ZB，同比增长22.7%，占全球数据总量的10.5%。数据要素正成为劳动力、土地、资本、技术之外最先进、最活跃的新型生产要素，成为高质量发展重要的基础性与战略性资源，驱动经济结构、企业模式以及科学范式等不断发生变革。

数据交易有多种方式，构建规范高效的数据交易场所，效率高，成本低，安全性也更好。习近平总书记强调，"促进数据高效流通使用、赋能

实体经济，统筹推进数据产权、流通交易、收益分配、安全治理，加快构建数据基础制度体系。"数据从产生到应用的过程，涉及漫长的产业链，构建好数据基础制度是当务之急。做好数据流通与交易这篇大文章，数据交易所应着力推动数据交易与数据采集、存储加工、分析应用等节点做好衔接，互相促进，积极推进数据要素市场化，合力打造数据要素市场体系。

促进数据流通与交易，才能更好发挥市场的价格发现功能，让数据要素充分参与市场配置。各地交易所都在积极丰富数据产品、完善数商生态。比如，北京提出，力争到 2030 年，数据要素市场规模达到 2000 亿元；上海数据交易所在金融、航运交通、国际等方面的数据产品，累计挂牌数超过了 1300 个；深圳数据交易所成立以来，已推出了 1500 多个数据产品。然而，与高质量发展的要求相比，与数据的海量生成相比，数据的流通与交易还不够活跃。最近，上海数据交易所发布了"数据要素市场繁荣计划"，设立 1 亿元专项激励资金，从支持数据产品登记、鼓励数据产品交易、培育优质数商企业三个方面制定激励方案。这一举措，对活跃场内交易、激发市场活力具有积极作用。

也要看到，不同于一般生产要素所具有的主体清晰、不可复制、较为稀缺等特征，数据要素的主体和权属通常十分繁杂、难以确认，是非稀缺要素，且具有可复制性、即时性、虚拟性。因此，在保护知识产权的同时，合规合理地让数据流动起来，更高效地服务高质量发展，就显得格外重要。目前，我国已出台数据安全法、个人信息保护法等法律法规，并探索推进数据要素市场化，取得了积极进展。下一步，还要进一步推动改革创新、强化法治思维，促进数据要素快速融入生产、分配、流通、消费和社会服务管理等各个环节，促进数据高效流通使用，加快释放数字经济红利。

数字技术、数字经济是世界科技革命和产业变革的先机，是新一轮国际竞争重点领域。借力数据交易所等平台、载体，推动数据产品的创造、应用、交易，变数据为资源，变资源为优势，我们定能做强做优做大数字经济，抢占未来发展制高点。

（2023 年 09 月 20 日）

完善过期药品回收机制

杨彦帆

把过期药品回收工作做好，对保障公众用药安全、推进药品全程化监管、减少环境污染都有重要意义

过期药品应该如何处理？许多人都有过这样的疑问。不少家庭常备感冒药、退烧药、肠胃药等药品，但常常用不完。有统计显示，我国约有78.6%的家庭备有小药箱，每年产生约 1.5 万吨过期药品。过期药品回收难问题长期存在，很多人并不知道有哪些正确的处理渠道。

应该明确的是，过期药品不能继续服用，也不能随意处置。药品过期会导致有效成分含量下降，如果继续服用，不仅起不到应有的治疗作用，一些有效成分还可能分解产生有害物质，对人体产生伤害。同时必须注意，过期药品在《国家危险废物名录》（2021 年版）中被列为危险废物，如果随意丢弃，容易在雨水、地下水的长期渗透下，污染水体和土壤，也有可能被不法商贩重新包装再次销售，扰乱药品市场秩序。

近年来，一些地方政府、医药企业和零售药店等设立过期药品集中投放点，定期定点收集家庭过期药品，为群众提供了处理途径。比如，广州、昆明等多地开展家庭过期药品免费回收活动，一些电商平台也与制药企业合办回收活动，但这些尝试往往以公益活动的形式出现，尚缺乏统一长效

的机制。还有媒体调查发现，不少过去设置的过期药品回收点已经荒废，人们不知道去哪里找回收点。这些都为过期药品回收带来了困难，需引起重视并加以解决。

破解过期药品回收难问题，关键在于加快建立健全长效回收机制。药品回收的责任主体和统一流程，都需要从体制机制上加以明确。从实践看，不妨依托各个社区（村）卫生服务站或零售药店，建立固定的过期药品回收点，制定回收、登记、保存、销毁过期药品的统一办法。同时，运用信息化手段，对回收的过期药品进行流程跟踪，强化收集、交接、运输、仓储、销毁处理各环节的监督和监控，实现过期药品回收全流程可追溯。

让回收变得方便可行，才能打通过期药品回收的"最后一公里"。相关部门应制定出台有效的激励措施，推动社区、药企、药店和个人积极参与过期药品回收。有些好的经验做法可以借鉴：比如通过手机 APP 帮助居民找到附近的药品回收点预约回收，或在社区设置过期药品回收机，居民输入手机号码，即可轻松完成一键自助回收。对于无法集中回收的过期药品，还要同垃圾分类协同推进，引导公众将废弃药品及其包装物按有害生活垃圾处理，并加强对废弃药品垃圾收集、运送和处置的管理。

从源头上减少过期药品的产生，也十分重要。一方面，要加大安全用药宣传，通过发布消费警示等措施，引导消费者理性购药、科学备药，避免盲目囤药，增强居民安全用药常识和分类处理过期药品的意识。另一方面，应鼓励制药企业按照疗程推出不同类型的药品规格，并加强临床合理用药监管，激励药学人员在促进合理用药、减少资源浪费等方面发挥积极作用。

安全用药无小事。把过期药品回收工作做好，对保障公众用药安全、推进药品全程化监管、减少环境污染都有重要意义。期待各方一起努力，为过期药品回收建好平台、机制，推动过期药品回收工作走向规范化常态化。

（2023 年 09 月 19 日）

培养用好青年科技人才

喻思南

实践证明，青年科技人才能够挑大梁、当主角，值得给予"更多的信任、更好的帮助、更有力的支持"

中国科协推出青年人才托举工程，帮助32岁以下人才走好科研生涯第一步；中国农业科学院实施青年创新计划，支持青年科研人员开展原创性研究；北京理工大学组建青年科学家工作室，"一事一议"培育具有影响力的学术新星……近年来，科技界各部门、各单位出台一系列加强青年科技人才培养和使用的硬招实招，有效激发了创新活力。

培养用好青年科技人才，是遵循人才成长规律的必然要求。青年科技人才精力比较旺盛，条条框框束缚少，对外部变化感知更敏锐，对新事物的接受度更高，往往处于创新创造力的高峰期。有研究表明，自然科学家发明创造的最佳年龄段是25岁到45岁。对青年科技人才成长给予呵护，帮助他们走出摸索期，有利于培养更多创新型人才，让人才创新创造活力充分迸发。反之，如果在最佳创新时期因缺乏支持而未能施展才华，不仅是青年科技人才的人生遗憾，也会造成人才资源的损失。

培养用好青年科技人才，也是因应时势的必然选择。从科技人才构成看，青年科技人才已成为我国科技创新发展的生力军。国家重点研发计划参研人员中，45 岁以下占比达 80% 以上。量子计算原型机"九章"横空出世，完成这一重大成果的是中国科学技术大学一支以 90 后为主体的科研队伍。中国天眼助力发现 700 多颗新脉冲星，这一国之重器的研发团队平均年龄仅 30 岁。在人工智能、新能源、机器人等新领域新赛道上，青年科技人才勇担重任，已成为技术创新的主力。

实践证明，青年科技人才能够挑大梁、当主角，值得给予"更多的信任、更好的帮助、更有力的支持"。近年来，聚焦青年科技人才成长成才的痛点、关切点、关节点，我国持续推出相关支持政策。前不久，中共中央办公厅、国务院办公厅印发的《关于进一步加强青年科技人才培养和使用的若干措施》，从"强化职业早期支持""突出大胆使用""促进国际化发展"等方面提出了一系列务实管用、操作性强的举措，具有很强的针对性和指导性。接下来，各地和相关部门要落实落细政策，吃透原则、制定细则，协同配合，让政策红利更好激发青年科技人才创新活力。

培养用好青年科技人才，既需要完善硬举措，也离不开建好软环境。可以倾斜科研资源，比如中国科学院在部署的战略先导专项里，计划将一半以上基础研究项目用于支持 35 岁以下的青年人才。可以优化评价体系，深入开展减轻青年科研人员负担专项行动，让一批有抱负的年轻人得以轻装上阵，挑战重大科学难题。优化创新生态没有终点，要持续加强对青年科技人才的关心爱护，营造宽松和谐的科研文化环境，不断培厚创新的沃土。

时代呼唤青年科技人才，时代成就青年科技人才。新征程上，经济社会发展对科技创新的需求迫切，青年科技人才拥有实现抱负、施展才华的广阔空间和舞台。青年科技人才学习动力强、知识更新快、成长空间大，加快实现高水平科技自立自强需要他们加速成长为栋梁之才。期待青年科技人才围绕"四个面向"，坚定敢为人先的创新自信，以科技报国的责任和担当各展所长，在服务国家发展过程中实现自身人生价值。

（2023 年 09 月 18 日）

着重做好倾听、实干两件事

李心萍

> 国家发展改革委设立民营经济发展局，将更好发挥统筹协调、综合施策的功能，形成工作合力，避免政出多门、政策效应相互抵消

前不久，经中央编办正式批复，国家发展改革委内部设立民营经济发展局，作为促进民营经济发展壮大的专门机构。这是党中央、国务院作出的重大决策部署，将为促进民营经济发展提供有力的组织保障。

民营经济是中国经济的重要组成部分，是推进中国式现代化的生力军。支持民营经济发展，是以习近平同志为核心的党中央的一贯方针。习近平总书记指出："我们始终把民营企业和民营企业家当作自己人，在民营企业遇到困难的时候给予支持，在民营企业遇到困惑的时候给予指导。"民营经济从小到大、从弱到强、不断发展壮大，在稳定增长、促进创新、增加就业、改善民生等方面发挥了越来越重要的作用。新设民营经济发展局，体现了党中央、国务院对民营经济的高度重视，是坚持"两个毫不动摇"和"三个没有变"的又一项具体举措。

这一探索，有经验可循。例如，2019 年山东省青岛市、济南市先后成立民营经济发展局，努力做民营企业的"店小二""娘家人"，帮助民

营企业打破市场准入的"玻璃门""弹簧门""旋转门"。再比如，2018年浙江省温州市成立了民营经济健康发展促进局，致力于推动非公有制经济健康发展、推动非公有制经济人士健康成长，再创民营经济发展新优势。来自地方的改革创新实践，为国家层面设立民营经济发展局提供了经验。

新设机构，是形势需要。当前，中国经济恢复正经历波浪式发展、曲折式前进的过程。外部环境复杂严峻，国内需求不足，不少民营企业面临着一些问题和困难。今年前7月，全国规模以上私营工业企业利润总额同比下降10.7%，民间投资同比下降0.5%。因此，针对新情况，迫切需要成立专门工作机构，推动各项重大举措早落地、见实效，提振民营经济预期和信心，激发民营经济发展活力。

新设机构，为发展聚力。民营经济工作涉及面宽、政策性强。此前，与民营经济发展相关的政策归口分散在不同部门，在政策协调和资源统筹上存在一些障碍，政策的系统性受到影响。作为宏观调控和经济综合部门，国家发展改革委设立民营经济发展局，将更好发挥统筹协调、综合施策的功能，形成工作合力，避免政出多门、政策效应相互抵消。

此外，新设机构还有利于畅通沟通渠道，提升政策针对性、时效性。此前，民营经济的声音更多是通过工商联、政协等系统及一些行业协会反映。民营经济发展局直接对接民营经济，进一步畅通了民营企业与政府的沟通渠道，能够让民营经济运行的实时情况及企业诉求及时反馈到政策制定部门，有利于及时发现问题、解决问题。

新设民营经济发展局，社会各界寄予厚望。国家发展改革委表示，新机构将着重做好倾听、实干两件事。倾听，主要听民营企业的真实声音和发展诉求，建立与民营企业的常态化沟通机制；实干，注重做好政策落实的跟踪问效，确保政策落实落细。有网友热议，希望民营经济发展局成为民营企业和民营企业家的"娘家人"，表明社会各界寄望于新机构为民营企业真解决问题、解决真问题。

今年以来，支持民营经济发展的政策力度不断加码。《中共中央国务院关于促进民营经济发展壮大的意见》发布后，各地区各部门推出一系列政策举措，助力民营经济发展壮大。以设立民营经济发展局为新起点，相信民营经济发展环境将更加优化，活力将充分释放，为高质量发展注入更多动力。

（2023 年 09 月 15 日）

让语言的长河生生不息

智春丽

> 语言是我们共有的精神家园，流淌着文化基因，凝结着情感认同，记录着时代风貌

语言文字是文化的基础要素和鲜明标志，是促进历史发展和社会进步的重要力量。不久前，位于河南省安阳市的中国文字博物馆推出"语贯古今 字载中华——教育部、国家语委重大语言文化工程建设成果展"。党的十八大以来，以习近平同志为核心的党中央高度重视语言文字工作，一批重大语言文化工程取得标志性成果。中国语言资源保护工程建成世界上规模最大的语言资源库，古文字与中华文明传承发展工程、中华经典诵读工程、中华思想文化术语传播工程等出版一批重要著作，中华精品字库、中国语言文字数字博物馆等数字化建设迅速推进……这些宝贵成果，为传承发展中华优秀语言文化筑牢根基。

语言里有源远流长的文化。探源中华文明、阐释"何以中国"，从历史深处延续而来的语言是珍贵符码。正如有学者说，"凡解释一字即是作一部文化史"。殷墟甲骨文距离现在 3000 多年。3000 多年来，汉字结构没有变，这种传承中蕴藏着中华文明的基因，让人们得以从汉字原初构型中破解文明起源的奥秘。西周早期青铜器何尊铭文"宅兹中国"，留下"中国"

最早的文字记载。沉淀在中华典籍里的人文思想，蕴含着跨越时空的魅力，成为代代相传的集体记忆。得益于重大语言文化工程建设，中国话、方块字的文化名片更为亮丽，我们引以为傲的文化资源更为丰厚。

语言里有生生不息的乡愁。"少小离家老大回，乡音无改鬓毛衰"，这诗句曾扣动无数游子的心弦。方言是地方文化的坐标，沉淀生活记忆，凝结深厚情感。作为一项国家工程，中国语言资源保护工程一期已完成全国所有省份1700多个调查点的调查保护，覆盖国内120余种语言和方言。只要登录中国语言资源保护工程采录展示平台，就可以随时随地聆听"来自家乡的声音"。一个个词条，内容涉及房屋建筑、日常用具、服饰饮食、农工百艺、婚育丧葬、节日活动、说唱表演等，如同一枚枚生动的文化切片，为地方特色文化留下珍贵的记录。被小心翼翼保存下来的语言文化，留住了文化乡愁。

语言里有蓬勃生长的文化自信。保存和研究语言文化现象，也是为了更好地传承和应用。在生成式人工智能技术加速演进、自然语言处理成为热门应用领域的背景下，语言文化工程的成果开发有着更重要的现实意义。比如，古文字与中华文明传承发展工程以数字技术赋能古文字传播应用，让冷门绝学走近大众；精选历代书法名家的代表作品开发成"中华精品字库"，实现书法艺术和信息技术、汉字应用的高度融合；中国语言文字数字博物馆开发甲骨文互动展区，让观众能够深入了解甲骨文的文化内涵、艺术价值以及在现代社会的创新应用。创新是语言的活力所在。当记录在甲骨、金石、简牍、绢帛、纸页上的古文字化身数字比特，插上大数据的翅膀，我们的语言文化必将在数字时代焕发更为独特的魅力。

语言是我们共有的精神家园，流淌着文化基因，凝结着情感认同，记录着时代风貌。身处全球化时代，彰显文化自信、讲好中国故事、塑造中国形象，记录着厚重历史和多样文化的语言是资源宝库。我们有责任有义务沿着文明的脉络，从古文字里探究文明源头的奥秘，从各地方言里感知文化的多样，从数字化创新中触摸时代的脉动，让中国语言文化的长河生生不息。

（2023 年 09 月 14 日）

多措并举治理跨境电信网络诈骗

张天培

斩断跨境电信网络诈骗犯罪的黑灰产利益链，全力挤压电信网络诈骗犯罪空间

8月29日，一举捣毁盘踞在印度尼西亚巴淡岛的特大电信网络诈骗犯罪窝点，成功抓获88名电信网络诈骗犯罪嫌疑人；9月6日，缅甸相关地方执法部门集中向我方移交涉诈犯罪嫌疑人1207名，以及一大批作案工具……近期，中国警方积极开展警务执法合作，与印尼警方以及缅甸相关地方执法部门等开展联合打击行动，打掉多个盘踞在境外的电信网络诈骗窝点，抓获电信网络诈骗犯罪嫌疑人，严厉打击了诈骗分子嚣张气焰，对跨境从事电信网络诈骗犯罪行为形成持续震慑。

近年来，电信网络诈骗犯罪呈现出产业化、集团化和国际化等显著特征，虽然各国不断进行严厉打击，但仍然高发多发，同时催生了网络赌博、偷渡、人口贩卖等一系列违法犯罪行为，严重影响各国人民的人身财产安全，给各国社会稳定带来重大隐患。从事电信网络诈骗的不法分子，往往将犯罪窝点隐匿在监控盲区，企图钻法律漏洞，躲避严厉制裁。有效防止电信网络诈骗滋生蔓延，大有必要，刻不容缓。

合作打击跨境电信网络诈骗犯罪，是国际社会的广泛共识。近年来，

我国公安机关积极与各国各地区相关机构与组织共同进行反诈行动，捣毁境外诈骗窝点、逮捕遣返犯罪嫌疑人、拦截非法外流资金，以更紧密的合作、更主动的攻势、更专业的行动，凝聚起打击电信网络诈骗的合力。今年以来，公安部陆续派出工作组赴菲律宾、柬埔寨、老挝等多个国家开展国际执法合作，持续推进相关联合行动，向境外电信网络诈骗集团发起凌厉攻势，在一定程度上遏制了此类犯罪高发态势。

同时要看到，各国合作仍面临难题和挑战。比如，各国对电信网络诈骗执法标准以及重视程度不同，导致办理跨境电信网络诈骗犯罪案件时，经常遇到取证难、抓捕难、遣返难、追赃难等问题；有的犯罪分子在境外地区长期居住，甚至加入了居住地国籍，在司法协助制度相对不完善的情况下，利用法律漏洞逃避抓捕后的引渡和制裁。

由此而言，铲除跨境电信网络诈骗犯罪土壤，必须坚持全链条纵深打击。针对当前跨境电信网络诈骗犯罪产业上游窝点、幕后组织者藏匿于境外等关键案情，要进一步积极开展国际执法合作。境外不是电信网络诈骗打击盲区，也不是可以逍遥横行的法外之地。在尊重各国法律法规的基础上，加强警务活动交流与情报信息共享，最大化推动司法合作，强化司法协助，提高打击的力度和效率，将对跨境电信网络诈骗犯罪进一步形成有力震慑。此外，还要全面推进我国边境立体化防控体系建设，切断不法分子出国从事电信网络诈骗活动的渠道。

电信网络诈骗犯罪是一种可防性犯罪，要坚持关口前移、预防为先，综合采取多种防范措施，最大限度预防案件发生、减少群众财产损失。非重拳不足以惩恶。对电信网络诈骗犯罪必须始终依法从严惩处，对在境外实施诈骗等情形也绝不姑息。对侵犯公民个人信息、帮助信息网络犯罪活动等上下游关联犯罪，同样要依法打击和惩处，斩断跨境电信网络诈骗犯罪的黑灰产利益链，全力挤压电信网络诈骗犯罪空间。

加强宣传教育，构建全民反诈格局，促进人民群众识骗防骗意识能力提升，是解决电信网络诈骗问题的重要方面。各地区各部门通过创新电信网络诈骗事前预防方式方法，让群众深刻了解、认识电信网络诈骗的手段和危害，提高对涉诈信息的警惕性，增强对电信网络诈骗行为的辨识力，有助于在全社会形成共同抵制、共同防范电信网络诈骗违法犯罪的浓厚氛围，让电信网络诈骗无处遁形，更好保障人民群众人身财产安全。

（2023 年 09 月 13 日）

便民不扰民，治理需精细

朱　磊

完善商业服务网点布局，划定一定的公共区域用于从事经营活动，合理设置车辆停放区域……8 月 5 日，上海正式实施《关于进一步规范设摊经营活动的指导意见（试行）》。9 月 1 日，深圳实施《深圳经济特区市容和环境卫生管理条例》（新修订），也进一步优化摆卖、设摊经营管理方式。兼顾居民日常生活需求和城市整体市容美观有序，让小摊贩便民不扰民，能激发城市活力，也考验城市治理。

摊贩是城市商业的组成部分。对摊贩的服务与监管，是道需要同时破解"几难"的必答题。小摊贩有生存需求，能便利百姓生活，但城市运行需要合理的秩序，经营占道、噪声扰民、环境污染等问题也亟待破解。如何求取最大公约数？实践告诉我们，倾听百姓心声，做到统筹兼顾很关键。事实上，许多城市对街头摊贩的管理，都经历了从绝对禁止到逐步开放、分类管理的过程。结合城市发展和百姓需求实际，引导小商小贩依法依规经营，是城市治理精细化的题中应有之义。

习近平总书记强调，"一流城市要有一流治理，要注重在科学化、精细化、智能化上下功夫""要通过绣花般的细心、耐心、巧心提高精细化水平"。规范设摊经营活动，涉及不同利益主体。从治理的角度多下功夫、多谋良策，拿出细心、耐心、巧心，寻求可行解决方案，才能破解难题、实现共赢。

从"一刀切"到"分类管",需要做的工作、协调的利益关系更加复杂。做好调查研究，提升决策的科学性、监管的可行性，十分重要。上海在开放设摊经营区域前，向市民发放 1.2 万余份问卷征求意见，最终提出多项禁止性要求，如不得影响行人通行、不得影响周边环境等，尽可能降低消极影响。奔着问题去，用好对话、协商等方式议出办法来，才能更有效地达成治理共识。今年 4 月，重庆市两江新区金山街道，召集摊户代表、居民代表以及相关部门负责人，共议民心佳园夜市如何规范经营。回应居民关切，了解摊户诉求，完善监管标准，话说开了、底摸清了，消除隔阂、化解矛盾就会更顺畅。民意表达越充分，服务的路标越明确，监管的靶子越清晰，城市商业才能越有活力与持久力。

规范设摊经营，不仅体现着城市治理水平，也彰显着社会文明程度。街巷叫卖声、夜市家乡味，是许多人的美好记忆。居民生活改善了，对小摊贩的需求也在改变。例如，既要享受农户自种蔬菜的新鲜，又希望有类似商超的食品安全保障；青睐夜市的热闹，又渴望城市的干净。从这个角度讲，提升服务与监管水平，让小摊贩依规摆摊、有序经营，也有助于丰富城市商业供给，让城市更加宜居宜业宜游。

建设美好城市，离不开每一个人的努力。始终坚持以人民为中心的发展思想，聚焦人民群众的需求，为包括小商小贩在内的每一个人创造良好环境，就能让城市既充满活力又拥有良好秩序。

（2023 年 09 月 12 日）

守护最美国土　共享幸福家园

董丝雨

长江、黄河、澜沧江三江源头得到整体保护，武夷山国家公园新发现雨神角蟾等 17 个新物种，藏羚羊、雪豹、大熊猫、东北虎等物种种群数量得到恢复……在青海西宁举行的第二届国家公园论坛，发布了我国国家公园保护建设的一批重大成果。通过实施最严格的保护措施，首批国家公园生态系统功能持续恢复向好。

国家公园是我国自然生态系统中最重要、自然景观最独特、自然遗产最精华、生物多样性最富集的部分。推进以国家公园为主体的自然保护地体系建设，是以习近平同志为核心的党中央作出的重要部署。从首次提出建立国家公园体制到陆续开展国家公园体制试点，从正式设立第一批国家公园到擘画建设全世界最大国家公园体系，我国国家公园建设走过非凡历程，成为生态文明建设具有示范引领意义的工程。

实行国家公园体制，目的是保持自然生态系统的原真性和完整性，保护生物多样性，保护生态安全屏障，给子孙后代留下珍贵的自然资产。包括三江源、大熊猫、东北虎豹、海南热带雨林、武夷山等在内的第一批国家公园，涵盖了近 30% 的陆域国家重点保护野生动植物种类。2022 年，国家林草局等部门联合印发《国家公园空间布局方案》，遴选出 49 个国家公园候选区。通过国家公园的方式保护好自然生态系统，将不断筑牢中华民族永续发展的生态根基。

统筹保护和发展，国家公园才能兼具生态保护、民生改善、国民教育等多种功能。在严格保护的基础上，国家公园范围内的各地区加快推进绿色转型发展，积极开展特许经营、生态旅游、自然教育等。东北虎豹国家公园启动实施黄牛集中养殖、黑木耳提质增效等一批民生项目；三江源国家公园推行"一户一岗"，青海、西藏共选聘 2.3 万余名生态管护员；武夷山国家公园提高森林生态效益补偿标准，建立旅游资源共享机制。国家公园生态保护与当地居民生产生活有机融合、相得益彰，成为新时代坚持绿色发展的生动缩影。

新技术应用是国家公园建设的重要支撑。伪装式机器人、"森林眼"AI智能高精度转台等先进技术和设备提升监管效率，国家公园感知系统上线运行，将逐步实现国家公园监测全覆盖，助力构建自主研发走在世界前列的国家公园天空地一体化监测体系。"科技范儿"不断增强，有助于国家公园的建设与管理更加科学化、精细化。

"万物各得其和以生，各得其养以成。"推进国家公园高质量发展，需要加强法治建设、夯实制度根基。要积极推进国家公园法治进程，推动国家公园法尽快出台。国家公园建设涉及自然资源资产产权、国土空间用途管制、生态补偿和生态损害责任追究等各方面，要在设立、建设、运行、管理等各环节，注重统筹协调，发挥制度效能。用最严密的法治、最严格的制度守护好最美国土，必将为建设美丽中国提供更为有力的保障。

国家公园是万物和谐共生的美丽家园，也是亿万人民共建共享的幸福家园。中国国家公园标识中，连绵的山川构成"众"字，寓意众人携手保护自然资源。伴随着国家公司建设不断推进，越来越多人将享受到更多绿色发展的成果，从雪域高原到碧水丹霞，从白山黑水到南海之滨，美丽中国的画卷一定会更加绚丽多彩。

（2023 年 09 月 11 日）

弘扬尊师重教社会风尚

赵婳娜

广大教师用一盏灯点亮千万盏灯，用实际行动践行了"一生只为一件事"，诠释了何为"仁而爱人"，何为"言为士则、行为世范"

又是丹桂飘香时，第三十九个教师节即将到来。这是属于全国 1800 多万名人民教师的光荣节日，是属于每一位守护三尺讲台的筑梦人的节日。

教育强国建设，承载无数教育人的梦想，关乎实现中华民族伟大复兴的千秋伟业。习近平总书记强调："建设教育强国，是全面建成社会主义现代化强国的战略先导，是实现高水平科技自立自强的重要支撑，是促进全体人民共同富裕的有效途径，是以中国式现代化全面推进中华民族伟大复兴的基础工程。"强教必先强师，加强教师队伍建设，大力培养造就一支师德高尚、业务精湛、结构合理、充满活力的高素质专业化教师队伍，对于建设教育强国至关重要。

近年来，加强教师队伍建设作为建设教育强国最重要的基础工作越抓越实，一系列加强教师队伍建设的举措扎实推进。厚植信念情怀，加强师德学习教育；提升中小学教师科学素养，推进教师队伍建设数字化转型；开展国家基础教育教师队伍建设改革试点，释放基层创新活力；推进教师资格制度改革，优化人才队伍储备；深化教师职称制度改革，拓宽教师职业发展通道；持续加强教师待遇保障，切实提升教师的职业荣誉感、获得感与幸福感。"使教师成为最受社会尊重的职业之一"，是国家的庄严承诺、人民群众的深切期待，也正日渐成为广大教师的切身感受和全社会的广泛共识。

伟大的事业孕育伟大的精神。肩负筑梦人的使命，一大批优秀教师在不同的教育领域，用各自不同的方式耕耘奉献，用爱与坚守诠释对教师职业的理解。他们中，有人"捧着一颗心来，不带半根草去"，在大山深处为更多孩子带来走出大山的希望；有人始终坚持"对每一个生命保持尊重"，深耕特殊教育，帮助残障儿童建立信心、有尊严地生活；有人恪守"教学也是学术"，让兴趣成为高效课堂的催化剂，让学生真正爱上课堂；有人"守护童真，守护每一份与众不同"，潜心耕耘幼教事业一辈子。承载着孩子的梦想和民族的希望，广大教师用一盏灯点亮千万盏灯，用实际行动践行了"一生只为一件事"，诠释了何为"仁而爱人"，何为"言为士则、行为世范"。

国将兴，必贵师而重傅。中华民族自古以来就有着尊师重教的文化传承。如今，教师的政治地位、社会地位、职业地位不断提高，职业幸福感和成就感不断增强。随着国家优秀中小学教师培养计划、师范生公费教育等政策的推进和深化，更多怀抱从教梦想的高校优秀学子热情加入，为教师队伍源源不断地注入新生力量。向着教育强国目标进发，期待广大教师热心从教、精心从教、长期从教、终身从教，逐渐成长为立德修身、潜心治学、开拓创新的教育家、"大先生"。

躬耕教坛，强国有我；民族复兴，教育先行。校园里苗壮成长的莘莘学子，呼唤引路者；中国式现代化的康庄大道，激励筑梦人。以教育之力厚植人民幸福之本，以教育之强夯实国家富强之基，新征程上，广大教师大有可为也必将大有作为。

（2023 年 09 月 08 日）

推动服务贸易释放更大潜能

罗珊珊

加大服务业开放力度，有利于引进各种优质生产要素，也有利于促进国内服务产业提质升级，加快构建现代化产业体系

金秋九月，2023年中国国际服务贸易交易会在京成功举办。来自全球的服务业企业齐聚一堂、共话合作，15.5万平方米的展览展示精彩纷呈，新产品、新技术、新服务层出不穷，一场场峰会论坛凝聚全球发展共识。

我国举办服贸会，是以实际行动支持贸易自由化和经济全球化，展示了我国坚定不移扩大开放的决心。习近平主席强调："中国愿同各国各方一道，以服务开放推动包容发展，以服务合作促进联动融通，以服务创新培育发展动能，以服务共享创造美好未来，携手推动世界经济走上持续复苏轨道。"近年来，从取消或放宽增值电信、证券、文艺演出等服务业领域外资股比限制，到在海南率先探索跨境服务贸易负面清单管理制度，从增设服务业扩大开放综合试点，到探索建设国家服务贸易创新发展示范区，我国不断以高水平开放吸引全球要素资源，服务贸易实现快速发展。自2012年创办以来，服贸会累计吸引196个国家和地区的60余万展客商参展参会，为促进我国和全球服务贸易发展作出了积极贡献。

服务贸易是国际贸易的重要组成部分，服务业是国际经贸合作的重要领域。2022年我国服务进出口总额近6万亿元人民币，规模创历史新高。

今年前 7 月，我国服务贸易继续保持增长态势，服务进出口总额同比增长 8.1%。值得一提的是，知识密集型服务进出口同比增长 11.7%，占服务进出口总额的比重提升至 43.2%，服务贸易的附加值和技术含量进一步提升。服务业和服务贸易已成为我国扩大高水平对外开放的新引擎。

今年服贸会上，"开放""合作""创新"是高频词。首次举办"投资中国年"服务业扩大开放推介大会，11 家国家服务业扩大开放综合试点示范省市组团参展、洽谈合作，吸引更多跨国公司来华投资兴业。海商领域首个以中国城市命名的联合国公约——《北京船舶司法出售公约》正式签约，促进国际航运和贸易进一步繁荣发展。芯片技术、量子测控、卫星遥感、人工智能、数字医疗等领域一批专精特新成果集中亮相。服务业是国民经济的重要组成部分，加大服务业开放力度，有利于引进各种优质生产要素，也有利于促进国内服务产业提质升级，加快构建现代化产业体系。

也要看到，随着外部需求减弱、风险挑战增多、规则竞争凸显，我国服务贸易发展仍面临一定压力和挑战。在国际贸易投资竞争激烈的大背景下，只有不断夯实服务产业基础、提升服务领域开放水平，才能推动服务贸易迈上新台阶，助力贸易强国建设。商务部前不久表示，将推动出台全国版和自贸试验区版跨境服务贸易负面清单，初步形成中国跨境服务贸易梯度开放的制度体系，升级建设国家服务贸易创新发展示范区，进一步推动特色服务出口基地提质升级扩围，打造服务出口新的增长点。充分发挥扩大开放、深化合作、引领创新的平台功能，持续深化服务贸易国际合作，就能不断扩大服务贸易"朋友圈"。

展望未来，我国服务贸易发展蕴含机遇。看国际，新一轮科技革命和产业变革深入发展，进一步提升了服务的可贸易性，推动服务业态和模式创新。看国内，完整的制造业体系、超大规模市场优势、不断提升的企业自主创新能力，将为我国提高服务贸易竞争力创造有利条件。在高水平开放政策推动下，我国服务贸易将继续保持稳中向好趋势，为推动经济实现质的有效提升和量的合理增长注入新动力。

（2023 年 09 月 07 日）

让居家养老享受专业照护服务

杨彦帆

推动专业机构服务向社区、家庭延伸，符合社会发展趋势，契合老年人的生活需求和心理期盼

中国人倾向于居家养老，大多数老年人的现实选择也是如此。如何提高对这些老年人的照护水平，各地一直在积极探索。近年来，北京、上海、江苏等地探索推出家庭养老床位服务，依托就近的养老服务机构，将专业照护服务送到老年人尤其是失能、半失能、高龄老年人家中，受到老年人和家属欢迎。

和普通居家养老相比，家庭养老床位在满足家人陪伴心理需求的同时，照护专业性明显提高。家庭养老床位不仅是物理上的一张床，还包含对老人的生活空间实施必要的适老化、智能化改造，如配备 24 小时远程看护体系，安装一键呼叫智能设备等，以专业化管理提升照护质量和水平。

和请一名护理员上门服务相比，家庭养老床位的优势在于照护服务的稳定性，其背后的支持体系更强。提供前端服务的是一名驻家护理员，但提供业务支持的是一个由医护人员、养老管家、服务人员等组成的团队。这不仅可以提升照护服务专业性，还能更好地提供个性化服务，照顾到老年人各方面需求。一些地区还鼓励支持家庭养老床位的服务机构与基层医

疗卫生机构，为服务对象同步提供生活照料、居家护理和医疗服务，促进医养、康复服务在居家环境中深度融合。

家庭养老床位的出现，折射出我国基本养老服务体系的不断完善。近年来，我国着力构建以居家为基础、社区为依托、机构为补充、医养相结合的养老服务体系，探索更多养老新方式。《"十四五"民政事业发展规划》提出，健全建设、运营、管理政策，发展"家庭养老床位"。政策支持，加上有更多基本公共资源下沉到群众身边，为家庭养老床位的兴起创造了条件。家庭养老床位的发展，创新了居家养老服务方式，不仅有助于缓解机构养老资源不足，也可以让下沉到基层的医疗卫生服务资源发挥更大作用。

当前，家庭养老床位仍处于起步阶段，发展和完善的空间还很大。比如，服务质量如何保证，责任风险如何划分，等等。解决这些问题，需要在制度化、规范化上进一步发力，加强家庭养老床位的质量和标准建设，对服务内容、频次、收费及各方权利义务、风险分担机制等作出规范，并加强监管。比如，上海提出，提供家庭养老床位的养老服务机构一般需形成"15分钟服务半径"，确保及时响应服务对象需求。

作为新生事物，家庭养老床位的发展还面临诸多挑战。比如，对一些家庭来说，这项服务还不够经济；开展相关业务的养老服务机构，则面临盈利能力不足、专业护理人员匮乏等困难。完善家庭养老床位这一服务新模式，需要政府部门、养老服务机构、家庭形成合力，也需要更多社会力量的参与。用好各方面资源，有针对性地加强扶持，才能推动这项有益探索日益走向成熟。

居家养老是我国最主要的养老形式，在机构养老资源有限的情况下，推动专业机构服务向社区、家庭延伸，符合社会发展趋势，契合老年人的生活需求和心理期盼，可以让更多老年人在家享受到专业化、个性化照护服务。随着老龄化程度不断加深，紧紧围绕老年人需求，积极创新养老服务模式，加强养老服务能力建设，就能不断提升居家养老水平，让广大老年人过上更有品质的晚年生活。

（2023年09月04日）

确保环境监测数据真实准确全面

程　晨

在总排口处添加药剂降低化学需氧量（COD）自动监测数值、人工"润色"难看的数据、改造管道"疏导"废气绕过监测设施……生态环境部前不久公布一批生态环境执法典型案例，曝光了花样翻新的环境自动监测数据造假行为，相关涉事单位和个人被依法严处。环境监测数据是客观评价环境质量状况、反映污染治理成效的基本依据，环境监测是推进生态文明建设的重要支撑。人为干扰监测或是修改监测数据，导致数据失真，会影响环境决策，影响污染治理工作的战略布局、资金调配等。污染防治必须动真格、硬碰硬，对环境监测数据造假，不论任何因由都应"零容忍"。

持续深入打好污染防治攻坚战，坚持精准治污、科学治污、依法治污，加强环境监测是必要条件。环境监测数据真实、准确、全面，有助于客观评价环境质量状况，找到治理方向、治理重点，进而合理分配人力物力，把好钢用在刀刃上。2018 年，《打赢蓝天保卫战三年行动计划》印发，提出以京津冀及周边地区、长三角地区、汾渭平原等区域为重点，持续开展大气污染防治行动。重点治理区域确定的重要依据，就在于真实、准确、全面的空气质量监测数据。近年来，生态环境部持续组织打击重点排污单位自动监测数据弄虚作假环境违法犯罪行为，地方各级生态环境部门结合日常监督检查和专项检查，查处了多起涉嫌篡改、伪造自动监测数据和干扰自动监测设施的案件。监测数据如果被"污染"，造成的危害可能不亚于生态环境污染本身。可以说，确保生态环境监测的真实性，就是夯实生态环境保护的基础。

一些行之有效的保护机制，也是基于准确的监测数据来运行。比如，山东、河南携手保护黄河流域（豫鲁段）生态环境的生态保护补偿机制，依据的是黄河干流由豫入鲁处的刘庄国控断面水质监测结果；安徽、浙江两省共护新安江水质，生态保护补偿也依据跨省界断面水质监测情况。正是靠着双方乃至多方都认可的监测数据，不同地区在推进生态环境协同治理时明确了权责、促进了合作。从这个角度看，生态环境监测不仅有利于管住污染行为，也可进一步提升环境治理水平。

确保环境监测数据真实、准确、全面，要让造假者付出代价。要利用科技手段，不断提升监管水平，让造假的违法行为无所遁形。既要严查，也要严惩。不久前，《关于办理环境污染刑事案件适用法律若干问题的解释》发布，进一步完善了对破坏环境质量监测系统行为适用破坏计算机信息系统罪的处理规则。依法严查、严惩环境领域数据造假行为，才能推动生态环境保护工作迈上新台阶、切实维护人民群众的环境获得感。

良好生态环境是实现中华民族永续发展的内在要求，是增进民生福祉的优先领域，是建设美丽中国的重要基础。《中共中央国务院关于深入打好污染防治攻坚战的意见》提出："建立完善现代化生态环境监测体系。"加强环境监测，不断构建完善陆海统筹、天地一体、上下协同、信息共享的生态环境监测网络体系，既能为制定环境治理政策提供有力支撑，也将为推进人与自然和谐共生的现代化提供坚实保障。

（2023 年 09 月 01 日）

以更优环境吸引高质量外资

罗珊珊

中国利用外资的政策不会变，对外商投资企业合法权益的保护不会变，为各国企业在华投资兴业提供更好服务的方向不会变

积极吸引和利用外资，是改革开放以来我国实现快速发展的重要经验。不久前，国务院印发《关于进一步优化外商投资环境　加大吸引外商投资力度的意见》（以下简称《意见》），提出6方面24条针对性强、含金量高的稳外资政策措施，释放了中国坚定不移扩大开放的积极信号，以更有效提振外商投资信心，把更多高质量外资吸引进来。

对跨国投资决策来说，确定性的营商环境、可预期的收益是重要考虑因素。我国一直高度重视吸引和利用外资工作，持续为各类企业发展提供更优的环境和服务。在充满不确定性的国际经贸环境中，中国持续推进高水平对外开放的政策环境确定性显得弥足珍贵，这也是许多外商愿意长期投资中国市场的重要原因。

今年以来，世界经济复苏放缓，全球跨国投资低迷，叠加去年实际使用外资金额同比增长6.3%的高基数效应，上半年我国实际使用外资金额同比出现小幅下降。这只是短期数据波动，外商扩大对华投资整体趋势没有改变。但也要看到，今年全球外国直接投资仍将继续面临下行压力，我

国引资面临的形势复杂严峻，需要进一步优化营商环境，提高引资质量和水平。

坚定外商投资信心，要增强政策的针对性、延续性，切实解决外资企业关注的营商环境领域突出问题。比如，能否平等参与政府采购活动是外资企业广泛关注的问题之一。《意见》提出，进一步明确"中国境内生产"的具体标准，推动加快修订政府采购法等。在平等享受支持政策方面，《意见》提出，除法律法规有明确规定或涉及国家安全领域外，不得对外商投资企业及其产品和服务享受政策设置额外条件。确保外商投资企业国民待遇落到实处，才能稳定外匡企业在华投资经营信心。

提振外商投资信心，要加快探索对接国际高标准经贸规则，稳步扩大规则、规制、管理、标准等制度型开放。目前，中国一般制造业领域对外资已实现全面开放，继续扩大服务业对外开放成为重点。《意见》提出"加大服务业扩大开放综合试点示范先行先试力度""深入实施合格境外有限合伙人（QFLP）境内投资试点"等措施，为外资企业提供了更大的发展空间。制定各类涉外经贸政策措施时，应注重增强透明度和可预期性。比如在反垄断方面，我国已完成《禁止垄断协议规定》等5部反垄断法规配套规章，为合规经营提供清晰、透明、可预期的指引。随着国内统一大市场的加快构建，投资运营便利化水平进一步提高，中国式现代化建设将在更高层面、更深层次惠及外资企业。

纵观全球，发达国家和新兴经济体都把吸引和利用外资作为重大国策，招商引资国际竞争更加激烈。我们要深刻认识加大力度吸引和利用外资的战略意义，着力扩增量、稳存量，并注重提质量。要建立健全外商投资促进成效评价体系，更加注重引资对经济社会发展的实际贡献。应进一步探索运用产业链招商、以商招商等方式，将招商引资与"稳链补链强链"相结合，与"招才引智引技"相结合，引进一批补短板、强优势的高质量外资。

积极吸引和利用外商投资，是推进高水平对外开放、构建开放型经济新体制的重要内容。中国利用外资的政策不会变，对外商投资企业合法权益的保护不会变，为各国企业在华投资兴业提供更好服务的方向不会变。

中国经济持续恢复向好，超大规模市场蕴藏巨大发展潜力，随着吸引和利用外资的政策力度不断加大，政策协同效应进一步增强，以高质量发展为世界提供新机遇的故事必将续写更动人的新篇章。

（2023 年 08 月 31 日）

强化农业防灾减灾能力建设

朱 隽

从来之不易的夏粮丰收中汲取抗灾经验、坚定稳产信心，采取超常规举措，落细落实农业灾后生产恢复、稳定粮食和重要农产品生产措施

尽快补齐设施短板，持续强化农业防灾减灾能力建设，深入实施"藏粮于地、藏粮于技"战略，加强高标准农田建设，完善农田水利基础设施，增强农业应对自然灾害的韧性和适应性

今年主汛期，受台风苔来的极端强降雨影响，我国华北、黄淮、东北等地局部发生严重洪涝灾害。贯彻落实党中央决策部署，各地区各部门抓紧修复灾毁农田和农业设施，加大农资供应保障力度，加强对农民的农技指导，组织农民积极补种补救，努力减轻灾害损失，坚决打赢抗灾夺取粮食和农业丰收这场硬仗。

悠悠万事，吃饭为大。习近平总书记强调，"粮食安全是'国之大者'"。14亿多人口的中国，任何时候都必须自力更生保自己的饭碗。我们牢牢把住粮食安全主动权，粮食生产年年抓紧、季季接续，茬茬压紧、环环紧扣，"三农"这块压舱石牢牢稳住了预期、稳住了物价、稳住了经济大盘。同时也要清醒认识到，在新起点上，我们的粮食生产越往前走难度越大。这

个难不只难在粮食需求依然刚性增长，端牢饭碗的压力越来越大，也难在如何在稳住"量"的基础上提升"质"，更难在如何科学有效应对各类灾害带来的不确定因素影响。

粮食稳产丰产，需要"天帮忙"，还需要"人努力""政策实"。我国地域辽阔，气候类型多样。近年来，随着全球气候变化，极端气象事件增多，给粮食及农业生产带来不利影响。当天公不作美时，惟有更加主动作为，方能迎来丰收。比如，洪涝灾害后，应第一时间抓紧抢排田间积水，抓好灾后田管和改种补种；灾后防疫防虫也格外重要，要坚决遏制病虫暴发流行，加强动物疫病防控。保持"时时放心不下"的责任感，尽快恢复农业生产条件和农村正常生活秩序，才能及早让粮食生产回归正轨。

在闯过"台风关""洪涝关""病虫害关"等一道道关口的过程中，我们也不断积累着抗灾夺丰收的经验。比如，一定要把灾害的不利影响估计得更足，一定要把防灾减灾这根弦绷得更紧，一定要把政策激励、投入保障、科技推广等机制构建得更完善，一定要把科学开展生产自救、尽快恢复灾后生产的举措落得更细更实。正是坚持底线思维，从最坏处着眼，做周全准备，今年夏粮生产虽然遭遇严重"烂场雨"天气影响，但仍然实现了丰收，为稳定全年粮食生产奠定了坚实基础。

秋粮产量占全年粮食产量的 3/4，是全年粮食生产的大头。当前，正值秋熟作物产量形成的关键时期。各地区各部门要从来之不易的夏粮丰收中汲取抗灾经验、坚定稳产信心，采取超常规举措，落细落实农业灾后生产恢复、稳定粮食和重要农产品生产措施。同时必须坚持底线思维，因地制宜、精准施策，分区域、分作物、分环节把情况摸清楚。努力提高防灾减灾的精准性、有效性、科学性，最大限度降低灾害损失，就能尽力实现非灾区多增产、轻灾区保稳产、重灾区少减产，确保全年粮食生产保持稳定。

近年来，我国农业防灾减灾体系建设取得显著进展，但短板仍然存在。不少地方农业生产还是靠天吃饭，一些地方专业化防灾减灾力量不足。从长远看，应当尽快补齐设施短板，持续强化农业防灾减灾能力建设，深入实施"藏粮于地、藏粮于技"战略，加强高标准农田建设，完善农田水利基础设施，增强农业应对自然灾害的韧性和适应性。与此同时，进一步强化创新，着力实现农业适应气候变化相关技术的突破，比如培育气候适应型作物品种，推广节水灌溉、抗旱保墒等适应技术，让粮食及农业生产真正实现从"看天吃饭"到"知天而作"的转变。全方位夯实农业生产的防灾抗灾能力，必将为促进大国粮仓根基更加坚实增添不竭动力。

（2023 年 08 月 30 日）

文化共鸣　市场共赢

刘　阳

期待更多中国电影拥有更高的艺术水准和工业品质，更好反映这片土地人们的情感和关怀、这个时代人们的气息和声音

今年的暑期档，是国产电影的收获季。来自国家电影局的数据显示，截至 8 月 18 日 7 时，今年暑期档票房达 178 亿元，超过 2019 年暑期档总票房，打破中国影史暑期档最高票房纪录；票房突破 20 亿元的影片有 4 部，也创下中国影史暑期档新高。截至 8 月 27 日，暑期档观影总人次超过 4.94 亿。一系列数据，显示出电影消费市场的强劲复苏，极大提振了行业信心。

更值得关注的是，在有多部进口影片参与市场竞争的情况下，截至 8 月 27 日，国产电影市场份额高达 87.66%，创下历史新高。国产电影扛起了大部分票房，并非因为某一部电影异军突起，《长安三万里》《封神第一部：朝歌风云》《孤注一掷》《消失的她》《热烈》等影片都获得了较好的口碑和较高的票房。优质影片分布更加合理，题材更加多样，类型更加丰富，国产电影呈现出质量整体提升的良好发展势头，实现了观影人与电影人共赢。

今年暑期档票房创下新高，固然有疫情防控平稳转段后观众观影热情集中释放的因素存在，但更重要的原因是电影品质的提升。国产影片制作

水准越来越高，而且通过深耕本土文化，让观众产生更强烈的情感与文化共鸣，从而有了更强的票房号召力。

电影是艺术和技术相结合的产物。既有精湛的艺术表达、精良的技术制作，还在现实性、话题性或情怀感、艺术风格等方面与观众形成心灵共振，电影作品才能受到观众欢迎，以良好的口碑维持市场的热度。比如，动画电影《长安三万里》以 48 首经典唐诗为媒，塑造了以李白、高适、杜甫、王昌龄等为代表的诗人群像，充分体现了中华优秀传统文化对观众的感召力。一些现实题材的电影作品，则以其话题性吸引观众走进影院。比如，关注网络电信诈骗问题的《孤注一掷》、鼓励每个人坚持梦想的舞蹈题材电影《热烈》等，都引发广泛关注和讨论，证明深刻映照现实生活的作品总是可以打动观众。

电影创作，有创新才有市场竞争力、票房号召力。近年来，中国电影不断拓展题材边界，创造出新的视觉效果和审美体验，进一步增强了国产电影的吸引力。以今年暑期档为例，《封神第一部：朝歌风云》是一部神话史诗类型电影，《长安三万里》则为"诗歌电影"打开了空间。这些立足本土文化的探索得到市场认可，鼓励更多中国电影以作品新意打动观众，以观众口碑驱动票房，形成良性循环。从这个意义上讲，中国观众日益增长的文化自觉，给了国产电影更大的探索空间、更强的创新动力。

电影是时代的产物、时代精神的表达。中国电影拥有独特的艺术个性和发展脉络，其价值内核与艺术表达扎根于我们脚下的土地。中国电影走向未来，离不开这片深厚的文化土壤。期待更多中国电影拥有更高的艺术水准和工业品质，更好反映这片土地人们的情感和关怀、这个时代人们的气息和声音，从而获得更多关注，赢得更大市场。

（2023 年 08 月 29 日）

让人脸信息得到更有效保护

金　歆

小区门禁、账号登录、超市付款……近年来，人脸识别技术应用场景不断丰富，在便利生活的同时，技术的不规范使用也对个人信息保护提出了挑战。比如，有的商家暗中对人脸信息进行统计分析，用于商业营销，甚至进行"大数据杀熟"；随着生成式人工智能的发展，人脸信息甚至还可能被用于电信诈骗等不法行为。合理使用人脸识别技术的同时，如何更有效地防止信息泄露，成为当务之急。

长期以来，有关部门对人脸识别技术采取了不少监管措施，取得了一定成效，相关法律也对人脸识别的应用场景、使用目的、责任认定等作出规范。但有些规定比较笼统，需要进一步细化。不久前，国家网信办公布《人脸识别技术应用安全管理规定（试行）（征求意见稿）》（以下简称征求意见稿），就人脸识别技术的使用条件、使用禁则、备案要求、数据保护、设备管理等向社会公开征求意见，对保护个人信息权益、维护社会秩序和公共安全具有现实意义。

当前，我国对出售公民个人信息、诈骗等涉嫌犯罪或严重违法的行为，打击力度较大，但对部分商家"无感知收集""一揽子收集"人脸信息等现象，监管力度较弱。有一些人认为人脸信息无关紧要，低估人脸信息泄露的危害性。要看到，人脸信息这样的生物特征具有唯一性、难以改变的特性，一旦泄露，比数字密码丢失更难得到有效补救。因此，用好人脸识别技术，必须做好从数据收集、使用到备案、删除等全过程监管，并提供较高级别的安全保护。

规范人脸识别技术应用，"安全"应成为绝对的关键词。首先要把住信息采集入口关。征求意见稿提出，只有在具有特定的目的和充分的必要性，并采取严格保护措施的情形下，方可使用人脸识别技术处理人脸信息。这样具有很强针对性的界定，能有效防止人脸信息的非必要采集。比如，在健身房、书店等消费场景中，即便智能设备更加便捷，也应把消费方式的选择权交给消费者，而不能把采集人脸信息作为前置条件。确有必要时，应当取得个人的单独同意或者依法取得书面同意。以当事人知情、同意为基础，确保个人信息主体享有撤回授权的权利等，有助于为新技术规范应用划清边界。

防范人脸识别技术滥用风险，要加强对数据使用的监管，全面提高信息安全保护力度。面向社会公众提供人脸识别技术服务的，相关技术系统应当符合网络安全等级保护第三级以上保护要求。第三级是除了金融机构之外，可以用到的最高等级。此外，除法定条件或者取得个人单独同意外，人脸识别技术使用者不得保存人脸原始图像、图片、视频，经过匿名化处理的人脸信息除外。将相关服务限定在最小必要的时间、地点或者人群范围内，才能把风险降到最低。

人脸识别具有独特的技术优势，是促进数字经济发展和社会治理的有效技术手段。然而，人脸属于生物识别类敏感个人信息，对此类信息的采集应出于维护公共安全的需要，并保障公民的知情权、决定权、选择权、删除权。在发展人脸识别技术的进程中，统筹发展和安全，不断完善相关法律法规，增强监管政策针对性、系统性，增强处理个人信息的敏感度，就能在有效保护个人信息的前提下，更好地促进行业健康发展，使广大群众从技术进步中受益。

（2023 年 08 月 28 日）

在城市更新中延续历史文脉

丁怡婷

在加强保护的前提下开展城市基础设施建设，有机融入现代生活气息，才能让古老城市焕发新的活力，让人们记得住历史、记得住乡愁

在城市更新过程中，如何保护好历史文化遗存，让传统和现代融合发展，是一个重要课题。北京东城区，青砖灰瓦的院落、古朴典雅的胡同氤氲着深厚文化底蕴。广东潮州，木雕、潮绣、手拉朱泥壶等非遗技艺展示，成为广济桥的常态化活动。近年来，不少地方在改造老城、开发新城过程中，坚持保护与发展并重，在延续城市历史文脉方面，作出了有益探索。

城市历史文化遗存是前人智慧的积淀，是城市内涵、品质、特色的重要标志。习近平总书记强调："历史文化是城市的灵魂，要像爱惜自己的生命一样保护好城市历史文化遗产。"在加强保护的前提下开展城市基础设施建设，有机融入现代生活气息，才能让古老城市焕发新的活力，让人们记得住历史、记得住乡愁。

2022年底，我国常住人口城镇化率达到65.2%。从城市发展规律看，这一时期的城市发展往往面临着基础设施老化、城中村人居环境较差等"城市病"。实施城市更新，推动城镇老旧小区改造、完整社区建设、基础

设施更新改造等工作，是适应城市发展新形势、推动城市高质量发展的必然要求。同时也应看到，城市更新并不等于大拆大建。过去一些城市出现随意拆除老建筑、破坏传统风貌等情况，不仅割裂了城市历史文脉，切断了居民的乡愁记忆，还产生了新的城市问题。住房城乡建设部印发的《关于扎实有序推进城市更新工作的通知》中，明确要求"不破坏老城区传统格局和街巷肌理，不随意迁移、拆除历史建筑和具有保护价值的老建筑"，正是要引导各地积极稳妥实施城市更新行动。

保护好才能利用好。对于城市历史文化遗存应保尽保，才能更好彰显城市特色风貌。从要素层面看，要保护的不只是有形的单体建筑、街巷街区等，还有无形的非物质文化遗产，比如浙江的桑蚕丝织技艺、江苏的昆曲和古琴艺术、海南的黎族织锦等，这些非物质文化遗产既是涵养当地人文底蕴的文化要素，也是激活城市生命力的重要资源。从时间层面看，我们不仅要保护好古代历史文化遗产，也要保护好近现代历史文化遗产和当代重要建设成果。只有做到空间全覆盖、要素全囊括，才能多层次、全方位地展现一个城市的历史风貌，避免"千城一面"。

活化利用，才能激发内生活力。由于年代久远，不少历史街区的配套基础设施和公共服务设施相对落后，老住户生活较为不便。在城市更新中加强历史文化保护传承，一方面可以通过小规模、渐进式的"微改造"，在保持传统格局和风貌的基础上补足设施短板，改善居民的生活环境；另一方面可以通过培育新功能、新业态，提升城市活力。在山东青岛中山路、广东广州永庆坊等地，博物馆、咖啡店等业态的引入，让老街区成为新网红、老街坊赶上新潮流。这启示我们，加强历史文化保护传承，也需要坚持以用促保。

城市是一个民族文化和情感记忆的载体，历史文化是城市魅力之关键。处理好传统与现代、继承与发展的关系，将历史文化保护传承工作融入城市更新，城市的空间品质和文化魅力将不断提升，城市也将更健康、更安全、更宜居。

（2023 年 08 月 25 日）

把算力转化为现实生产力

谷业凯

算力已经成为经济社会高质量发展的新引擎，显示出对驱动经济增长、改善社会民生的"倍增效应"

算力，就是对数据的处理能力。小到手机、个人电脑，大到服务器、超级计算机，算力正走进千家万户、服务千行百业，成为像水、电、燃气一样的公共基础资源，提供"即取即用"的社会化服务。

算力总规模居全球第二，保持30%左右的年增长率，新增算力设施中智能算力占比过半，综合供给水平快速提升；服务器、计算机、智能手机等计算类产品产量全球第一，前沿技术多点突破，产业创新能力持续增强；从互联网向制造、金融、交通等行业拓展，赋能各行各业稳步深化……前不久，工业和信息化部发布的相关情况，展现着我国算力产业蓬勃发展的生动图景。

作为数字经济时代新的生产力，算力不仅为传统产业转型升级提供支撑，还能催生新的经济增长点。算力融入传统制造业，参与生产过程，可为企业智能化改造和数字化转型提供有力支撑。算力融入新兴产业，促进了新业态、新模式、新应用的发展，成为推动新兴产业成长壮大的重要驱动力。

算力的魅力，在于其能够释放数据等新型生产要素的创新活力。近年来，云计算、大数据、区块链、元宇宙等兴起，背后都依托于算力这个基础。算力已经成为经济社会高质量发展的新引擎，显示出对驱动经济增长、改善社会民生的"倍增效应"。据测算，在算力中每投入 1 元，平均将带动 3 至 4 元经济产出。从某种意义上说，一个国家的算力发展水平，也将极大影响这个国家创新发展的高度和经济长期增长的后劲。

应当看到，与推动数字经济与实体经济深度融合、实现经济社会高质量发展的目标任务相比，与应对国际市场激烈竞争的要求相比，我国算力基础设施发展仍有差距，计算效率和应用水平还有待提升。要想把算力真正转化为现实生产力，必须在优化算力供给、加强技术创新、促进应用落地等方面持续发力、久久为功。

优化算力供给，既要加强算力基础设施建设，也要统筹好算力资源调度，不断提高利用效能。"东数西算"工程深入推进，国家超算互联网启动部署，为我国持续优化算力布局、实现互联互通和资源高效集约利用提供了支撑。着眼未来，还应进一步提升算力综合供给能力，降低应用门槛，真正让算力实现用得起、用得上、用得好。

加强技术创新，一方面要推进计算架构、计算方式和算法创新，加强 CPU、GPU 和服务器等重点产品研发；另一方面，要做好硬件、基础软件、应用软件等适配协同，提升产业基础高级化水平。特别是要着力推动大模型算法、框架等基础性原创性技术突破，营造良好的产业发展生态。

促进应用落地，是把算力真正转化为现实生产力的"最后一公里"。当前，算力应用的边际效益、社会效益依然很高。以应用需求为导向强化算力支撑，助力模式新颖、特色鲜明的算力应用加速落地，既是算力发展的预期目标，也是进一步推动我国算力高质量发展的现实路径。

算力资源是数字经济发展的重要底座。未来，应用更广泛、更智慧的算力，必将在各类数字化要素的协同中实现更大价值。

（2023 年 08 月 24 日）

让新能源汽车充电更便捷

丁怡婷

不断完善网络、提高设施能力、提升服务水平，让充电服务更具便捷性和经济性

目前，我国已建成世界上数量最多、辐射面积最大、服务车辆最全的充电基础设施体系。截至 7 月，全国充电基础设施累计数量超 692 万台，同比增加 74.1%。同时，上半年我国新能源汽车产销量创下历史新高，同比分别增长 42.4% 和 44.1%。也要看到，新能源汽车充电依然面临着挑战：部分公共充电桩位置查找难、故障率高、充电车位常被占用；高速服务区节假日充电排队时间长；一些老旧小区停车位紧张、电力容量不足、安装私桩比较困难等。

"科学布局、适度超前建设充电基础设施体系""推动居住区内公共充电基础设施优化布局并执行居民电价"……前不久，国务院办公厅转发国家发展改革委《关于恢复和扩大消费的措施》，要求有效满足居民出行充换电需求，推动降低新能源汽车用电成本。今年以来，《关于加快推进充电基础设施建设　更好支持新能源汽车下乡和乡村振兴的实施意见》《关于进一步构建高质量充电基础设施体系的指导意见》等文件相继印发，提

出相应政策举措。这对于推动新能源汽车产业高质量发展、更好释放汽车消费潜力、实现碳达峰碳中和目标等，具有重要意义。

着眼未来，持续改善新能源汽车充电体验，需要优布局、强服务，让充电更便捷。当前，我国公共充电桩整体不足且布局不均衡。应加快建设形成城市面状、公路线状、乡村点状布局的充电网络，拓展国家高速公路网充电基础设施覆盖广度，加密优化设施点位布局，助力充电桩找得到、用得好。浙江省嘉兴市等地在高速服务区部署分体式移动充电站，缓解了节假日服务区充电排队难题，这一设施平时则灵活移动至城市公交充电站使用，有效平衡了充电"潮汐"现象。针对找桩难题，一些充电桩 APP 优化功能，可帮助用户查找最近的充电站、实时查看快慢充电桩的空闲情况以及价格等信息，还可实现充电桩故障一键报修。相关经验、措施值得借鉴。

另一方面，创模式、降成本，才能让充电更经济。用能成本低，是新能源车相比燃油车的一大优势。近期，一些地方的新能源车主反映充电价格有所上涨，引发关注。充电费用一般由电费和服务费两部分组成。价格出现上涨，既受到夏季用电高峰期部分地区调整分时段电价，6 月起新的电价方案执行、大工业和一般工商业用电进行合并等因素影响，也与部分充电站运营商上调服务费有关。

客观而言，新能源汽车充电站建设投入大、回报周期长，为了抢占市场份额，前期不少充电桩企业服务费处于低位。推动行业持续发展，关键还是要持续提高运营效率、创新商业模式、降低充电成本。比如，一些充电桩企业应用超级快充技术，缩短了充电时间，有效提升充电站运营效率、改善车主充电体验；不少地方鼓励开展电动汽车与电网双向互动（V2G）的技术探索，车辆在用电低谷时低价充电、用电高峰时反向卖电给电网，给车主和充电企业带来额外收益；还有的企业拓宽服务场景，附加电池检测、维护等服务。实践证明，加强探索、创新，有助于破解充电站盈利难问题，打开降本增效新空间。

我国新能源汽车产业进入加速发展的新阶段。不断完善网络、提高设施能力、提升服务水平，让充电服务更具便捷性和经济性，确保充电基础设施"有人建、有人管、能持续"，将更好满足人民群众购置和使用新能源汽车需要，促进新能源汽车市场健康发展。

（2023 年 08 月 23 日）

营造清朗的艺考培训环境

闫伊乔

又一年高考尘埃落定，几大艺术院校新生名单出炉，吸引众多考生和家长关注。

随着经济社会发展，更多青年学子投身艺术之路，部分高校也在不断增设艺术专业，让艺考热度居高不下。然而，随着学员数量猛增、学费水涨船高，一些缺乏资质的培训机构混入市场，产生了一些亟待整治的失范行为。不久前，教育部、国家发展改革委、公安部、市场监管总局联合印发《关于在深化非学科类校外培训治理中加强艺考培训规范管理的通知》（以下简称《通知》），要求进一步加强艺考培训规范管理，满足学生多样化学习需求。

近年来，我国对艺考实施了一系列改革，文化课占比逐年提升，专业考试难度也有所增加。这不只对考生形成了新的挑战，也对艺考培训质量提出了新的要求。进一步规范艺考培训行为，提升从业人员专业素质，才能更好地满足学生需求，选拔出更多优秀的艺术人才。

营造清朗的艺考培训环境，首先要把好准入关。艺考培训市场出现的一些不规范现象，与资质管理不严有关。比如，有的培训机构打着"与艺术院校招生合作"等旗号虚假宣传，有的无证违规办学。这侵害了学生权益，损害了艺考培训的声誉，也影响着社会对于教育公平的信心。此次发布的《通知》，对培训机构和从业人员资质都作出了针对性规定，如要求培训机构"证照齐全"，落实从业人员准入查询制度，对机构从业人员信息进行公示并录入全国监管平台，等等。合理设置行业准入门槛，把不符合条件的培训机构拒之门外，使优质的培训机构脱颖而出，才能让家长宽心、社会放心，让行业在健康的轨道上长远发展。

艺考培训环境有一定的特殊性，常常是来自各地的学生住在一起进行集中培训，容易游离在监管视线之外。因此，还要进一步加强日常监管，守住安全管理底线。比如，此次发布的《通知》明确提出，对涉及未成年人的影视表演、舞蹈等含有肢体接触的培训项目，机构应确保培训场所透明公开，安装视频监控，不得在密闭环境中开展"一对一"培训。督促培训机构建立安全管理制度，落实落细相关规定，才能更好地保障未成年学生培训期间的人身安全和财产安全。

当前，我国高中艺术教育资源不足，很多学生的艺考准备依赖培训机构。在规范艺考培训的同时，应做好校内外衔接。一方面，要约定各方责任，严格落实培训机构主体责任和家长监护责任，并建立信息沟通机制，学校则要为离校的艺考学生做好文化课教学衔接。另一方面，要立足校内，加大投入，积极提升校内艺术教育教学质量，合理引入校外艺术教育资源，对有艺术升学需求的生源进行合理规划和培养。

艺考关系万千考生和家庭的切身利益，更事关教育公平。随着艺考培训市场的扩容，不断加强规范管理，是保护孩子们艺术之梦的必要之举。坚持育人为本、实事求是，坚持内外联动、标本兼治，坚持综合施策、稳步推进，聚焦重点问题、重点环节，开展专项治理，健全艺考培训管理长效机制，定能营造风清气正的艺考培训环境，助力更多热爱艺术、立志从事艺术工作的好苗子成长成才。

（2023 年 08 月 22 日）

点燃文化产业高质量发展的"加速器"

崔 妍

文化产业不仅以"产业之兴盛"为经济社会高质量发展注入强劲动力，更以"文化之繁荣"凝聚起文化自信的精神力量

今年电影暑期档持续火热，获得票房口碑双丰收。截至 8 月 18 日 7 时，今年暑期档电影票房已达 178 亿元，超过 2019 年暑期档电影总票房，创历史新高。同时影片类型丰富，涵盖喜剧、青春、悬疑、科幻、动画等题材，让观众由衷感慨"今年暑期电影市场每周都有新看头"。电影观影火热，作品琳琅满目，正是我国文化产业繁荣发展的缩影。

前不久，国家统计局发布的《2022 年全国文化及相关产业发展情况报告》显示，我国文化产业规模持续扩大，2022 年营业收入超过 16.5 万亿元，比上年增加 1698 亿元，增长 1.0%。从类别看，文化新业态特征较为明显的 16 个行业小类实现营业收入 50106 亿元，比上年增长 6.7%，文化新业态行业营业收入占比首次超过 30%。从利润看，我国文化产业实现利润总额比上年增加 341 亿元，营业收入利润率为 7.7%，比上年提高 0.2 个百分点。利润实现平稳增长，产业结构不断优化，文化产业不仅以"产业之兴盛"为经济社会高质量发展注入强劲动力，更以"文化之繁荣"凝聚起文

化自信的精神力量。

当代中国正在经历人类历史上最为宏大而独特的实践创新，这为文化产业繁荣发展提供了取之不尽的资源。比如，话剧《初生》以多机位、多角度"纪实采访"的全新话剧艺术形式，讲述新时代民族企业助力中国从制造大国向品牌强国跃迁的奋斗史诗，展现爱国、实干、梦想、创新的精神，激扬奋进斗志和发展信心。扎根实践、记录时代的文化产品，从具体人物的生命历程出发，讲述这个伟大时代的精彩故事。继续在生动实践中汲取丰厚滋养，与时代同行、与人民同行，文化产业将以百花齐放的姿态回应好人们的新期待。

文化产业，以文化之魂，助产业之兴。源远流长的中国历史，博大精深的中华优秀传统文化，为文化产业繁荣发展奠定了深厚底蕴。电视节目《典籍里的中国》聚焦中华优秀文化典籍中的经典名篇，以跨越时空对话的形式营造"故事讲述场"，生动讲述感人至深的传承故事，并展现其中蕴含的中国智慧、中国精神和中国价值，实现了知识传播和文化传承发展的融汇。节目以戏剧形态展示典籍魅力，以人物故事展示典籍价值，努力实现中华优秀传统文化的创造性转化和创新性发展。推动中华优秀传统文化活化利用，深入挖掘其时代价值，这正是中国文化产业能够自立于世界的独特精神标识和思想财富。

文化薪火相传、生生不息，关键在于返本开新、守正创新。近年来，各种新技术在文化产业广泛应用，改变着文化产品创作和传播方式，催生出丰富场景，积蓄着强劲动能。比如，敦煌研究院推出"数字藏经洞"，通过数字孪生等技术复原洞窟、文物，用户可在历史穿越中观览源远流长的敦煌文化；三星堆博物馆将 AR（增强现实）、MR（混合现实）技术运用于博物馆的文物还原，把虚拟情景融入现实场景，为观众提供沉浸式体验。运用科技赋能带动供给侧和消费端深刻变革，激活更多文化资源，将为文化产业繁荣发展创造更多可能性。

文运与国运相牵，文脉同国脉相连。近年来，我国文化产业发展蹄疾步稳，有效丰富人们的精神文化生活；展望未来，与时俱进、守正创新，坚持创造性转化、创新性发展，就能持续激发创新创造潜能，点燃文化产业高质量发展的"加速器"，实现产业做大做强和文化传承发展的双赢。

（2023 年 08 月 21 日）

行动起来，共护孩子眼健康

申少铁

跑步、踢球、跳绳，暑假期间，许多孩子在阳光下奔跑、在运动场上挥洒汗水，用运动的方式放松身心。随着中小学落实寒暑假学生体育家庭作业制度，越来越多的孩子有了量身定制的体育作业。丰富的户外活动，有助于孩子们增强身体素质，预防近视。

眼睛是心灵的窗户。习近平总书记强调："全社会都要行动起来，共同呵护好孩子的眼睛，让他们拥有一个光明的未来。"普及预防近视科学知识，开展儿童眼保健及视力检查咨询指导，提高儿童眼保健专科服务能力……国家卫生健康委在全国持续开展"启明行动"——防控儿童青少年近视健康促进活动，并发布《防控儿童青少年近视核心知识十条》。这有利于在全社会普及儿童青少年眼健康知识，营造爱眼护眼的视觉友好环境，共同呵护好孩子的眼健康。

防控"小眼镜"，是民生大关切。近年来，一系列政策措施相继出台，让儿童青少年近视防控成为全社会共同参与的综合性系统工程，在一定程度上缓解了儿童青少年近视率快速上升的趋势。也应看到，由于课业压力大、电子产品使用时间长等因素，现阶段儿童青少年近视率依然居高不下，眼健康不容乐观。国家卫生健康委公布的数据显示，目前全国儿童青少年总体近视率在 50% 以上，且随着年龄增长，近视率也在增高。儿童青少年近视防控任务还很艰巨，需要持续做好相关工作，呵护好孩子们的眼睛。

减轻课业压力，减少近距离被动用眼的时间，是预防近视的关键。现阶段，一些中小学生升学压力依旧较大，作业负担较重，户外活动和自由活动时间偏少，导致近距离用眼时间过长，容易导致近视。各地区各部门应切实落实"双减"政策要求，把课余时间还给孩子，让他们有更多时间亲近自然、缓解眼疲劳。

合理安排课程，让孩子均衡发展，才能更好预防近视。儿童青少年大部分活动时间都在学校，上课、看书、写作业都需要近距离用眼。有必要将基本的健康用眼知识纳入课程，教会孩子如何保持健康的用眼习惯。学校应严格按照国家课程方案和课程标准开齐开足上好体育课，保障学生每天的体育活动时间。学校还应注重培养儿童青少年保护眼睛的自觉意识，把爱眼护眼的观念植根于幼小的心灵之中，让他们认识到拥有清澈明亮的双眼，才能看见更美丽的世界。

严格控制电子产品使用时间，防止近距离主动用眼过度，需要学校、家庭和社会共同努力。短视频、电子游戏等具有一定的成瘾性，自控力差的孩子容易沉迷其中。因此，电子产品的制造商和应用开发商必须设置青少年模式，严格限制使用时长。家长是孩子眼健康的第一责任人。家长有责任为孩子普及科学用眼知识，严格控制其使用电子产品时间，多带孩子参加户外活动。

眼健康的关键在于早发现、早干预、早治疗，保护孩子眼健康，还需完善眼科建设。近年来，我国医疗机构眼科发展迅速，不少县级医院设置了眼科，具备了一定的眼科手术能力，但与发达国家相比，我国的眼科医师数量较少，还难以完全满足儿童青少年就诊需求。同时，一副好的眼镜可以防止近视加深。目前，医疗机构专业的验光配镜师不足，而市场上各类验光配镜门店繁多、人员鱼龙混杂。应着力完善眼科建设，特别是儿童医院眼科建设，增强眼科力量，提高儿童眼保健专科服务水平。

　　儿童青少年是国家和民族的未来。如何保护好儿童青少年的视力，是必须答好的一道考题。全社会凝聚合力、久久为功，共筑近视"防护墙"，才能更好呵护孩子明亮的眼睛。

（2023 年 08 月 16 日）

为乡村"著名"，助乡村振兴

李昌禹

以地名建设为乡村发展赋能，让乡村要素流动更便捷、更智能

地名是乡村治理和群众生产生活离不开的基础信息。前不久，民政部印发通知，部署开展"乡村著名行动"。该行动涵盖地名方案编制、命名设标、文化保护、采集上图、信息服务等地名工作的各个环节，致力于提升乡村地名建设水平，推动实现城乡地名公共服务一体化、均等化，助力乡村全面振兴。

为乡村"著名"，加快推进乡村地名建设，正当其时。近年来，随着经济社会快速发展，我国乡村地区村落布局结构、公共服务设施以及生产生活环境等发生了很大变化，大量地理实体不断新建改建。同时，乡村现代化水平不断提升，乡村地区的人流、物流、信息流日益密集，人们对乡村空间定位精细度的需求越来越高。在这种背景下，一个村庄仅有村名已经难以满足需求，村庄周边道路、村内街巷、山水林田湖草沙以及各类设施都需要规范命名。

据报道，此次"乡村著名行动"明确了5方面14项重点任务，具体包括织密乡村地名网、健全乡村地名标志体系、发展繁荣乡村地名文化、

深化地名信息服务、促进地名利农惠农等内容。以此为契机，各地应结合乡村经济社会发展需要，将乡村地区的山水林田湖草沙、道路街巷、农业产业、公共服务设施等地理实体全面纳入命名视野，系统排查有地无名、一地多名、书写不统一、多地重名等地名不规范情形，有序组织实施命名更名或标准化处理。同时，严格落实《地名管理条例》等法规，确保地名更名的规范性和科学性，推动乡村地名管理制度化、规范化、常态化。

信息时代，乡村地名信息作为信息化建设的基础要素，也是数字乡村建设的一部分。加强乡村地名建设，提升地名信息服务效能，有利于促进城乡公共服务均等化、助力数字乡村建设与发展。比如，在一些偏远的乡村地区，无论是发展旅游，还是畅通物流，"我在哪儿"经常给人带来困扰。近年来，民政部聚焦乡村百姓出行导航、快递物流不便的现实问题，先后指导互联网地图平台规范标注乡村地名 670 余万条，新增地名覆盖全国 200 余万个乡村居民点，有力促进了群众出行导航、快递进村、山货进城。当前，应进一步加快为农村地区设置地名标牌，推动乡村地名"入网""上图"，以地名建设为乡村发展赋能，让乡村要素流动更便捷、更智能。

地名，孕育于一方水土，承载着一方文化。乡村地名往往映照着当地自然风光、历史文化。古渠巷、渡头巷、飞来巷……在广西壮族自治区兴安县，当地深挖灵渠地名文化，注重利用灵渠历史文化资源进行街巷道路命名，丰富了地名的文化底蕴。地名文化是乡村文化的一部分，是乡风文明的重要载体。为乡村"著名"，也应注重精神文化内涵，让乡村地名有看头、有说道、有讲究。

一个好地名，既能留得住乡愁，也能擦亮美丽乡村名片。遵循历史与习俗、尊重群众的情感、尊重群众的创造性，在命名更名中注重传承中华优秀传统文化，弘扬民族精神，就能以地名展现和提振精气神，助力建设宜居宜业和美乡村。

（2023 年 08 月 15 日）

用"新供给"激发文旅消费新活力

王　珂

从需求侧的火热消费，到供给侧的优质产品，我国文旅市场在供需两端发力，不断形成需求牵引供给、供给创造需求的更高水平动态平衡

一票难求的热门景区、每天满房的网红酒店、需要抢购的演出票、排队用餐的小吃店……暑期出游旺季，文旅市场火热。今年以来，得益于一系列促进文旅消费的政策举措，我国文旅消费需求加速释放，部分业态恢复至 2019 年同期水平甚至更高。文化和旅游部发布的数据显示，上半年国内旅游总人次 23.84 亿，同比增长 63.9%；国内旅游收入 2.3 万亿元，同比增长 95.9%。文旅消费强势复苏，见证了我国消费市场的巨大潜力，也为扩内需、促消费注入强大动力。

规模增长的同时，文旅消费在结构上呈现明显的个性化、多样化趋势。随着文旅深度融合，能感受传统文化魅力的出游方式备受追捧，参观文博场馆、历史文化街区，体验各类非遗项目，正成为越来越多游客的选择。亲子游、研学游预订热度升温，一些出游平台的报告数据显示，亲子研学成为暑期国内最热门的出游主题，7 月以来某旅游平台上，"亲子""研学"相关旅游搜索热度大幅上涨。这些以前相对小众的出游方式，如今已然成

为文旅消费市场新的增长点。这表明，伴随着消费逐步恢复，消费水平持续提高、消费结构不断优化升级，仍然是我国消费市场的变化趋势。

文旅市场强劲复苏，得益于供给侧的创新。从暑期市场看，文旅市场供给越来越丰富。其中，夜经济市场表现亮眼。参与夜间游的游客比例持续走高，国家级夜间文化和旅游消费集聚区接待游客量明显增长。文旅融合的产品也是精彩纷呈，各地将传统民俗、民间艺术有机融入博物馆、美术馆、图书馆、戏剧场、电影院等文化空间，丰富了文旅融合场景。创意满满的新供给，让更多游客更愿意走出家门拥抱诗和远方。从需求侧的火热消费，到供给侧的优质产品，我国文旅市场在供需两端发力，不断形成需求牵引供给、供给创造需求的更高水平动态平衡。

旅游是综合性产业，既是拉动经济发展的重要动力，也是实现美好生活的重要内容。我国旅游市场空间广阔，要围绕更好满足人民日益增长的美好生活需要这个根本目的，紧跟文旅消费升级新趋势、打造文旅产品新供给。一方面，要持续加大优质文旅产品供给力度，打造更加丰富的产品和服务供给矩阵，更好满足多样化、个性化、品质化的文旅消费需求。另一方面，要继续优化消费环境，改善出游消费体验，不断提升人们对旅游产品和服务的满意度，激发文旅消费更大活力，为扩大消费和内需注入新动能。

这个暑期，火车站、飞机场的人潮涌动，各大旅游景区的游人如织，让人们切实感受到中国经济的强劲脉搏。国家统计局前不久公布经济数据显示，上半年服务业增长对经济增长贡献率超过 60%。有理由相信，文旅市场的加速复苏，将带动服务业快速增长、牵引内需潜力不断释放，为实现今年预期目标任务注入强大动力。

（2023 年 08 月 14 日）

筑牢数字经济的通信"底座"

文水声

坐在家中戴上眼镜就能以 360 度全景视角沉浸式体验一场演唱会;"井上看清井下",矿山数字化平台应用助力智能化采矿;联网路灯、芯片垃圾桶、人脸识别摄像头,万物互联让城市治理更智能……2023 年上海世界移动通信大会上,5G"黑科技"频频亮相。从赋能千行百业到走进千家万户,5G 这个新引擎正加速从"建得好"迈向"用得好"。

从 2019 年 6 月 5G 商用牌照正式发放至今,我国 5G 商用已经走过了 4 年。工业和信息化部数据显示,截至今年 6 月底,我国累计建成开通 5G 基站 293.7 万个,占全球 60%;5G 网络覆盖所有地市级城区、县城城区;5G 应用已经融入 60 个国民经济大类,应用案例数累计超 5 万个。4 年来我国大力推进 5G 产业发展,建成全球规模最大的 5G 网络,网络覆盖能力持续提升,融合应用不断拓展,数字化发展支撑作用不断增强。

万物互联、数据互通,信息通信业是为数字经济发展提供支撑的基础设施,成为国民经济的战略性、基础性、先导性行业。无论是让全球最丰富的数据资源畅通循环,还是充分发挥丰富应用场景优势,数字产业化和产业数字化的双螺旋,离不开 5G 通信这个"底座"。我国在 5G 等新型基础设施建设上不断发力,为数字经济发展构建起良好生态系统,为新技术、新业态、新模式的涌现创造了丰厚土壤。从"3G 突破""4G 同步"到"5G

引领"，跨越式发展的背后，是强大的国家能力和制度优势，这将有助于我国占据新一轮科技革命和产业变革的先机。

5G 具有高速率、超大连接、超低时延三大特性，可以有效支撑人工智能、虚拟现实等技术的应用。数据传输容量和时延是很多技术应用落地的限制因素。比如远程操作精密手术，由于手术过程需要处理很多突发情况，就必须要求数据传输及时高效；再比如无人驾驶技术，需要传输海量数据，先进通信技术的支撑至关重要。如今，我国 5G 发展已正式进入产业升级、融合演进的"下半场"，将以强大的网络连接能力，推动大数据、云计算、人工智能等新一代数字技术向实体经济渗透，充分发挥数字技术对经济发展的放大、叠加、倍增作用。

抢占未来发展制高点，要时不我待，快人一步，将 5G 应用做深做广做精，催生更多业态创新成果。从 5G 覆盖来说，还需要继续夯实网络基础，加快推进 5G 网络和千兆光网建设部署，持续提升农村及边远地区 5G 网络覆盖水平，提供更好更优的电信普遍服务；从 5G 技术演进来说，还需要加快核心技术创新，加强 5G 增强技术研发，加快毫米波、轻量化模组、高精度定位等技术和产业发展，积极探索 6G 潜在关键技术，形成一批标志性成果；从赋能实体经济来说，还需要深化融合应用，加快打造"5G+工业互联网"发展升级版，深化在矿业、电力等重点领域的融合应用，探索在农业、文旅等潜力领域的创新应用，促进信息通信技术与实体经济融合。

有这样一组数据对比意味深长。截至 2022 年底，我国 5G 移动电话用户达 5.61 亿户，占移动电话用户的比例达到 33.3%，是全球平均水平的 2.75倍，这意味着 5G 在全球的发展才刚刚开始，具有无限的想象空间。以 5G发展撬动新型基础设施建设，促进数字经济与实体经济深度融合，定能为高质量发展注入澎湃新动能。

（2023 年 08 月 11 日）

培育更多创新尖兵

虞　伟

　　走进浙江省杭州市一家专精特新中小企业，运用"以光为尺"的三维测量技术，可以将所有光扫描过的地方形成高精度的数字模型。从对零部件进行质量检测，到文物的数字化建模，再到口腔正畸、牙齿种植，都可以用到这项技术。"小创新"带来"大应用"，彰显着专精特新中小企业的创新活力。

　　截至目前，我国已累计培育专精特新中小企业 9.8 万家，其中专精特新"小巨人"企业 1.2 万家。据报道，工业和信息化部正抓紧研究制定促进专精特新中小企业高质量发展的若干措施，未来还将围绕加强制度保障、坚持创新引领、促进融通带动等 6 个方面持续发力，继续引导广大中小企业走专精特新之路。培育专精特新中小企业，国家政策保障力度持续增强，不仅展现出国家对中小企业的坚定支持，更将增强各类经营主体的发展信心。

　　专精特新中小企业往往在某个细分领域精耕细作，成为"单项冠军""隐形冠军"，与大企业在市场中形成差异化分工，能够丰富完善产业组织结构。这些企业以专注铸专长、以配套强产业、以创新赢市场，大多数属于工业基础领域、战略性新兴产业。可以说，专精特新中小企业具有研发投入高、专业化程度高、配套能力强、成长性好、发展潜力大等特点，小配件蕴含高技术，小规模支撑大配套，小产业干成大事业。

无论是保障产业链供应链安全稳定，还是攻克"卡脖子"技术难题，都需要发挥专精特新中小企业的创新尖兵作用。在这些企业中，有的着眼国内相关领域的技术短板，通过深耕细分赛道做到强弱项、补短板；有的致力打破发达国家对相关产品的技术垄断，通过提升自主化率填补市场空白；有的顺应产业趋势、瞄准未来需求，通过集中研发储备未来技术……这些企业择"一尺宽"、掘"万米深"，在细分领域挖深、做透、走高，不仅塑造了企业自身的独特优势，更为产业转型升级汇聚发展合力。当越来越多的专精特新中小企业在专业领域成为世界范围内的佼佼者，就能更好助力我国现代化产业体系建设。

同时也要看到，中小企业往往规模较小，要成长为专精特新中小企业，离不开政策支持。一方面，要为中小企业发展营造良好环境，消除市场壁垒，促进资源流动，充分发挥市场机制的作用。另一方面，要着力在推动企业创新上下功夫，加强产权保护。专精特新中小企业的立企之本就是在细分领域的创新成果，因此需要切实保障企业关键技术专利，帮助企业实现成果转化。对中小企业来说，摒弃"小富即安"思想，坚定信心朝着专业化、精细化、特色化和新颖化方向发展，大有可为也必将大有作为。

"中小企业能办大事"。中小企业好，中国经济才会好；涌现更多专精特新中小企业，中国经济才会更具发展潜力。多管齐下、多措并举，支持更多中小企业成为专精特新中小企业，将不断激发创新创造活力，为落实创新驱动发展战略奠定微观基础，为高质量发展注入充沛动力，为提升国家竞争力提供有效助力。

（2023 年 08 月 10 日）

农村基础设施，建好更要管好

商　旸

　　打开水龙头，清水哗哗流，做饭、洗澡方便多了；出村路连上主干道，泥巴路变成柏油路，在村口就能坐公交；建基站，开通 5G 信号，直播卖农货，小山村连上大世界……近年来，在强农惠农富农政策支持下，我国农村基础设施持续改善提升，越来越多的农村实现水源净化、道路硬化、夜晚亮化、能源清洁化。这不仅为群众生产生活提供了便利，也优化了人居环境，使乡村面貌焕然一新。

　　三分建，七分管。笔者近日调研时发现，个别农村地区存在基础设施重建设、轻管护甚至不管护的情况。比如，有的村庄路灯大面积"失明"，有的虽然通了自来水但水质不达标，有的村内道路地基破碎、路面塌陷。凡此种种，既影响群众生产生活，也造成了资源浪费。确保各类已建成设施持续稳定运行，必须建立健全长效管护机制。

　　没有建立起有效的管护机制，原因首先在于管护主体不清、责任不明。日常维护由谁来做、出现问题由谁来管，一些地方并未明确划定主体。有的即使明确了管护主体，也没有明晰具体责任。其次，管护经费不足。农村基础设施种类较多，但部分地区只安排建设资金，不配套维护资金。一些村集体经济实力较弱，拿不出钱支付管护费用。再次，管护专业性不足。农村基础设施的维护和修理，需严格按照技术标准，由专业人员完成。现实中，部分地区没有制定相应管护标准，也没有组织专业管护队伍。建立健全机制，在建好的基础上管好农村基础设施，才能让广大农民群众真正受益。

厘清责任，解决"谁来管"。国家发展改革委、财政部印发的《关于深化农村公共基础设施管护体制改革的指导意见》提出，"县级政府是农村公共基础设施管护的责任主体，乡镇政府履行属地管理职责""村级组织对所属公共基础设施承担管护责任"……各地应立足实际、因地制宜，建立起清晰的管护责任制度。比如，不妨以清单形式明确农村基础设施管护主体、管护责任，并建立公示制度。

分类施策，解决"怎么管"。农村基础设施类型不同，耗资不同，运营模式不同，管护要求也不同。在管护方式上，可以建立健全高效的分类管护机制。没有收益的非经营性基础设施，地方政府和村级组织应担起管护责任，既可以直接管，也可以购买服务。经营收益可以弥补建设和运营成本的经营性设施，则可以由运营企业自行或委托第三方管护。地方政府有责任完善相关支持政策，鼓励各类企业、专业机构从事运营管护。

在此基础上，关键是要解决"经费从哪来"。各地应立足自身发展实际，创新资金筹措形式，建立、优化资金保障机制。比如，建立政府投入稳定增长机制，有条件的地方对集体经济薄弱、筹措资金困难的村，适当予以补助；拓宽管护经费来源渠道，规范运用政府和社会资本合作模式，开拓市场化筹资渠道；完善使用者付费制度，处理好使用者合理付费与增加农民支出的关系，逐步完善农村准经营性、经营性基础设施收费制度。

提高农村基础设施完备度、公共服务便利度、人居环境舒适度，才能让农民就地过上现代文明生活。各地应树立"建好更要管好"理念，合理筹划、落细落实，确保有制度、有队伍、有资金，从根本上解决农村基础设施管护问题，让乡亲们生活更舒适、更舒心。

（2023 年 08 月 08 日）

以法治手段推动和保障爱国主义教育

吴　丹

将爱国主义教育写入法律、形成制度，有助于振奋民族精神、凝聚人民力量，激励亿万人民用新的伟大奋斗创造新的伟业

将爱国主义教育纳入国民教育体系，建立爱国主义教育相关课程联动机制，利用红色资源、文化遗产、爱国主义教育基地和文化场馆等开展爱国主义教育……不久前，爱国主义教育法草案首次提请十四届全国人大常委会第三次会议审议，旨在以法治方式推动保障爱国主义教育广泛深入开展。

我国宪法明确规定，国家要在人民中进行爱国主义教育。习近平总书记指出："弘扬爱国主义精神，必须把爱国主义教育作为永恒主题。"2019年10月，中共中央、国务院印发《新时代爱国主义教育实施纲要》，深入阐明新时代爱国主义教育的总体要求、基本内容。党的二十大报告提出，"深化爱国主义、集体主义、社会主义教育，着力培养担当民族复兴大任的时代新人"。制定爱国主义教育法，进一步形成全社会一体遵循的法律规范，有利于更好弘扬爱国主义精神，以法治方式提升爱国主义教育的质量和实效。

爱国，是人世间最深层、最持久的情感。中华儿女自古敬仰精忠报国、

以身许国、家国天下等爱国行为和精神。司马迁"常思奋不顾身，而殉国家之急"的凛然，林则徐"苟利国家生死以，岂因祸福避趋之"的担当，赵一曼"未惜头颅新故国，甘将热血沃中华"的气节，万步炎"国之所需，吾之所向"的担当……在中华民族绵延发展的历史长河中，爱国主义始终是激昂的主旋律，激励着一代代中华儿女自强不息、不懈奋斗。伟大事业需要伟大精神。将爱国主义教育写入法律、形成制度，有助于振奋民族精神、凝聚人民力量，激励亿万人民用新的伟大奋斗创造新的伟业。

井冈山上，人们走进"元宇宙·境界井冈山"体验馆，在沉浸式体验中感悟红色基因；体育赛场，五星红旗一次次伴随着国歌缓缓升起，令人肃然起敬；仰望苍穹，浩瀚太空里有了中国人自己的"太空之家"，让人精神振奋……爱国主义教育不是抽象的，它蕴含着丰富的内容，涵盖思想政治、历史文化、国家象征标志、祖国大好河山等方方面面。在实践中，爱国主义教育应主题鲜明、融入日常，既要紧扣党和国家的"大实践""大事业"，用新时代坚持和发展中国特色社会主义的生动实践说话，又要联系身边可感可知的"小点滴""小事例"，把爱国主义教育融入国民教育和精神文明建设全过程、各环节。

青少年是祖国的未来、民族的希望，新时代爱国主义教育要在面向全体人民的同时，突出学校和家庭对青少年和儿童的教育，让爱我中华的种子扎根每个孩子的心灵深处。各级各类学校应将爱国主义教育贯穿学校教育全过程，办好思想政治理论课，并将爱国主义教育内容融入各类学科中。家长应把热爱祖国融入家庭教育，在言传身教中引导孩子培养民族自尊心、自信心和自豪感。此外，要结合当代青少年接受习惯，创新爱国主义教育方式方法，加强网上爱国主义教育空间建设，完善爱国主义教育主体责任和工作机制，形成党委、政府、社会、学校、家庭推进爱国主义教育的合力。

爱国主义是激励中国人民维护民族独立和民族尊严、在历史洪流中奋勇向前的强大精神动力，是驱动中华民族这艘航船乘风破浪、奋勇前行的强劲引擎，是引领中国人民和中华民族迸发排山倒海的历史伟力、战胜前进道路上一切艰难险阻的壮丽旗帜。以法治手段保障爱国主义教育常态化，让爱国主义精神在每个人心中牢牢扎根，定能激励无数个小我融入大我，把拳拳爱国情、殷殷报国志转化为新时代奋斗实践，为民族复兴、强国建设凝聚起磅礴力量。

（2023 年 08 月 04 日）

自贸"试验田"如何再提升

罗珊珊

这些举措改革力度之大、开放程度之深，体现出我们继续全面深化改革、全面扩大开放，不断以中国新发展为世界提供新机遇的坚定决心

"工程建设项目审批统一化、标准化、信息化""跨境人民币全程电子缴税""知识产权类案件'简案快办'"……不久前，国务院批准推广自贸试验区第七批改革试点经验，进一步释放自贸试验区改革开放政策红利。放眼神州大地，覆盖东西南北中的 21 个自贸试验区及海南自贸港，正在发挥先行先试、引领示范重要作用，着力在制度型开放等方面取得新进步、打开新空间。从 2013 年 9 月上海自贸试验区正式挂牌以来，自贸试验区设立已有十年，现在正是扬帆远航再出发的重要时间节点。

国务院印发《关于在有条件的自由贸易试验区和自由贸易港试点对接国际高标准推进制度型开放的若干措施》提出，率先在具备条件的自贸试验区和海南自由贸易港，试点对接相关国际高标准经贸规则，稳步扩大制度型开放。同时，商务部会同有关地方、部门制定《自贸试验区重点工作清单（2023—2025 年）》，提出未来 3 年相关自贸试验区拟自主推进实施 164 项重点工作。这些政策文件，为进一步发挥好自贸试验区先行先试作

用指明了路径。

推出第一张外商投资准入负面清单，迈出外资准入前国民待遇加负面清单管理模式第一步，建立全国第一个国际贸易"单一窗口"，创设第一批自由贸易账户……很多个"第一"在自贸试验区实践、探索、成熟，再复制推广到全国。目前，自贸试验区已累计向全国复制推广了一大批制度创新成果，涉及投资便利化、贸易便利化、金融开放创新、事中事后监管等方面，充分发挥了改革开放"试验田"的作用。

十年来，自贸试验区已经取得累累硕果，如何继续发挥先行先试作用？党的二十大报告提出，"加快建设海南自由贸易港，实施自由贸易试验区提升战略"。当前出台的政策文件，都是围绕"自由贸易试验区提升战略"下功夫，把提升战略有步骤、分阶段落到实处，在对接国际高标准经贸规则上提升，聚焦贸易投资、政府采购、知识产权、环境等重点领域，率先构建与国际高标准经贸规则相衔接的制度体系和监管模式。

提升，要在市场准入水平上着力，尤其是在投资和服务贸易领域加大压力测试。比如，在推进服务贸易自由便利上提出一系列举措，包括除特定新金融服务外，允许外资金融机构开展与中资金融机构同类的新金融服务等；再比如，加大优化营商环境力度，明确"试点地区应允许真实合规的、与外国投资者投资相关的所有转移可自由汇入、汇出且无迟延"。这些举措改革力度之大、开放程度之深，体现出我们继续全面深化改革、全面扩大开放，不断以中国新发展为世界提供新机遇的坚定决心。

提升，还要在改革系统集成、协同创新上用劲。要顺应当前新产业、新模式、新业态不断涌现的态势和特点，加强跨部门、跨领域、跨行业统筹协调，增强先行先试的系统性、整体性、协调性，以制度创新助力加快建设现代化产业体系。要立足中央赋予各自贸试验区的战略定位及发展目标，鼓励各地精准定位、主动谋划。比如，天津自贸试验区重点建设世界级的租赁产业集群，山东自贸试验区积极开展海洋经济创新，江苏自贸试验区加快打造生物医药产业集群。唯有做强做优产业基础，增强发展内生动力，才能更好发挥自贸试验区对经济发展的牵引作用。

改革开放只有进行时、没有完成时。十年来，各地自贸试验区如同一个个改革开放窗口，打开了更多可能性。展望未来，以实施自贸试验区提升战略为抓手，落实一揽子举措，锐意进取、大胆探索，拓展全面深化改革、全面扩大开放新路径，一定能为构建新发展格局、推动高质量发展注入更多新动能。

（2023 年 08 月 02 日）

全方位夯实粮食安全根基

朱 隽

国家统计局不久前发布的数据显示，今年全国夏粮产量 14613 万吨（2923 亿斤），比上年减少 127.4 万吨（25.5 亿斤），下降 0.9%，夏粮产量稳中略减，仍处于较高水平，实现了丰收。

夏粮是每年收获的头一茬粮食。对全年粮食生产而言，夺取夏粮丰收是关键一仗。今年以来，各地区各部门抢农时、抓田管，落实落细各项粮食稳产措施，全方位夯实粮食安全根基，全面落实粮食安全党政同责。夏粮生产再获丰收，为夺取全年粮食丰收创造有利条件，为稳定经济发展预期、保障国民经济平稳运行打下坚实基础。

今年夏收小麦播种面积3.3亿多亩，春耕时节小麦苗情、土壤墒情都是近年来较好的一年。但在 5 月底，全国小麦陆续进入集中收获期时，北方冬麦区出现大范围持续降雨天气过程。面对突如其来的降雨，主产区及时行动，抢收、抢晾、抢烘，全国夏粮生产立足抗灾夺丰收，成绩来之不易。

仓廪实，天下安。对于我们这样一个拥有 14 亿多人口的大国来说，保障粮食和重要农产品稳定安全供给始终是建设农业强国的头等大事。只有把牢粮食安全主动权，才能把稳强国复兴主动权。因此，粮食安全这根弦，任何时候都必须绷紧，须臾不能放松。

从全年看，稳住粮食生产，还可能面临病虫害、不利天气等多重考验，仍需茬茬压紧、环环紧扣。尤其是，今年实施了全国粮油等主要作物大面积单产提升行动，必须一个区域接一个区域、一个环节接一个环节、一个品种接一个品种地盯紧盯牢，多措并举，多管齐下，分品种压实种植面积，分环节挖掘增产潜力，分类型健全防灾减灾机制，把各项工作高质量落到实处、抓出实效，夯实全年粮食产量保持在 1.3 万亿斤以上的基础。

从今年看长远，我国的粮食生产从"有没有"向"好不好"的转变愈加明显。面向未来，要着力推进藏粮于地、藏粮于技战略实施，促进粮食综合生产能力、供给保障能力持续提升。与此同时，也要深入推进农业供给侧结构性改革，加快构建现代农业产业体系、生产体系、经营体系，推动粮食生产质量、效益和竞争力不断提高，尽快实现从"积累量"到"提升质"的跨越，让中国饭碗装得更满、品质更好。农民种粮有钱赚，粮食生产才安全。适当提高小麦和稻谷最低收购价，向实际种粮农民发放一次性补贴，扩大稻谷、玉米、小麦三大粮食作物完全成本保险和种植收入保险实施范围，发挥好价格、补贴、保险"三位一体"的收益保障机制作用，有助于稳定农民预期，降低生产风险，让农民种粮有效益、不吃亏、得实惠、更安心。

强国必先强农，农强方能国强。农业强，首要是粮食和重要农产品供给保障能力必须强。各项强农惠农富农政策大力支持，亿万农民铆足干劲、辛勤耕耘，先进农业科技、高效基础设施保驾护航……我们有信心收获沉甸甸的丰收。

（2023 年 08 月 01 日）

让"大通道"释放"大活力"

一 文

今年以来，我国交通固定资产投资保持较快增长，一批交通重大工程项目建设不断刷新进度，现代化高质量国家综合立体交通网加快构建，为扩内需、稳增长、惠民生提供了有力支撑。交通运输是国民经济中基础性、先导性、战略性产业和重要的服务性行业，其良好发展态势必将进一步提振市场信心，推动经济运行回升向好。

交通运输是稳投资、稳增长的"压舱石"。今年前5个月，全国完成交通固定资产投资 1.4 万亿元，同比增长 12.7%；营业性货运量同比增长 7.4%，营业性客运量同比增长 57.0%，港口货物吞吐量同比增长 7.9%。现在，港珠澳大桥主体工程通过国家竣工验收，西部陆海新通道骨干工程平陆运河全线动工，京雄高速计划年内通车，世界在建最长的高速公路隧道——"乌尉高速天山胜利隧道"双主洞掘进过半……一批重大交通工程项目压茬推进，为实现全年目标奠定了坚实基础，更为长远发展增强了信心和底气。回溯过去，交通基础设施投资在应对各种外部冲击中发挥了重要作用；展望未来，交通运输行业的高质量发展，也将为稳增长、促转型注入强劲动能。

交通作为经济的脉络，在建设具有完整性、先进性、安全性的现代化产业体系中发挥着特殊重要作用。日益完善的"6轴7廊8通道"国家综合立体交通网主骨架、多层级一体化国家综合交通枢纽系统、更高水平的国际物流供应链体系，在促进各类要素合理流动和高效集聚方面发挥了重要作用，让国内循环动力更强劲、国际循环空间更广阔。深中通道海底隧道顺利合龙，常泰长江大桥将实现"人—车—路—环境—信息"智慧协同运营，钦州港二期自动化集装箱码头未来可实现远程自动化装卸作业……越来越多的增长点不断涌现，交通运输为创新驱动发展提供了丰富的应用场景和规模巨大的市场。交通运输打通"大动脉"、畅通"微循环"，正成为现代化产业体系发展的坚实支撑、内外经济循环相互促进的重要纽带。由此来看，交通运输行业不仅是重要的增长点、投资点，而且还能通过畅通经济循环赋能千行百业，拉动其他行业发展、提升经济运行效率。

筑路架桥，周行八方。交通运输一头连着生产、一头连着生活，正悄然改变着人们的生活方式。美好出行说走就走，"沿着高速看中国""坐着高铁看中国"成为百姓享受美好生活的真实写照。地铁公交连线成网，快递小哥穿街走巷，给生活带来了便利，更让城市"血脉"畅通。"行在乡村、游在路上"，通村畅乡的"四好农村路"，串起一路风景，带动一片产业，造福一方群众。今年7月1日至8月31日的暑期运输，预计发送旅客7.6亿人次，日均发送1200万人次以上，较2019年同期有较大幅度增长。"人享其行、物畅其流"加快实现，让人民群众获得感成色更足、幸福感更可持续、安全感更有保障，流动的中国展现出蓬勃的生机活力。

（2023 年 07 月 31 日）

完善生态保护补偿制度

寇江泽

习近平总书记在全国生态环境保护大会上强调："要健全美丽中国建设保障体系。统筹各领域资源，汇聚各方面力量，打好法治、市场、科技、政策'组合拳'。"作为生态文明制度的重要组成部分，生态保护补偿制度合理地平衡了保护者与受益者的利益，让保护环境的人不吃亏、能受益，为美丽中国建设提供了有力支撑。

不久前，安徽、浙江两省签署《共同建设新安江—千岛湖生态保护补偿样板区协议》，推动单一的资金激励补偿升级为涵盖水质保护、上下游产业人才合作等的综合补偿。此举重在实现下游地区主动帮助上游地区谋划绿色发展之路，体现激励与约束并重，有助于实现生态保护者与受益者之间的良性互动。

跨省流域生态保护补偿权责关系复杂，是大国生态治理的特有难题。新安江发源于安徽省黄山市休宁县，汇入浙江省杭州市的千岛湖。从2012年开始，浙皖两省连续开展了3轮新安江流域生态补偿机制试点，考核断面年度水质达标，浙江拨付安徽补偿资金。这一生态保护补偿机制被称为"新安江模式"。试点以来，安徽统筹推进流域生态修复、污染治理、绿色发展，新安江水质连年达到补偿条件。浙江积极探索多元化补偿机制，通过资金补偿、园区共建、产业协作、人才交流等方式，打造流域上下游一体化发展的示范区。以生态补偿为抓手，以生态环境保护为根本，以绿色发展为路径，以互利共赢为目标，以体制机制建设为保障，"新安江模式"为其他地区推进流域生态保护补偿工作提供了重要参考。目前，皖浙新安江、渝湘酉水等 19 个省份的 15 个流域已建立起跨省流域横向生态保护补偿机制，有力促进了流域环境综合治理。

党的十八大以来，我国加大生态保护补偿力度，深入推进流域横向生态补偿，探索市场化、多元化生态保护补偿方式，初步建成了符合我国国情的生态保护补偿制度体系。"十三五"期间，我国中央财政年度安排各类生态保护补偿资金额度近 2000 亿元，在落实生态保护权责、调动各方参与生态保护积极性、推进生态文明建设等方面发挥了重要作用。也要看到，目前多数生态补偿资金来自各级财政资金，补偿方式相对单一，补偿综合效力尚未充分发挥。

党的二十大报告提出："建立生态产品价值实现机制，完善生态保护补偿制度。"进一步深化生态保护补偿制度改革，多措并举、强化落实，才能推动相关工作取得更多实效。一方面，应建立完善社会资本投入的市场化机制，引导生态受益者对生态保护者进行补偿。可探索多样化补偿方式，充分调动社会各界参与生态环境保护的积极性。另一方面，应加快出台生态保护补偿条例，系统总结成熟经验，将经过实践验证、行之有效的政策制度上升到行政法规层面，将生态补偿纳入法治化轨道。

不断深化生态保护补偿制度改革，健全区际利益补偿机制，形成受益者付费、保护者得到合理补偿的良性局面，相信绿水青山的底色将会更亮，金山银山的成色将会更足。

（2023 年 07 月 24 日）

乘势而上，巩固回升向好态势

——从半年报里读懂中国信心①

白弈非

一季度实现良好开局，二季度延续恢复态势，我国经济运行持续回升向好，展现出巨大的发展韧性

"今天巫山枝头，明天百姓桌上"。进入 7 月，一架架满载巫山脆李的"脆李专机"从重庆市巫山县飞往北上广深等各大城市。从去年的每天 1 班到今年的每天 2 班，运行周期由去年的 15 天增加到 20 天，"脆李专机"的"扩容"，既折射持续扩大的国内需求，也映照着经济运行整体回升向好态势。

近日，国家统计局公布中国经济半年报。在复杂严峻的外部环境下，一季度实现良好开局，二季度延续恢复态势，上半年国内生产总值（GDP）同比增长 5.5%。我国经济运行持续回升向好，展现出巨大的发展韧性，充分表明我们国家具有开顶风船、走上坡路的能力。

读懂中国经济，既要关注增速，也要分析结构、质量。从增速看，上半年的经济增速，快于去年全年的 3%，也快于一季度的 4.5%，回升态势明显。从结构看，上半年，服务业增加值占 GDP 的比重达到 56%，最终

消费支出对经济增长的贡献率达 77.2%，高技术产业投资增速明显快于全部投资增速，产业、消费、投资结构在持续优化。从质量看，高技术行业增势良好，新产业成长壮大，新业态持续活跃，绿色转型和经济增长的协同发展成效不断显现。综合看，环比增速连续 4 个季度增长，市场活力不断释放，这都表明中国经济"稳"的基础不断加固，"进"的动能加速集聚，高质量发展持续推进。

读懂中国经济，也要放在全球视野里观察。今年一季度，美国、欧元区、日本 GDP 同比增速都在 2% 以下，即便考虑到二季度情况，上半年中国经济增速仍然是主要经济体中较快的。在世界经济增长动能不足、通胀压力依然较大、全球贸易增速放缓的背景下，中国经济实现了回升向好、物价平稳、金融稳定的发展态势，半年报成绩来之不易。近期，世界银行、经合组织等多家国际组织和机构调高今年中国经济增长预期，彰显出国际社会对中国经济发展前景的信心。

经济如何，企业有发言权。读懂中国经济，外资企业是一个重要视角。今年以来，特斯拉储能超级工厂项目落户上海市临港新片区，空中客车公司宣布在天津市建设第二条生产线，阿斯利康与山东省青岛国家高新技术产业开发区签署投资合作协议……众多外资企业以实际行动对中国经济发展前景投下"信任票"。这也从一个侧面说明，中国市场前景广阔，依然是全球经济增长的主要引擎。

习近平总书记强调，"中国经济韧性强、潜力足、回旋余地广，长期向好的基本面不会改变"。当前，我国正处在经济恢复和产业升级的关键期，结构性问题、周期性矛盾交织叠加。越是复杂的局面，越要用全面、辩证、长远的眼光来看待。放眼世界，没有哪个大国的经济成长之路是一帆风顺的，也只有经历过风风雨雨，一个国家的经济才会更加强健。保持战略定力、增强发展信心，把稳增长放在更加突出位置，以更大力度推动经济持续回升向好，中国经济航船定能越过激流险滩行稳致远。

（2023 年 07 月 24 日）

多措并举，促进高质量充分就业

——从半年报里读懂中国信心②

周人杰

强化就业优先政策，健全就业促进机制，促进高质量充分就业

就业是最基本的民生。上半年，全国城镇新增就业 678 万人，同比增加 24 万人；二季度，全国城镇调查失业率均值为 5.2%，比一季度回落 0.3 个百分点……中国经济半年报交出了一份就业规模稳步扩大、城镇调查失业率下降、农民工就业总体改善的就业成绩单。

就业形势总体改善，得益于经济恢复向好。经济发展是民生改善、就业扩大的物质基础，就业状况很大程度取决于经济增长的质量和速度。上半年，国内生产总值同比增长 5.5%，增速比去年明显加快。6 月份城镇就业人数比上年同期明显增加。25 岁至 59 岁城镇劳动力失业率为 4.1%，已经低于 2019 年水平。二季度末，外出务工农村劳动力有 18705 万人，同比增长 3.2%，说明随着经济恢复，劳动者进入劳动力市场寻找工作的意愿在增强。可见经济恢复向好，促进了就业形势总体好转。

就业形势总体改善，也得益于全面落实就业优先政策。今年以来，河北发布 17 条稳就业政策，开发设置临时性公益岗位，对符合条件的困难毕业生发放求职补贴；江苏为用工规范、稳岗效果好的小微企业和个体工

商户发放稳岗扩岗类贷款约 435 亿元；云南将吸纳就业补贴范围扩大至所有经营主体和社会组织，增加受益主体 418.71 万户……各地出台的举措，为稳定就业基本盘发挥了积极作用。事实证明，办法总比困难多。多措并举稳存量、扩增量、提质量、兜底线，加大就业帮扶助企稳岗，完善公共就业服务，加强职业技能培训，就能为就业稳定创造更有利的条件。

也应看到，当前就业的总量压力和结构性问题仍然存在，青年人的"求职难"和部分行业"招工难"并存，稳就业需要持续加力。7 月 24 日，中共中央政治局召开会议，分析研究当前经济形势，部署下半年经济工作，强调"把稳就业提高到战略高度通盘考虑"。

稳就业，经济发展是根本。上半年，服务业增加值同比增长 6.4%，对扩大就业带动明显。科创企业、高新企业，以及就业容量大的新业态发展向好，也有潜力释放出更多新岗位。从高质量发展中开拓高质量就业空间，既有利于稳就业，也有利于促进高质量充分就业，进一步释放人才红利，为未来发展积蓄动能。

稳就业，政策保障需护航。推行失业保险稳岗返还"免申即享"，落实吸纳就业补贴、职业培训补贴"直补快办"，进一步强化政策引导，在保持稳就业政策总体稳定的同时，有针对性优化调整阶段性政策并加大薄弱环节支持力度，多渠道拓宽就业空间，就能确保就业大局稳定。

稳就业，服务帮忙畅渠道。把促进青年人特别是高校毕业生就业创业工作摆在更加突出的位置，加强对青年群体的就业服务，深入开展职业教育产教融合赋能提升行动，持续推动公共职业技能培训提质扩面；聚焦残疾、低保家庭等困难人群送信息、送服务、送政策、送保障……落实落细各项服务，可以助力增强就业的适配性稳定性。

习近平总书记强调："强化就业优先政策，健全就业促进机制，促进高质量充分就业。"就业关系到每一个劳动者的权益，关系到每一个家庭的幸福。笃定信心、稳中求进，创新思路、多措并举，我们定能形成促进高质量充分就业的强大合力，为经济发展注入强劲动能。

（2023 年 07 月 25 日）

扩大开放，推动外贸稳中提质

——从半年报里读懂中国信心③

罗珊珊

在外需收缩的背景下，中国外贸顶住了压力、稳住了规模、凸显了韧性，呈现稳中提质的向好趋势

在中国船舶上海外高桥造船有限公司，10 条汽车运输船的大订单让船坞呈现一派繁忙景象。今年上半年，我国汽车出口 214 万辆，同比增长 75.7%，带动汽车运输市场需求高涨，折射中国外贸的活力和潜力。今年上半年，我国进出口规模历史同期首次突破 20 万亿元，同比增长 2.1%。在外需收缩的背景下，中国外贸顶住了压力、稳住了规模、凸显了韧性。尽管外贸增速有所放缓，但我们继续保持货物贸易第一大国地位，且市场份额稳中有升。更值得注意的是，我国外贸呈现稳中提质的向好趋势。高品质、高技术、高附加值产品增势强劲，新市场、新模式不断涌现，不仅提高了当前我国外贸的"含金量"，也形成了新增长点使对外贸易保持增长。

新产品塑造新优势。上半年，电动载人汽车、锂电池、太阳能电池等"新三样"外贸出口产品合计出口增长 61.6%，拉动整体出口增长 1.8 个百

分点。相比于服装、家具、家电等外贸出口"老三样","新三样"具有高附加值、高技术含量、绿色低碳的特点。从"老三样"到"新三样",出口产品的变化,折射出我国外贸结构持续优化升级。加快技术创新,不断提高"中国智造"的科技含量和工艺水平,持续增强中国制造业的综合竞争优势,将为出口持续增长夯实基础。

新市场开辟新空间。在浙江宁波,第三届中国—中东欧国家博览会增进中国与中东欧国家的贸易往来;在湖南长沙,第三届中非经贸博览会激发中非经贸合作更大潜力;在广西南宁,将于9月举办的第二十届中国—东盟博览会蓄势待发……一场场经贸盛会,见证中国扩大高水平对外开放的坚定决心。在互利共赢基础上扩大同世界各国的经贸往来,既扩大了贸易朋友圈,也拓展了外贸增长空间。上半年,我国对"一带一路"沿线国家进出口增速接近两位数,对拉美和非洲等新兴市场分别增长7%和10.5%。这启示我们,挖掘外贸增长潜力,必须加快开拓多元化国际市场。

新业态激发新动能。跨境电商是发展速度最快、潜力最大、带动作用最强的外贸新业态,也是促进外贸转型升级、高质量发展的新渠道。今年上半年,跨境电商进出口1.1万亿元,同比增长16%。跨境电商快速发展,在"买全球、卖全球"方面的优势和潜力持续释放,为我国外贸发展注入新动能。尤其是,在国际贸易环境面临诸多不稳定不确定因素背景下,跨境电商以其低成本高效率,使一大批小微主体成为新型贸易的经营者,助推中小企业加快走向国际大市场。依托跨境电商综试区、综合保税区等开放平台,大力发展跨境电商等新业态新模式,将进一步激发外贸主体活力,提升外贸运行效率,稳定外贸产业链供应链。

不久前,习近平总书记在江苏省考察时强调,"推动外贸创新发展,不断巩固和拓展国际市场"。中共中央政治局7月24日召开会议,分析研究当前经济形势,部署下半年经济工作,强调"要多措并举,稳住外贸外资基本盘"。当前,外部环境复杂严峻,外贸确实有压力、有起伏、有挑战,但我国经济长期向好的基本面没有变,加上良好的产业体系和完备的生产能力,高水平开放的成效不断显现,外贸发展韧性足、回旋余地大。

不断创新扩大开放的新方式新举措，持续推动外贸转型升级，我们一定能进一步壮大外贸发展新动能，在日趋激烈的国际竞争中把握主动、赢得未来。

（2023 年 07 月 26 日）

持续挖潜，消费恢复态势好

——从半年报里读懂中国信心④

林丽鹂

当前我国正处在消费结构升级较快发展阶段，新型城镇化稳步推进，乡村振兴有效实施，消费相关基础设施不断完善，消费潜力巨大

早上 7 点，在南京农副产品物流中心 C 区水产市场，150 多家专售小龙虾的批发商户已经忙得不可开交。一家批发商户做了个对比，他家档口今年平均每天出货 3000 多斤，比去年同期增长了 50%。小龙虾销售的火爆，成为消费恢复向好的生动写照。

出行游玩增加了，亲友聚餐频繁了，可感可触的日常生活印证着消费总体呈现较快恢复态势。国家统计局发布的数据显示，上半年，全国餐饮收入同比增长 21.4%，全国电影票房同比增长 52.9%……各行各业的消费，汇聚成一股强大的力量，助推经济回升向好。上半年，最终消费支出对经济增长的贡献率达到 77.2%，拉动经济增长 4.2 个百分点，消费拉动经济增长的"主引擎"作用更加凸显。

总的来看，上半年消费潜力逐步释放，消费恢复态势向好，促进了经

济发展和民生改善。国际上一般认为，疫情过后消费和经济恢复正常，需要一年左右的时间。我国疫情平稳转段刚半年左右，经济循环、消费等已出现积极好转，实属不易。从全年来看，支撑消费增长的有利条件较多，特别是，上半年国内消费市场呈现出一些新趋势，进一步释放消费潜力有支撑、有基础、有条件。

优化供给点燃消费新亮点。上半年，限额以上单位金银珠宝类、体育娱乐用品类等升级类商品零售额同比分别增长 17.5%、10.5%，均保持较快的增速。此外，随着绿色发展理念深入人心，绿色商品消费需求持续释放，绿色智能产品、新能源汽车消费快速增长。升级类消费、绿色消费、智能产品消费正成为我国消费市场的新增长点。顺应消费升级趋势，制造业优化产品结构，增加高品质产品供给，才能更好满足消费新需求，助推消费市场进一步做大做强。

创新服务激发消费新潜力。天津市在老洋楼里打造沉浸式戏剧展演，四川省成都市推出"火锅巴士"，贵州省贵阳市建设星空露营基地……上半年，全国居民人均服务性消费支出同比增长 12.7%，出行类和接触型消费增势较好。不断创新消费场景、提升消费体验，现代服务业才能更好满足高品质、个性化的消费需求。继续运用新技术、开拓新场景、创造新模式，为消费者提供更好的消费体验，消费潜力将被更充分地挖掘。

乡村市场拓展消费新空间。上半年，乡村消费品零售额同比增长 8.4%，其中，二季度同比增速比一季度加快 4.6 个百分点。得益于农村居民收入较快增长，农村电商加快发展，农村市场升级类消费潜力正有效释放。农村既有追赶城市消费的新需求，也有产业下沉催生的消费新空间，还有城市居民入乡消费带来的新增量。加快挖掘和释放农村消费潜力，大有可为。

习近平总书记强调："要增强消费能力，改善消费条件，创新消费场景，使消费潜力充分释放出来。"中共中央政治局 7 月 24 日召开会议，分析研究当前经济形势，部署下半年经济工作，强调"要提振汽车、电子产品、家居等大宗消费，推动体育休闲、文化旅游等服务消费"。当前我国正处在消费结构升级较快发展阶段，新型城镇化稳步推进，乡村振兴有效实施，消费相关基础设施不断完善，消费潜力巨大。把恢复和扩大消费摆在优先位置，建立和完善扩大居民消费的长效机制，使居民有稳定收入能消费、没有后顾之忧敢消费、消费环境优获得感强愿消费，必能促进消费市场持续回暖，激发更大发展动能。

（2023 年 07 月 27 日）

深化改革，释放创新活力

——从半年报里读懂中国信心⑤

于　石

　　　　紧紧扭住技术创新这个战略基点，掌握更多关键核心技术，依靠科技创新转换发展动力

　　翻开半年报，加快实现高水平科技自立自强的成绩单亮眼。被誉为中国"争气机"的我国首台全国产化 F 级 50 兆瓦重型燃气轮机商业示范机组正式投入商业运行，国产大型客机 C919 首航成功，全球首台 16 兆瓦海上风电机组完成吊装……科技创新持续赋能高质量发展，成果丰硕，振奋人心。

　　创新是引领发展的第一动力。在加快实施创新驱动发展战略指引下，今年上半年，高技术生产彰显韧性。"神舟"升空、大飞机首航，带动航空航天器及设备制造业增加值同比增长 22.9%，航空航天铝材产量增长 23.3%；智能消费产品需求不断增加，带动智能消费设备制造相关行业增加值同比增长 12.0%，工业控制计算机及系统、虚拟现实设备等产品产量分别增长 34.1%、58.0%。创新发展动能积聚增强，使高技术制造业增长引擎作用继续显现。

科技是国之利器，国家赖之以强，企业赖之以赢，人民生活赖之以好。技术进步是经济增长的主要动力之一。以半导体行业为例，围绕破解"卡脖子"难题，上半年，我国半导体有关生产设备的生产保持高速增长，其中半导体器件专用设备制造、电子元器件与机电组件设备制造分别增长 30.9%、46.5%。科技创新是提高社会生产力和综合国力的战略支撑。紧紧扭住技术创新这个战略基点，掌握更多关键核心技术，依靠科技创新转换发展动力，高质量发展就能持续获得新动能。

企业是创新的主体，也是观察经济活力的窗口。截至今年 6 月底，我国国内拥有有效发明专利的企业达 38.5 万家，较去年同期增加 6 万家。高新技术企业、专精特新"小巨人"企业拥有有效发明专利 180.4 万件，同比增长 23.3%。传统制造企业加快数字化赋能、智能化升级，一批智能制造示范工厂生产效率平均提升了 34.8%，产品不良品率平均下降了 27.4%。创新型企业较快增长，传统制造业加速转型，折射我国经济运行整体好转。7 月 24 日召开的中共中央政治局会议强调："要继续实施积极的财政政策和稳健的货币政策，延续、优化、完善并落实好减税降费政策，发挥总量和结构性货币政策工具作用，大力支持科技创新、实体经济和中小微企业发展。"强化企业主体地位，推进创新链产业链资金链人才链深度融合，不断提高科技成果转化和产业化水平，高质量发展才能不断汇聚新优势。

如果说创新是中国发展的新引擎，那么改革就是必不可少的点火器。今年 7 月，2023 世界人工智能大会在上海举办，一批来自上海本土的人工智能技术与产品登场亮相。从制定出台促进人工智能产业发展的地方性法规，到编制实施人工智能算法创新行动计划、人工智能地方标准体系，一系列举措，为人工智能开发创造了良好的产业环境，人工智能产业呈现强劲发展态势。持续深化科技体制改革，大力培育创新文化，健全科技评价体系和激励机制，将为创新人才脱颖而出、尽展才华创造良好环境，为经济持续回升向好强根固本。

前不久，习近平总书记在江苏考察时强调："中国式现代化关键在科技现代化。"创新促发展，改革添动力。坚定不移全面深化改革，协同推进科技创新和制度创新，夯实科技自立自强根基，释放创新活力，中国未来可期。

（2023 年 07 月 28 日）

脚踏实地，做实做优做强实体经济

——从半年报里读懂中国信心⑥

刘志强

> 实体经济是我国发展的本钱，是我们在国际经济竞争中赢得主动的根基。富有"含金量"的半年报，更加坚定了我们做实做优做强实体经济的信心

翻看中国经济半年报，一个高频词引人关注——新能源汽车：上半年，产量、出口分别同比增长 35%、1.6 倍，还带动锂离子动力电池、充电桩产量同比增长 46.4%、53.1%。中国连续 8 年保持新能源汽车产销量全球第一，彰显中国制造的不凡实力，见证实体经济的稳健步伐。

习近平总书记强调，"要把实体经济特别是制造业做实做优做强"。中共中央政治局 7 月 24 日召开会议，分析研究当前经济形势，部署下半年经济工作，指出"要大力推动现代化产业体系建设，加快培育壮大战略性新兴产业、打造更多支柱产业"。实体经济是我国发展的本钱，是我们在国际经济竞争中赢得主动的根基。上半年，在全球经济增长低迷的大背景下，中国经济取得较快增速，与实体经济稳中向好密不可分。富有"含金

量"的半年报,更加坚定了我们做实做优做强实体经济的信心。

信心,来自表现亮眼的"大家伙"。今年以来,从高铁、飞机等运输装备到起重机、盾构机等工程机械,从钻井平台、储油平台等能源装备到收割机、播种机等农用机械,作为制造业脊梁的装备制造业保持了较好发展势头,有力支撑了工业生产稳步恢复。上半年,装备制造业增加值同比增长6.5%,对全部规上工业增长贡献率达53.9%。下一步,发挥好装备制造业规模大、覆盖广、带动作用强的优势,大中小企业融通创新,产业链上下游协同强链补链延链,实体经济基础会更实、底盘会更稳。

信心,来自动能强劲的"大马力"。开源桌面操作系统"开放麒麟1.0"发布,一系列先进通信芯片、车规级芯片相继问世,新技术加快涌现;工业机器人新增装机总量全球占比超50%,光伏产业链主要环节产量全球占比均超过70%,新产品加快推广;家电、服装等行业创新推出大规模定制、共享制造等模式响应市场需求,石化、冶金等行业实施产销一体化运营、跨工序质量管控等举措促进质效提升,新模式加速落地……广大经营主体点燃创新引擎、加快转型升级,让实体经济结构更优、水平更高、动能更强。当前,新一轮科技革命和产业变革加速演进,带来了挑战,也孕育着机遇。瞄准高端化、智能化、绿色化等方向深入推进新型工业化,在巩固传统优势产业领先地位的同时,勇于开辟发展新领域新赛道,实体经济将收获更强动能、迎来更多新的增长点。

信心,来自空间广阔的"大市场"。"大健康""可持续"等消费热点不断涌现,电动自行车、冰箱、空调等产品产量实现两位数增长……上半年,消费市场复苏回暖,有力撬动了订单增加、生产升温。从长远来看,拥有14亿多人口、超4亿中等收入群体的中国是全球最大最有潜力的市场,新型工业化、新型城镇化、乡村全面振兴、绿色低碳转型等加快推进,将为实体经济发展持续创造广阔需求。从实施先进制造业集群发展专项行动,到组织新能源汽车、智能家电、绿色建材下乡,再到发布《中共中央国务院关于促进民营经济发展壮大的意见》,随着一系列政策措施落地见效，经济循环将更畅通、活力将更充沛。

成绩可贵，未来可期。脚踏实地、坚守实业，加快建设现代化产业体系，实体经济必将更加根深叶茂，为高质量发展提供有力支撑。

（2023 年 08 月 01 日）

以发展的"含绿量"提升增长的"含金量"

——从半年报里读懂中国信心⑦

邹 翔

> 绿色循环低碳发展，是当今时代科技革命和产业变革的方向，是最有前途的发展领域，我国在这方面的潜力相当大，可以形成很多新的经济增长点

转一圈可发电 34.2 千瓦时！前不久，全球首台 16 兆瓦超大容量海上风电机组在福建海上风电场成功并网发电。目前，我国的非化石能源发电装机容量占比超过 50%，历史性超过化石能源发电装机容量，折射出我国绿色低碳发展的坚实步伐。

绿色发展是用最少资源环境代价取得最大经济社会效益的发展，是高质量、可持续的发展。今年上半年，我国经济增速的"含金量"较高，一个重要体现就是，绿色转型与经济增长的协同作用增强。从环境质量数据看，上半年我国整体空气质量优良率保持较高水平，国家地表水考核断面中，水质优良断面比例比去年同期上升 2.1 个百分点；从能源利用效率来看，上半年单位 GDP 能耗同比下降 0.4%，钢铁、原铝、水泥熟料等单位产品能效处于世界先进水平，5G 基站单站能耗较商用初期下降 20% 以上。

推动经济社会发展绿色化、低碳化是实现高质量发展的关键环节。发展的"含绿量"彰显增长的"含金量",标注绿色转型取得显著成效。

绿色转型不仅是节能降耗、降本增效的有力手段,也赋予产业更广阔的发展空间。绿色循环低碳发展,是当今时代科技革命和产业变革的方向,是最有前途的发展领域,我国在这方面的潜力相当大,可以形成很多新的经济增长点。上半年,在能源产业绿色转型引领下,光伏电池、风力发电机组等产品产量同比分别增长54.5%、48.1%,产业相关的绿色材料供给增加,其中太阳能工业用超白玻璃、多晶硅产量分别增长89.1%、86.4%。新能源汽车"扬帆出海",与之相关的汽车用锂离子动力电池、充电桩等产品产量同比分别增长46.4%、53.1%。绿色发展跑出"加速度",为国民经济持续恢复、总体回升向好提供了有力支撑。不断塑造发展的新动能、新优势,持续增强发展的潜力和后劲,就必须着力构建绿色低碳循环经济体系,全面提升传统产业绿色化水平,以发展的"含绿量"提升增长的"含金量"。

在安徽宿州,漂浮式光伏电站让"废水"变成全新的电站载体,实现了采煤沉陷区的"变废为宝";在宁夏灵武,宁东能源化工基地持续发力技术创新,实现了从"靠煤吃煤"到"点煤成金"的转变……放眼神州,一个个案例告诉我们,绿色生产生活方式加快形成,绿色产品、绿色行业发展势头良好,正成为经济发展新增长点,我们没有任何理由不抢抓新动能带来的新发展机遇。

习近平总书记在全国生态环境保护大会上强调:"要加快推动发展方式绿色低碳转型,坚持把绿色低碳发展作为解决生态环境问题的治本之策,加快形成绿色生产方式和生活方式,厚植高质量发展的绿色底色。"坚定不移走绿色发展道路,着力构建绿色低碳循环经济体系,完善绿色低碳发展经济政策,推进绿色低碳科技自立自强,我国经济持续回升向好定能积蓄澎湃的绿色动能。

（2023 年 08 月 03 日）

扩大内需，打开增长新空间

——从半年报里读懂中国信心⑧

燕　陆

经济发展中的堵点、痛点、难点、空白点，都是可以提质增效的发力点

"车身小巧、充电方便，买车还能享受 5000 元优惠。"最近，家住重庆九龙坡区走马镇的王东燕花费不到 5 万元，购置了一台新能源汽车，"1 公里电费只需 4 分钱，续航里程也够用"。这是支持新能源汽车下乡政策落地、有力撬动农村汽车消费市场的生动写照，也是深入实施扩大内需战略取得实效的具体例证。

上半年，随着扩大内需各项政策措施落地生效，国内消费较快恢复，投资持续增长，内需贡献稳步提升。翻开半年报，最终消费支出对经济增长的贡献率达到 77.2%，明显高于去年；固定资产投资同比增长 3.8%，有效投资对稳增长的关键作用持续发挥。一项项释放暖意的指标，折射内需潜力的持续释放。

习近平总书记指出，"内需是中国经济发展的基本动力"。新冠疫情防控平稳转段后，经济恢复是一个波浪式发展、曲折式前进的过程。只有人

享其行、物畅其流，流动的中国才能迸发出巨大活力，进一步激发内需潜力。今年以来，各地体育赛事、演唱会、戏剧表演等文体活动增多。上半年，全国居民人均文化娱乐支出同比名义增长 38.5%，全国电影观影人次增长 51.8%。截至 6 月 24 日，今年我国快递业务量已达 600 亿件，比 2019 年达到 600 亿件提前了 172 天，比 2022 年提前了 34 天。可感可知的生活，印证着国内需求的稳步复苏。大国经济具有内需为主导的显著特征。牢牢把握扩大内需这个战略基点，着力畅通国内经济大循环，才能充分用好超大规模市场这个宝贵的战略资源。

经济发展是一个供给与需求相互影响、不断升级的过程。从《扩大内需战略规划纲要（2022—2035 年）》《"十四五"扩大内需战略实施方案》加快落地，到有序推进"十四五"规划 102 项重大工程建设，通过政府投资和政策激励有效带动全社会投资；从出台一系列政策支持住房改善、新能源汽车、养老服务、家居等消费，到各地积极举办消费季、发放消费券……各地区各部门把实施扩大内需战略同深化供给侧结构性改革有机结合起来，疏堵点、破卡点、建机制、畅循环，以需求牵引供给、用供给创造需求，让中国经济不仅扩容了"量的优势"，也提升了"质的优势"。事实证明，经济发展中的堵点、痛点、难点、空白点，都是可以提质增效的发力点。只要我们创造有利的体制机制环境，采取适当的政策引导，就能够不断创造新的经济增长点。

近日召开的中共中央政治局会议强调，"要积极扩大国内需求，发挥消费拉动经济增长的基础性作用，通过增加居民收入扩大消费，通过终端需求带动有效供给，把实施扩大内需战略同深化供给侧结构性改革有机结合起来。"持续深化改革，积极扩大内需，建设更加强大的国内市场，我们定能打开经济增长新空间，推动我国经济实现质的有效提升和量的合理增长。

（2023 年 08 月 07 日）

从会种地变为"慧"种地

常　钦

我国农业进入高质量发展新阶段，乡村振兴全面推进，为农业生产经营、管理服务数字化提供了广阔的空间

前不久，在江西省鹰潭市余江区蓝田村，一台无人驾驶收割机引起记者关注。利用北斗卫星导航技术，收割机可按照设定路线进行作业，收割、脱粒、筛选、排草、卸粮装车等工序一气呵成，只需 10 分钟即可收割一亩多稻谷。放眼沃野田畴，从会种地变为"慧"种地，数字农业技术已覆盖农作物耕、种、管、收的各环节，为农业农村现代化注入新动能。

习近平总书记强调，"可以瞄准农业现代化主攻方向，提高农业生产智能化、经营网络化水平，帮助广大农民增加收入"。近年来，我国实施数字乡村战略，加快 5G 网络建设，推动物联网、大数据、云平台等新技术与农业深度融合，数字技术在农业领域得到广泛应用，成为提升农业生产效率、推动农业绿色发展的重要抓手。

以数字化赋能农业发展，不仅能促进传统农业转型升级，还可以让数据流带动资金流、技术流等向农村集聚，为乡村产业振兴创造新的可能。从生产来看，生产智能化助力提升农业生产效率。精准播种、智慧灌溉、

高性能智慧农机等技术和装备的推广，让农民种田效率大大提升。从管理来看，苹果、大豆等全产业链大数据建设试点稳步推进，信息加速整合共享开放，越来越多的农业大数据转起来、用起来，促进农业生产组织更精准高效。从经营来看，经营网络化助力电商新业态蓬勃兴起。得益于互联网技术的应用，农产品产销对接更加顺畅，这既有助于农民增产增收，也推动了直播电商等新业态在农村地区的发展。

当前，我国数字农业发展仍相对滞后，面临诸多挑战。也要看到，我国农业进入高质量发展新阶段，乡村振兴全面推进，为农业生产经营、管理服务数字化提供了广阔的空间。"十四五"时期是推进农业数字化的重要战略机遇期，我们必须把握发展机遇，加快数字技术推广应用，为农业插上数字化翅膀。

应在提升粮食生产智能化水平上下功夫。粮食安全是"国之大者"，抓好粮食生产是经济社会稳定发展的重要基础。通过数字赋能，可为粮食生产提供有力支撑。比如，可以利用卫星遥感、航空遥感、地面物联网等手段，动态监测粮食种植类型、土壤墒情、作物长势、灾情虫情，及时发布预警信息，提升生产管理信息化水平；可以推动智能控制技术与装备在大田种植的集成应用，建设水肥药精准施用、农机智能作业与调度监控等系统，推进粮食生产经营智能管理；还可以围绕粮食生产，提供分区域、分作物、分灾种的精细化农业气象服务，整合共享粮食全产业链数据，推动与气象、病虫害、种植、产量等数据共享共用。

还应在加快农业全产业链数字化转型上做文章。加强农业全产业链建设是发展乡村产业、促进农民增收的重要举措。数字技术在这方面大有可为。比如，通过加强重要农产品生产和市场监测，推进农产品批发市场、商超、电商平台等关键市场交易环节信息实时采集、互联互通，能有效提升农业生产经营的抗风险能力。再比如，加强食品农产品认证全过程信息追溯，升级完善食品农产品认证信息系统，有利于推动实现农产品从田间地头到百姓餐桌的全过程监管。着眼农业全产业链数字化转型，找准发力点，用好数字技术，就能更好激发数字农业的潜能。

农业数字化是农业提质升级的重要路径。加快农业农村生产经营、管理服务数字化改造，全面提升农业农村生产智能化、经营网络化、管理高效化、服务便捷化水平，以数字化引领驱动农业农村现代化，农业高质量发展的未来图景值得期待。

（2023 年 07 月 21 日）

深入推进蓝天保卫战

尹双红

一点一点驱散雾霾、夺回蓝天，背后是生态文明制度体系的不断完善、环境治理能力的日益提升，彰显着我国独特的制度优势

北京奥林匹克公园，碧水蓝天相映成画；福建永安贡川风电场，夜空繁星闪烁；四川成都，城市与雪山遥遥相望……在世界环境日"建设人与自然和谐共生的现代化"主题展览现场，"晒晒我的'家乡蓝'"摄影作品吸引了众多参观者驻足观看。从记忆里的"雾霾围城"，到如今各地摄影爱好者争相"晒蓝天"，一张张照片，直观展示了新时代蓝天保卫战的巨大成就。

习近平总书记指出："良好生态环境是最公平的公共产品，是最普惠的民生福祉。"党的十八大以来，以习近平同志为核心的党中央把生态文明建设摆在全局工作的突出位置，把坚决打赢蓝天保卫战作为重中之重，以空气质量明显改善为刚性要求，推动我国成为世界上治理大气污染速度最快的国家。

十年来的非凡成就，体现在可感可知的变化之中。在北京，过去要在郊区才能拍摄的"星轨"，如今在市区就能拍到；河南安阳昔日"职工不敢

穿白衬衣"的钢铁厂，变成国家 3A 级旅游景区；河北石家庄摄影爱好者王汝春的电脑里，曾经名为"追踪雾霾"的相册，改名为"追踪蓝天"。老百姓的生态获得感持续提升，幸福生活的生态底色不断擦亮。从建成世界最大的清洁煤电体系，到不断扩大可再生能源装机规模，从力推钢铁全流程超低排放改造，到淘汰老旧及高排放机动车，为了打赢蓝天保卫战，我国持续提升能源结构、产业结构、交通运输体系低碳化、绿色化水平，推动经济社会发展绿色转型步伐不断加快。

曾几何时，对于大气污染治理，有人认为"只能靠天刮风"。新时代以来，我国把不可能变成了一定能，得益于一套周密的制度体系发挥作用。2013 年以来，《大气污染防治行动计划》《打赢蓝天保卫战三年行动计划》相继实施，《中华人民共和国大气污染防治法》两度修订完善，一系列顶层设计、制度安排为打赢蓝天保卫战保驾护航。与此同时，生态环境保护督察、污染信息公开、按日计罚等制度把降污减排责任压实，我们以强有力的执行把制度优势转化为治理效能。针对空气污染跨越地域的特点，构建大气污染联防联控机制，形成齐抓共管的合力。2013 年至 2022 年，十年蓝天保卫战，全国重点城市 PM2.5 平均浓度下降了 57%，重污染天数下降了 92%，燃煤锅炉由 52 万台下降到不足 10 万台。可以说，一点一点驱散雾霾、夺回蓝天，背后是生态文明制度体系的不断完善、环境治理能力的日益提升，彰显着我国独特的制度优势。

成绩喜人，也要清醒意识到，生态环境保护是一项长期任务，不可能毕其功于一役。一方面，我国产业结构偏重、能源结构偏煤，柴油货车污染尚未有效解决；另一方面，近两年，臭氧已成为仅次于 PM2.5 的影响全国空气质量优良天数比例的第二大因素，大气污染防治形势依然严峻。面对气象条件相对不利和污染物排放量显著增加的双重压力，要以更多确定性的污染物减排量来冲抵气象不利条件的不确定性影响。回应民之所呼，及时研究新情况、解决新问题，才能继续打好蓝天保卫战，推动空气质量持续改善。

在全国生态环境保护大会上，习近平总书记强调："要持续深入打好污染防治攻坚战，坚持精准治污、科学治污、依法治污，保持力度、延伸深度、拓展广度，深入推进蓝天、碧水、净土三大保卫战，持续改善生态环境质量。"坚定不移走生态优先、绿色发展道路，齐心协力巩固蓝天保卫战成果，我们一定能让蓝天常驻，空气常新。

（2023 年 07 月 20 日 ）

人才与城市发展应互相成就

康　岩

对城市而言，青年代表着未来，人才是发展关键。一段时间以来，各地加强多主体供给、多渠道保障，推行了一系列城市保障性租赁住房筹集计划，加快解决符合条件的新市民、青年人等群体的阶段性住房困难问题。比如，浙江杭州明确今年筹建保障性租赁住房 7 万套（间），江苏苏州今年计划新增青年人才公寓 2 万套，加快打造一批高品质人才社区。让在城市奋斗的各类人才拥有稳定住所，是健全社会保障体系的重要体现，有助于提升他们在城市生活中的获得感、幸福感、安全感，让人才发展与城市发展互相促进、互相成就。

栽下梧桐树，引得凤凰来。要吸引人才到来，就要尽最大努力解决人才的后顾之忧。除了解决好住房问题，还要努力营造待遇适当、保障有力的生活环境。比如，山东济南发放人才服务金卡 4322 张，落实高层次人才绿色通道服务待遇 5600 余人次，设立 75 所人才子女"定点储备校"，助力人才兴业发展、乐业安居。办好人才安居住房、子女入学、配偶就业等具体细微的民生实事，才能让人才心无旁骛工作，为城市发展贡献力量。

吸引人才、留住人才，还要搭平台、给舞台，在培养使用、人才服务、文化氛围营造等方面精耕细作。比如陕西渭南高新区，围绕区内重点产业链推广"校区合作"模式，完善"产业＋高校＋人才"机制，依托 3D 打印产业基地、中创高科云谷等创新创业园区，积极为各类人才施展才华提供全方位服务。推动高校与企业合作，共建重点实验室、技术中心等创新平台，不仅能造就和汇聚一批高端人才、创新型人才，厚植人才优势，还可以帮助高校毕业生等青年更好地实现从校园到职场的无缝衔接，为城市发展积累后备人才。

城市间的竞争，归根结底是人才的竞争。充分发挥人才优势，既要创造公正平等、竞争择优的制度环境，也要营造鼓励创新的良好氛围。激发各类人才的创新创造活力，才能把人才优势转化为创新优势、科技优势、产业优势。想方设法打造培育人才、吸引人才、留住人才的"强磁场"，加速人力资本积累，激发"人才红利"，才能更好开辟新领域、新赛道，塑造新动能、新优势，为高质量发展不断注入强劲动力。

人才为兴邦之本，人才乃成事之基。人才流动往往伴随着技术、资金、信息等多方面要素的流动，其中蕴含着充沛的发展动能。各个城市敞开"聚天下英才而用之"的宽阔胸怀，厚植创新创业沃土，完善支持人才各类制度举措，努力把潜在人才"挖"出来、把紧缺人才"引"进来、把更多人才"聚"拢来，城市的高质量发展之路就会越走越顺，越走越宽。

（2023 年 07 月 19 日）

全力以赴做好防汛救灾工作

王　浩

防汛救灾关系人民生命财产安全，关系粮食安全、经济安全、社会安全、国家安全，是件"天大的事"，要始终绷紧责任之弦

滚动预报、密集会商、科学调度、紧急救援……当前正值"七下八上"防汛关键期，极端天气多发，各地区各部门闻"汛"而动，与洪水赛跑，全力以赴做好防汛救灾工作。

前不久，习近平总书记对防汛救灾工作作出重要指示，要求"各级党委和政府要全面落实防汛救灾主体责任，各级领导干部要加强应急值守、靠前指挥，坚持人民至上、生命至上，守土有责、守土负责、守土尽责，切实把保障人民生命财产安全放到第一位，努力将各类损失降到最低"。近日，习近平总书记在江苏考察时强调，"各地区各部门要立足于防大汛、抗大旱、救大灾""提前做好各种应急准备"。防汛责任重于泰山，越是关键时刻，越要绷紧弦、勇担当，抓实抓细防汛救灾责任措施。

防汛救灾关系人民生命财产安全，关系粮食安全、经济安全、社会安全、国家安全，是件"天大的事"，要始终绷紧责任之弦。近年来极端天气事件呈现趋多、趋频、趋强、趋广态势，暴雨洪涝干旱等灾害的突发性、极端性、反常性越来越明显，突破历史纪录的水旱灾害事件频繁出现。据

预测，今年 7 月至 8 月，区域性洪水、干旱、高温热浪偏重。我们不能有丝毫懈怠心理，更加需要保持"时时放心不下"的责任感。2023 年全国防汛抗旱行政责任人、全国 726 座大型水库大坝安全责任人名单公布，每天抽查 100 座中小型水库督促责任人全面落实，防汛责任层层压实。也要看到，有的地方多年未遭暴雨洪涝，容易滋生松懈侥幸情绪。有的地方前期遭遇旱情，蓄水惜水，尚未做好旱涝急转的准备。防汛的测、报、防、抗、救等环节，环环相扣，必须周密部署、及早行动，才能让各项防备举措跑在洪水前面。相关责任人必须增强风险意识，树立底线思维，把防汛责任牢牢扛在肩上，以各项举措的确定性来应对汛情的不确定性。

扛稳防汛责任，必须下足绣花功。近年来，各地江河堤防、水闸等防洪设施不断完善，但也要看到，一些堤段的背水坡、地下深处存在蚁巢、獾洞，容易诱发渗漏、管涌险情。只有拉网排查、精准监测、定点修复，才能确保大堤在抵御洪水中发挥关键作用。中小河流源短流急，洪水形成时间短，加之防汛设施相对薄弱，容易成涝致灾。入汛以来，一些河流发生超警以上洪水，这再次为我们敲响警钟，要盯紧薄弱环节，预置抢险力量、物资和设备，做到早发现、早处理。城市内涝是防汛重点领域，地铁、地下车库、下穿立交桥等容易积水，防汛工作须早安排早部署；预警启动时间选择要精细，要引导市民合理安排出行，科学规划路线。思想认识到位，责任落实到位，才能确保防汛工作不留死角。

防汛救灾，落脚点始终是保障人民生命财产安全。各项措施必须充分考虑"人"的因素。比如，及时转移是保障人员安全最有效的措施之一，接到山洪预警、发现险情迹象，要立即转移受威胁区域人员。转移方案、食宿安排等应科学有效。提前做好各种应急准备，预案更精准，调度更精细，才能最大限度减少人员伤亡和灾害损失。

防汛之责，不仅在汛期。功夫下在平时，关键时刻方能从容。今年汛前，细化完善重要水库群联合调度方案、洪水调度方案，全面开展七大江河流域防洪调度实战演练，有效检验了方案、锻炼了队伍、提升了能力。流域防洪规划修编有序推进，防洪工程体系不断优化，数字孪生水利工程加快建设……这些举措为我们保障防洪安全增添了底气。在此基础上，进一步统筹好应急处突和长远规划，把工作做在前面、把功夫下在平时，才能不断提升防洪安全保障水平。

防汛救灾无小事。把责任落实到环环相扣的防汛链条中，抓细抓实各项防汛救灾措施，我们一定能筑牢防汛救灾的"铜墙铁壁"，确保江河安澜、群众安全。

（2023 年 07 月 18 日）

为青少年营造清朗网络空间

金 歆

推动职能部门、网络平台、家长等各尽其责，形成完整、有效的责任闭环，营造更加健康安全的网络环境

针对青少年的网络诈骗时有出现，一些短视频、游戏平台诱导沉迷，利用新技术向青少年传播不良信息……因心智不够成熟、上网用网较多等原因，未成年人长期受到互联网有害信息的侵扰。如何切实保护青少年身心健康，为其提供清朗健康的互联网环境，始终是广受社会关注的话题。

暑假来临，青少年上网时间增加，为保护好未成年人的用网环境，中央网信办不久前发布通知，开展为期两个月的"清朗·2023年暑期未成年人网络环境整治"专项行动，集中整治网上涉未成年人突出问题，持续净化网络生态。专项行动针对未成年人用户数量较大、对未成年人具有显著影响的网站平台以及儿童智能设备，重点聚焦7方面问题，旨在全面压缩有害信息隐形变异的生存空间，有效解决网络沉迷问题，坚决遏制侵害未成年人权益的违法行为。

近年来，通过开展"清朗"专项行动等举措，网信、公安、教育等部门对涉未成年人的互联网乱象打击整治成效显著，平台自律程度也不断提高。但也要看到，随着互联网新技术、新应用的出现，涉青少年的网络乱

象也在不断"花样翻新",给治理带来了新的挑战。比如,一些不法分子利用"AI换脸""AI绘图"等技术,对未成年人实施诈骗,或生成低俗色情图片视频向未成年人传播;有人运用技术手段,"有偿帮助"未成年人躲避防沉迷系统,谋取不正当利益;还有人通过虚假摆拍鼓吹"霸凌风""家暴妆"等畸形审美,传播以强凌弱、以暴制暴等不良内容。对这些问题,必须与时俱进加强监管,从深从细全面整治,从严从重处置处罚,为青少年营造清朗网络空间。

监管要针对新问题,提出新举措。专项行动重点聚焦的7方面问题,其中一些是借助新技术实现花样翻新;另一些是随着新技术、新应用出现而产生的新套路。因此,监管部门需要更加具有创新意识,善于发现"老问题"背后的新变种、打击"新问题"滋生的新套路。要重点巡查未成年人较为活跃的网站平台、产品功能和位置板块,受未成年人追捧的新技术、新应用,以及近年来流行的儿童智能设备自带的和第三方APP,及时发现处置各类反复反弹、隐形变异问题。

各网络平台应当进一步加强自律和内容管理。网站平台是信息内容管理第一责任人,要压实网站平台未成年人网络保护主体责任,督促属地平台成立工作专班,对照专项行动要求,切实提升未成年人网络保护能力和水平。除此之外,平台应增加优质网络内容供给,特别是在暑假期间,要多用积极向上又生动有趣的内容吸引青少年,大力传播正能量。家长也要尽到家庭教育责任,多关注子女假期生活,引导他们培养健康的兴趣爱好。

对孩子的成长来说,互联网用好了,就可以成为连接自己与世界、现在与未来的桥梁,反之则会带来危害。推动职能部门、网络平台、家长等各尽其责,形成完整、有效的责任闭环,营造更加健康安全的网络环境,定能让未成年人在充满阳光的数字世界健康成长。

(2023年07月14日)

牢牢守住药品安全底线

申少铁

> 防患于未然，始终保持利剑高悬、重拳出击的监管态势，才能确保药品安全

严厉打击通过网络违法违规销售药品行为，严厉打击无证生产经营药品、销售回收药品、从非法渠道购进药品等行为，对严重违法违规企业有关负责人实施联合惩戒、行业禁入、从业禁止……不久前，国家药监局启动为期一年半的药品安全巩固提升行动，旨在进一步规范药品市场经营行为，有效排查化解药品安全风险隐患，更好保障群众用药安全。

习近平总书记强调："要切实加强食品药品安全监管，用最严谨的标准、最严格的监管、最严厉的处罚、最严肃的问责，加快建立科学完善的食品药品安全治理体系，坚持产管并重，严把从农田到餐桌、从实验室到医院的每一道防线。"近年来，我国药品安全形势总体稳定。从治理体系看，药品管理法、《药品注册管理办法》、《药品召回管理办法》等一系列法律法规不断出台和修订，为药品安全保驾护航。从治理能力看，全国药监系统不断提升监管能力，加大药品监管力度。2022年，全国药监系统共查处"两品一械"案件15.36万件，消除了一批风险隐患，维护了药品市场秩序。

药品是治病救人的特殊商品，药品安全无小事。要清醒看到，我国药

品产业规模很大，药品研发、生产、运输、销售等环节的经营主体数量庞大，监管难度大，安全风险始终存在。国家药监局公布的数据显示，截至2022年底，全国共有药品生产企业7974家、药品经营企业64.39万家。随着经济发展，更多经营主体将进入药品产业。要严格市场准入，做好药品上市和生产经营许可审批，从源头上保障药品质量安全。同时，要压实药品经营主体责任，完善内部质量控制，加强风险隐患自查，通过普法培训、警示约谈等方式加强引导，督促企业建立健全质量管理体系。防患于未然，始终保持利剑高悬、重拳出击的监管态势，才能确保药品安全。

近年来，各地药监部门多次开展药品安全专项整治行动，对违法犯罪行为起到了有力的震慑作用。要总结好专项整治行动的有益经验，将其落实到常态化监管中，持续保持监管的高压态势，让铤而走险者没有空子可以钻。针对农村和偏远地区药品安全水平较低、风险隐患较多等问题，要加强监管力度，以检查核查、监督抽检等方式全面排查风险隐患，对于排查到的违法犯罪行为要严厉打击，确保药品安全可靠。

随着信息技术的发展，药品经营新业态也在不断出现，比如网络售药、微商、网络代购、直播售药等，经营行为点对点，隐匿性强，安全隐患大。面对新形势、新任务，药监部门要加强监管能力建设，应用大数据、人工智能等新技术，加强跨部门信息共享，提高监管的自动化、智慧化水平，最大限度消除监管盲区，让新业态在安全的轨道上更好发展。

药品安全责任重于泰山。防范化解药品安全风险隐患不可能一劳永逸，需要久久为功。坚持以人民为中心，严格市场准入，不断加大药品监管力度，提升监管能力，查风险、堵漏洞、补短板，牢牢守住药品安全底线，一定能保障群众用药安全，助力建设健康中国。

（2023 年 07 月 13 日）

进一步构建高质量充电基础设施体系

丁怡婷

着眼未来新能源汽车快速增长的趋势，从充电基础设施建设、运营、维护等环节统筹谋划，持续完善网络、提升服务水平

近年来，我国新能源汽车市场快速发展，人民群众的出行充电需求大量增加，对充电基础设施建设提出了更高要求。今年4月底召开的中共中央政治局会议提出："要巩固和扩大新能源汽车发展优势，加快推进充电桩、储能等设施建设和配套电网改造。"不久前，国务院办公厅印发《关于进一步构建高质量充电基础设施体系的指导意见》，要求按照科学布局、适度超前、创新融合、安全便捷的基本原则，进一步构建高质量充电基础设施体系。

充电基础设施为新能源汽车提供充换电服务，是重要的交通能源融合类基础设施。目前，我国已建成世界上数量最多、服务范围最大、品种类型最全的充电基础设施体系。但与此同时，充电基础设施仍存在布局不够完善、结构不够合理、服务不够均衡、运营不够规范等问题，"高速服务区节假日充电排长队""小区私人充电桩安装难""充电桩位置难找故障率高"等问题给人们带来困扰。构建高质量充电基础设施体系，有助于更好满足人民群众购置和使用新能源汽车的需要，释放新能源汽车消费潜力；从长远看也有助于推动交通运输绿色低碳转型，落实碳达峰碳中和目标任务。

构建高质量充电基础设施体系，首要在于优化完善网络布局，更好满足不同领域、不同场景充电需求。城际之间应打造有效满足新能源汽车中长途出行需求的城际充电网络。特别是高速公路服务区，应当加快建设采用大功率充电技术的充电基础设施。农村地区应确保充电基础设施在适宜使用新能源汽车的区域有效覆盖。部分城市中心城区公共充电基础设施服务半径已与加油站相当，但城市周边、热门公园景区等依然需要加强建设力度。建设形成城市面状、公路线状、乡村点状布局的充电网络，才能确保充电基础设施体系有力支撑新能源汽车产业发展，有效满足人民群众出行充电需求。

充电基础设施建设既要解决"有没有"的问题，也要解决"好不好"的问题。不少新能源汽车用户都经历过充电车位被占、高速服务区充电慢、充电桩出现技术故障、运营商 APP 操作繁琐等不便体验。不断提高充电服务经济性和便捷性，扩大多样化有效供给，全面提升服务质量效率，是构建高质量充电基础设施体系的题中应有之义。此次出台的指导意见提出，构建信息网平台，推动建设国家充电设施监测服务平台。未来，公共充电基础设施"一网直达"，充电桩与新能源汽车、城市和公路出行服务网等数据互联互通，新能源汽车的使用体验将得到进一步提升。

当前，浙江、广东的一些市县正推动建设"五分钟充电圈"，为绿色出行护航。然而，充电设施具有投资运营成本高、盈利能力弱、资本回收周期长等特点，加上部分居住区电力改造难度大，这对经营主体是不小的挑战。加大政策支持力度，为各类经营主体大显身手创造良好条件，才能确保充电基础设施体系"建得快""建得好"。

发展新能源汽车是我国从汽车大国迈向汽车强国的必由之路，是应对气候变化、推动绿色发展的战略举措。着眼未来新能源汽车快速增长的趋势，从充电基础设施建设、运营、维护等环节统筹谋划，持续完善网络、提升服务水平，将对交通运输绿色低碳转型、新能源汽车产业发展壮大形成更大的推动作用。

（2023 年 07 月 12 日）

像保护大熊猫一样保护耕地

常　钦

　　严守耕地红线，要统筹好发展与保护的关系，做到"稳总量、优布局、管用途、严追责"

　　耕地是粮食生产的命根子。不久前，公安部公布6起非法占用耕地犯罪典型案例，依法严厉打击非法占用耕地犯罪活动；农业农村部、自然资源部联合通报5起"大棚房"问题典型案例，及时纠正制止、严肃查处各种违法违规占用耕地建设非农设施的行为。各地区各部门充分认识耕地保护的极端重要性，采取"长牙齿"的硬措施保护耕地，"零容忍"管住新增问题，把"坚持最严格的耕地保护制度"落到实处，全方位夯实粮食安全根基。

　　习近平总书记强调，"耕地是我国最为宝贵的资源""保护耕地要像保护文物那样来做，甚至要像保护大熊猫那样来做"。党的十八大以来，我国坚持以最严格的制度、最严密的法治，管好用好每一寸土地，强化耕地数量保护和质量提升。从遏制耕地"非农化""非粮化"，到规范完善耕地占补平衡，再到全面落实党政同责，在各方的共同努力下，守住了18亿亩耕地红线，耕地持续快速减少的势头得到了初步遏制，全国耕地面积连续两年实现净增加。

　　保障粮食安全是一个永恒的课题，任何时候都不能放松。我国以占世界 9% 的耕地，养活了世界近 1/5 的人口，从当年 4 亿人吃不饱到今天 14 亿多人吃得好，有力回答了"谁来养活中国"的问题。然而，我国人多地少的基本国情没有改变，一些地方节约用地意识还不够强，违法违规占地以及耕地"非农化""非粮化"现象时有发生，冲击耕地保护红线的各类因素复杂交织，耕地保护任务仍然艰巨。严守耕地红线，要统筹好发展与保护的关系，做到"稳总量、优布局、管用途、严追责"，推进耕地数量、质量、生态"三位一体"保护。

今年中央一号文件提出，"严格省级党委和政府耕地保护和粮食安全责任制考核。"护好耕地，要强化地方政府主体责任，完善土地执法监管体制机制，坚决遏制土地违法行为。目前，耕地保护和粮食安全相关考核办法已经出台，对于突破耕地保护红线等突出问题将实行"一票否决"。截至 2022 年底，13 个粮食主产区均已推行田长制，并不断健全"党委领导、政府负责、部门协同、公众参与、上下联动"的耕地保护共同责任机制。稳住总量的同时，还要优化布局。主产区、主销区、产销平衡区要饭碗一起端、责任一起扛。通过经济奖惩措施，督促南方省份有计划、有节奏、分类别、分区域恢复一部分过去流失的优质耕地，以有效遏制"北粮南运"势头加剧。

今天的耕地就是明天的饭碗。保耕地，不仅要保数量，千方百计增加耕地后备资源，还要提质量，确保农田必须是良田。可以通过将建设占用耕地耕作层剥离再利用、开展农田连片整治等措施，实现粮田变良田、小田变大田。同时，加快推进高标准农田建设，提高建设标准和质量，真正实现旱涝保收、高产稳产。保护黑土地，治理盐碱地，兼顾数量与质量，加强耕地土壤改良、地力培肥和治理修复，开展综合治理和改造提升，才能让 18 亿亩耕地实至名归，让每寸耕地都成为丰收沃土。

饭从粮来，粮从地出。"十四五"期间，全国土地日的主题都是"节约集约用地　严守耕地红线"。织密耕地保护网，大力推进节约集约用地、减少占用耕地，为农业留下更多良田沃土，才能夯实国家粮食安全根基，助推绿色转型发展，端牢我们中国人自己的饭碗。

（2023 年 07 月 11 日）

树立正确的就业观

王继威

到祖国和人民最需要的地方发挥光和热，不仅能够留下无悔的青春记忆，而且将在基层磨砺中获得受用终身的精神财富

不久前，上海市人力资源社会保障部门牵头举办的一场大型线下招聘会，专门设置了"职业指导区"。出乎意料的是，这个区域排队最长。不同学生的能力特长、性格特点不同，职业发展方向有差异，因而往往需要个性化就业指导服务。因此，在多措并举拓宽就业岗位的同时，相关部门还需要耐心细致做好就业指导服务。对高校毕业生等青年而言，也要树立正确的就业观，找到自己的职业定位和奋斗方向，才能更好发挥个人价值、实现人生理想。

就业观是人生理想在职业选择上的具体体现，是一个人对职业目标的追求和向往。就业形势不断变化，就业预期各不相同，通过深入细致做好就业创业指导服务，可以帮助高校毕业生等青年树立正确的就业观，找准就业方向，增强就业信心。在今年就业促进周期间，教育部门和各高校着力加强就业观念教育，以帮助 2023 届高校毕业生顺利就业、尽早就业。

对高校毕业生等青年来说，积极的就业观念是顺利求职的催化剂和加速器，可以放大就业政策效应，增强措施效果，让自己更快找到合适的工

作。应该看到，不同的职业岗位，客观上确实存在着种种差异，就业者在专业特长、兴趣爱好等方面也存在差别。对高校毕业生等青年而言，关键是要找到我之所长与社会所需的结合点，保持平实之心，客观看待个人条件和社会需求，从实际出发选择职业和工作岗位。着眼长远，脚踏实地，在实践中一步步成长起来，增强学习能力和职业转换能力，才能在就业创业时掌握更多主动。比如，很多在世界技能大赛上获奖的青年，一开始只是车间普通的技术工人，后来通过不断钻研成长为某个领域顶尖的技能专家；有的技能人才通过自身努力，成为名牌大学的实践教学指导老师。这些都说明，树立积极的就业观念，从更长远视角看待当下就业和职业发展，才能让自己的职业生涯走得更稳，拥有更多可能性。

青春的样子，本就是有理想、敢担当、能吃苦、肯奋斗的样子。树立积极的就业观念，在乡村振兴、绿色发展、社会服务、卫国戍边等各领域各方面工作中争当排头兵和生力军，一样能实现青春的价值，还能为一生的奋斗奠定基石。在大学生志愿服务西部计划中，有的青年在打赢脱贫攻坚战中建功立业，有的青年成长为省级"优秀共青团员"，得到了磨砺和成长；在"三支一扶"计划中，大学生"新农人"把现代农业知识和技能带到农村，既助力端牢中国饭碗，又拓展自身的职业赛道。到祖国和人民最需要的地方发挥光和热，不仅能够留下无悔的青春记忆，而且将在基层磨砺中获得受用终身的精神财富，为走好职业生涯提供源源不断的滋养。

越是志存高远，越需要脚踏实地。树立正确的就业观，找到施展才干的一方舞台，莘莘学子定能克服各种困难和挑战，让青春在全面建设社会主义现代化国家的火热实践中绽放绚丽之花。

（2023 年 07 月 10 日）

多措并举拓宽就业渠道

邱超奕

> 抢抓毕业季的关键期，多措并举拓宽就业渠道，千方百计拓展就业岗位

促进高校毕业生等青年就业，政策保障持续发力。5 月中旬，中组部等五部门发文取消高校毕业生就业报到证，便利高校毕业生就业创业；教育部决定开展 2023 届高校毕业生就业"百日冲刺"行动。进入 6 月，人力资源社会保障部启动 2023 年百日千万招聘专项行动，为高校毕业生等群体提供超千万就业岗位。各地区各部门认真落实党中央决策部署，把做好高校毕业生等青年就业工作摆在更加突出的位置，以更大力度接续推出稳岗拓岗促就业政策，形成促进高校毕业生等青年就业的合力。

抢抓毕业季的关键期，多措并举拓宽就业渠道，千方百计拓展就业岗位，才能有效稳定和扩大高校毕业生等青年就业。拓宽就业渠道，首先要稳住企业这个"基本盘"。企业是吸纳高校毕业生等青年就业的主渠道。企业发展有活力，吸纳就业才更有动力。扩补贴，一次性吸纳就业补贴政策对象扩展到离校两年内未就业毕业生和登记失业青年；降税费，招用登记失业半年以上的高校毕业生，可予以定额依次扣减增值税、教育费附加、企业所得税等优惠；发贷款，小微企业当年新招用高校毕业生等达到一定

比例的，可发放创业担保贷款……今年以来，一份份减负稳岗政策"礼包"精准发力，提升企业招用高校毕业生的积极性。政策支持下，餐饮、旅游等一批就业容量大的服务业加快恢复，就业带动作用明显增强。

拓宽就业渠道，要大力开发新职业这片蓝海。近年来，数字经济和实体经济深度融合，新产业新业态新模式不断涌现，衍生出许多新的就业增长点。人工智能训练师、工业机器人系统运维员、物联网工程技术人员……与2015版相比，《中华人民共和国职业分类大典（2022年版）》净增158个新职业，并首次标注了97个数字职业。这些新职业释放出大量就业新机遇，为高校毕业生等青年创造了广阔发展空间。据预测，仅智能制造领域，到2025年我国人才需求就将达900万人，缺口450万人。当前，各地区各部门对高校毕业生等青年群体广泛开展职业技能培训和就业见习，提升其创新能力和专业素质，并加快新职业规范培育和标准开发。这有利于广开就业门路，充分挖掘岗位潜力，拓宽高校毕业生求职视野，增强他们的择业、创业能力，形成更多人才红利。

拓宽就业渠道，还要用好基层这个干事创业的大舞台。乡村振兴战略全面实施，新型城镇化建设如火如荼，为高校毕业生施展才干、建功立业提供了广阔天地。近年来，人力资源社会保障部等部门组织实施"三支一扶"等基层服务项目。今年，有关部门继续稳定扩大"特岗计划""三支一扶""西部计划"等招募规模，并按规定给予优惠政策；多地公务员招录也向基层、边远地区倾斜。这些政策将有效引导高校毕业生扎根一线、砥砺成才，为推进基层治理体系和治理能力现代化注入青春力量。

解决好高校毕业生等青年的就业问题，既关系实现个人价值和家庭幸福，更关乎国家长远发展和社会和谐稳定。各地区各部门各高校尤其要对脱贫家庭、低保家庭、零就业家庭以及有残疾的、较长时间未就业的高校毕业生倾注更多关心。展望全年，随着经济运行回升向好，就业优先政策持续显效，各方压实责任、兜牢底线，广大毕业生积极主动、全力以赴，高校毕业生等青年就业工作一定能取得新成效。

（2023 年 07 月 07 日）

多渠道增加城乡居民收入

贾　壮

居民收入增长能为消费复苏提供良好基础。多措并举，拓宽渠道，综合发力，才能推动居民收入持续增长，更好释放消费潜力

贵州榕江，"村超"看台上人声鼎沸；陕西华山，游客举起手机频频打卡……这些鲜活场景，显露出老百姓对美好生活的热切向往。恢复和扩大需求是当前经济持续回升向好的关键所在，而强烈的消费意愿要想转化为消费行动，离不开消费能力和稳定收入预期的支撑。在这个意义上，想方设法增加居民收入，可谓切中扩内需、稳增长的肯綮。

增加居民收入是增进民生福祉、扎实推进共同富裕的必然选择。从天下为公、大同世界，到民惟邦本、本固邦宁，自古以来我国就形成了内涵丰富的民本经济观。中国共产党坚持以人民为中心的发展思想，把为民造福作为最重要的政绩。党的二十大报告提出，"居民收入增长和经济增长基本同步，劳动报酬提高与劳动生产率提高基本同步"。这一发展目标，为稳步增加居民收入指明了方向。

从现实需要看，居民收入增长能为消费复苏提供良好基础，有助于进一步畅通国民经济循环。当前居民可支配收入增速虽然领先于国内生产总值增速，绝对速度却在放缓，一定程度上影响到居民消费意愿和消费能力。今年4月底召开的中共中央政治局会议提出，要多渠道增加城乡居民收入。

落实落细就业优先政策，稳定市场主体，完善分配制度，创新收入分配方式，健全多层次社会保障体系……多措并举，拓宽渠道，综合发力，才能推动居民收入持续增长，更好释放消费潜力。

经济增长对居民收入具有推升作用，稳增长对于稳收入至关重要。就业是居民收入的主要来源，而就业与经济增长之间关系密切。改善营商环境、降低融资成本、带动社会投资等政策举措，都是应对周期波动、扩大就业的有效办法。目前，各地按照中央部署要求，把实施扩大内需战略同深化供给侧结构性改革有机结合起来，突出做好稳增长、稳就业等工作，已经收到积极效果。依靠产业带动和必要的政策激励，鼓励创业、扩大就业，将为增加城乡居民收入打下坚实基础。

分配制度是促进共同富裕的基础性制度。近期，国家发展改革委组织召开深化收入分配制度改革部际联席会议年度全体会议，明确了今年收入分配领域重点工作安排，围绕持续完善初次分配制度、逐步健全再分配调节机制、更好发挥第三次分配作用等方面提出了多项举措。下一步，我们要努力提高居民收入在国民收入分配中的比重，提高劳动报酬在初次分配中的比重，通过完善按要素分配政策制度，探索多种渠道增加中低收入群众要素收入，多渠道增加城乡居民财产性收入；同时，加大税收、社会保障、转移支付等的调节力度，引导、支持有意愿有能力的企业、社会组织和个人积极参与公益慈善事业。

提高居民收入，不能让任何人掉队。强化困难群体帮扶，兜牢民生底线，应成为政策必选项。近年来，中央和地方的社会保障网越织越密，受益群体不断扩大。以深化改革为抓手，加快健全多层次社会保障体系，加大对养老、医疗等基本公共服务的投入，有助于进一步稳定居民收入预期、提升消费意愿。

面向未来，以提高居民收入为支点撬动更多宏观政策，努力实现扩大有效需求、做强做优实体经济、防范化解风险等政策目标，必将为经济高质量发展提供强劲助力，让人民生活更加幸福美好。

（2023 年 07 月 06 日）

我国就业形势总体稳定

李克济

就业是最基本的民生，是经济发展的"晴雨表"、社会稳定的"压舱石"

我国经济持续恢复向好，对就业带动作用会不断增强，就业形势将在总体稳定基础上不断改善

切实把就业这个最大的民生工程、民心工程、根基工程抓好，增强就业的适配性稳定性，扎实做好高校毕业生等青年就业工作

前不久，人力资源社会保障部部署启动2023年高校毕业生等青年就业服务攻坚行动。针对登记失业青年和2023届离校未就业毕业生开展服务；针对未就业困难毕业生及长期失业青年，制定"一人一策"帮扶计划；6月底前，形成登记失业青年帮扶台账……一系列务实举措，为保障高校毕业生等青年就业提供有力支撑。

就业是最基本的民生，是经济发展的"晴雨表"、社会稳定的"压舱石"。习近平总书记高度重视就业工作特别是青年就业工作，强调"要在推动高质量发展中强化就业优先导向""强化就业优先政策，健全就业促进机制，促进高质量充分就业"。4月28日召开的中共中央政治局会议强调："要切实保障和改善民生，强化就业优先导向，扩大高校毕业生就业渠道，

稳定农民工等重点群体就业。"今年以来，各地区各部门落实落细就业优先政策，千方百计稳存量、扩增量、提质量、兜底线。当前，国民经济整体恢复向好，稳就业政策持续显效，就业形势总体稳定。

从统计数据来看，5月份，全国城镇调查失业率为5.2%，与上月持平，失业率今年以来整体呈下降态势。分年龄看，就业主体人群失业率继续下降，5月份25—59岁就业主体人群失业率为4.1%，比上月下降0.1个百分点，连续3个月下降，说明就业基本盘总体稳定，而且还在改善；分群体看，进城务工农民工失业率继续降低，5月份外来农业户籍劳动力失业率为4.9%，比上月下降0.2个百分点，连续3个月下降，农民工就业总体向好。同时也要看到，当前就业总量压力和结构性问题仍不容忽视，青年人就业压力依然较大。接下来，要加大政策支持力度，把促进高校毕业生等青年就业工作摆在更加突出的位置，形成全社会共同支持青年就业的强大合力。

稳就业，经济发展是根本。就业状况很大程度上取决于经济增长的质量和速度。要看到，我国经济韧性强、潜力大、活力足，长期向好的基本面没有变，这为保持就业形势总体稳定奠定了坚实基础。今年以来，国内需求稳步扩大，消费带动作用增强，市场用工需求增加，促进就业形势整体好转；服务业增势较好，促进就业容量扩大，交通运输、住宿餐饮、旅游等行业较快增长，对就业的带动作用明显增强。这都说明，我国经济持续恢复向好，对就业带动作用会不断增强，就业形势将在总体稳定基础上不断改善。我们完全有底气、有理由相信，随着经济持续好转，高校毕业生等青年就业将逐步改善。

随着高校毕业季的到来，一系列稳就业政策不断发力。接连推出延政策、增信贷、降成本举措，为广大企业减负担、增后劲，支持中小微企业和民营企业吸纳就业，助力企业留工稳岗；发挥创业带动就业的作用，激发新业态新模式创造就业的潜力，促进新岗位新职业不断涌现，培育更多就业增长点；健全完善就业公共服务体系，开展职业技能培训，促进信息互联互通、资源共享，提高人岗匹配效率……当前，各地区各部门打出政策组合拳，从帮扶经营主体、拓宽就业渠道、促进供需匹配、完善就业服务等各方面多管齐下，为高校毕业生等青年就业提供有力的政策托举。

就业稳则民心安、社会稳。着眼经济发展大势，我们对稳就业具有坚定信心、稳定预期。切实把就业这个最大的民生工程、民心工程、根基工程抓好，增强就业的适配性稳定性，扎实做好高校毕业生等青年就业工作，不仅将提升千家万户的民生福祉，更将为经济社会高质量发展提供强大的人力资源支撑。

（2023 年 07 月 05 日）

让医疗服务更高效贴心

申少铁

医疗卫生机构要及时回应群众期盼，着力解决群众反映强烈的问题，提供高质量、多元化、个性化的服务

运用人工智能等手段提高预约的精准度，完善预约诊疗制度；进一步优化门诊流程设计，缩短患者在门诊的滞留时间；针对老年人、儿童、残疾人等特殊群体，做好就诊环境的适老化、无障碍等改造……不久前，国家卫生健康委、国家中医药管理局联合印发《改善就医感受　提升患者体验主题活动方案（2023—2025年）》，围绕看病就医全流程提出6个方面共20条具体举措，并公布了27项评估指标。这为医疗机构进一步优化改进医疗服务明确了工作方法和路径。

为人民健康服务是我国医疗卫生机构的神圣职责。党的十八大以来，我国全面深化医改，坚持用中国式办法破解医改这个世界性难题，着力构建优质高效的医疗卫生服务体系。也应看到，由于地区差异、城乡差异等客观因素，一些偏远落后地区的医疗机构服务水平还不高；在一二线城市的一些大医院，仍存在挂号难、候诊时间长、停车难等现象，距离群众期待有差距。医疗卫生机构要及时回应群众期盼，着力解决群众反映强烈的问题，提供高质量、多元化、个性化的服务。

医疗健康服务是医疗卫生机构的核心业务，必须完善管理、创新理念和模式，改善全流程就医服务。从诊前看，要完善预约诊疗制度，提供多种途径、多种有效证件的预约；大医院向基层医疗机构开放一定比例的号源，发挥预约转诊的积极作用。从门诊看，一方面要鼓励开设麻醉、疼痛、健康管理等新型门诊，提供更丰富的诊疗服务；另一方面，要进一步优化门诊流程设计，缩短患者等待时间。从住院看，要建立健全日间医疗服务制度，为住院患者提供更加优质的诊疗护理服务。从诊后看，要加强诊后管理与随访，方便出院患者获得院外康复和延续性治疗机会。

数据多跑路，患者才能少跑腿。善用互联网、大数据、人工智能等新技术，有助于让医疗服务更优质高效。目前，我国大部分医疗机构开展了网络预约诊疗、手术、住院等服务，但网络卡顿、设备陈旧、维护不及时等问题时常给就诊者造成困扰，网络服务质量有待提高。近年来，互联网医疗的出现，极大方便了群众就医，但服务内容还不够丰富。医疗机构特别是大医院要更好发挥互联网医院的作用，推动科室服务和药学服务上网入"云"，把更多不必到门诊的复诊服务转移到网络上，减少患者异地奔波。

医学是科学与人文的统一体，精湛的医技和温暖的人文关怀都属于优质医疗服务，二者缺一不可。打造清新优美的环境，进行适老化、无障碍改造，建设儿童友好型医院……从患者角度来看，舒适的就诊环境、温暖的医护服务，对于病体康复和身心健康都有很大帮助。改善群众就医体验，必须更加重视人文关怀。

健康是人民永恒的追求，改善就医体验没有止境。随着经济社会快速发展，人民群众对健康服务的需求也在不断增长，不仅要看上病、看得好病，还要看病更舒心、服务更贴心。《"健康中国2030"规划纲要》提出："优化诊疗流程，增强患者就医获得感""加强医疗服务人文关怀"。广大医疗卫生机构应当始终坚持以人民为中心、以公益性为导向，不断提升医疗服务质量和效率，切实增强人民群众就医获得感、幸福感、安全感。

（2023 年 07 月 04 日）

推动虚拟人产业健康规范发展

韩　鑫

作为一种面向未来的新技术，虚拟人产业的健康成长，有赖
于技术创新和监管护航的双轮驱动

虚拟主播上线新闻节目、数字员工与客户在线互动、虚拟偶像亮相剧
场舞台……近年来，从文娱传媒到金融科技，虚拟人产业应用领域不断拓
展，一大批虚拟人入职不同岗位，大显身手。相关机构预测显示，到2030
年，我国虚拟人产业整体市场规模将达到2700亿元，成为壮大数字经济
的新增长点。

作为以数字技术打造的拟人化形象，虚拟人产业之所以能蓬勃兴起，
关键在于市场需求广阔、应用场景丰富。从消费端看，无论是新闻播报、
舞台竞演还是生活陪伴，语气、样貌及姿态都"形似人"的虚拟人，能给
人们提供线上线下融合的沉浸式交互体验，比如情感交流、娱乐服务等，
不断满足人们对美好生活的向往。从企业端看，作为企业重要的数字资产，
生成速度快、生产成本低的虚拟人，不仅能助力企业降本增效、释放生产
力，还能根据不同业务特点和应用场景，孵化千行千面的数字员工，从而
为客户提供差异化、个性化的服务，提升市场竞争力。

虚拟人应用的步伐加快，也得益于数字技术的持续创新和产业链的不

断完善。当前，我国已基本形成较为完整的虚拟人产业生态，虚拟人产业总体呈现快速发展的态势。渲染引擎和算法迭代优化，让形象更加精致细腻；人工智能技术持续完善，为虚拟人注入"有趣的灵魂"；建模技术发展，推动虚拟人制作成本下降、周期缩短……从技术研发、内容制造到平台运营、应用推广，趋于成熟的产业链上下游，让虚拟人拥有更强健的硬件、更细腻的表情、更自动化的流程，助力虚拟人产业加快走向成熟。

产业前景可期，但挑战犹存。作为一种面向未来的新技术，虚拟人产业的健康成长，有赖于技术创新和监管护航的双轮驱动。

一方面，要在人机交互、虚拟现实和 3D 显示设备等关键核心技术上不断突破，从单向展示的身份型虚拟人向双向交互的服务型虚拟人转变，推动虚拟人加速迈入大规模应用期，为消费市场和企业服务创造更大价值。以核心技术和核心设备为依托，一大批"听得清、听得懂、会表达"的虚拟人深度融合千行百业，将成为重塑产业竞争优势的新生产力，通过更高效的产业协作，为经济增长注入新动能。

另一方面，技术创新进入深水区、前沿地带，法治是最可靠的轨道。作为由新一代信息技术支撑的新业态，虚拟人快速发展延伸出的数据安全、个人隐私保护和伦理风险需同步纳入考量。相关部门不妨紧跟创新需要，及时健全合规体系，让虚拟人产业在法治轨道上实现健康规范发展。不久前，杭州互联网法院就审理了首例涉"虚拟数字人"侵权案。依法保护打造和驱动虚拟人背后的知识产权，积极回应人工智能司法保护新需求，才能有力维护和促进产业健康发展。

发展数字经济是大势所趋。随着 5G、人工智能、虚拟现实等新一代信息技术的蓬勃发展，在不远的未来，虚拟人有望成为数字世界和现实世界的交互入口，为人们带来更智能、更沉浸的数字生活新体验。我国在虚拟人产业领域具有足够的技术储备、市场规模和应用场景，把握机遇、乘势而上、深挖潜力，定能为做强做优做大我国数字经济作出新贡献。

（2023 年 07 月 03 日）

立足数字化营造文化新体验

智春丽

点开"数字敦煌"资源库，便可浏览洞窟高清图像；通过"8K+5G"高清直播，就可欣赏国家大剧院高水平音乐会；想探知传统建筑奥秘，可以借助 VR 游戏体验中国古典园林的诗意之境……跨越时空、人机互动、虚实相融，数字技术正在逐渐改变人们的文化生活。

《关于推进实施国家文化数字化战略的意见》提出，"大力发展线上线下一体化、在线在场相结合的数字化文化新体验"。随着国家文化数字化战略的推进实施，一幅流光溢彩的中华文化全景图正在徐徐展开。以海量存储、即时互动、全息呈现等为特征的数字化技术，正不断创新表达方式、丰富文化形态、拓展消费场景。国家统计局数据显示，2022 年，文化新业态特征较为明显的 16 个行业小类实现营业收入 43860 亿元，比上年增长5.3%，快于全部规模以上文化企业 4.4 个百分点；其中，数字出版、娱乐用智能无人飞行器制造、互联网文化娱乐平台和可穿戴智能文化设备制造等行业实现两位数增长，分别为 30.3%、21.6%、18.6% 和 10.2%。亮眼的成绩单，彰显这一新业态巨大的发展潜力。

立足数字化营造文化新体验，需要继续完善文化数字化基础设施和服务平台。从顶层设计看，《数字中国建设整体布局规划》提出，推进文化数字化发展，深入实施国家文化数字化战略，建设国家文化大数据体系，形成中华文化数据库。从实践看，图书馆、博物馆、美术馆、文艺院团等文化机构数字化转型积极性高涨，海量文化资源正在加速转化为文化数据资源。比如，国家图书馆与相关机构合作，开发《永乐大典》高清影像数据库、《国家珍贵古籍名录》知识库；故宫博物院推出的故宫"数字文物库"，文物总数已超过 10 万件。随着国家文化专网和文化大数据体系的完善，丰厚的文化资源还将在数字空间被不断激活。

有了与信息时代相适应的文化素材之后，能否生产出满足人民群众精神文化需求的数字文化产品，考验的是创新创造能力。文化数字化不是文化生活从物理空间到数字空间的机械复制和迁移，而是涉及文化生产、传播、消费的全链条重构。一方面要创新载体，大胆运用虚拟现实、全息投影、虚拟数字人等最新数字技术改造提升传统文化业态，打开更多文化消费新场景。另一方面也要升级创意，提取中华文化元素、符号、标识，结合时代审美，进行创造性转化和创新性发展。面向未来，科技与文化的深度融合将带来更丰富的文化业态。

提升文化数字内容供给能力，离不开健全的治理体系和行业生态。文化资源乘"网"上"云"之后，数据安全如何保障、标准体系如何统一、知识产权如何保护，需要政策法规解疑释惑、保驾护航。以备受关注的数据标准为例，我国正在加强标识解析体系建设，将解决数据分布式存储、互联互通、数据确权等问题，使每个数据都有唯一的身份证。在数字技术加速演进的背景下，既要提高关键技术的自主创新能力，也要以健全的行业生态培育更多优质创意和产品。

一部文化发展史，也是媒介技术演进的历史。印刷术、电报电话、广播电视的发明，都曾催生过相应的文化业态。我们脚下的土地，有百万年的人类史、一万年的文化史、五千多年的文明史，现在又建成了全球规模最大的 5G 网络、正经历数字技术深刻变革。源远流长的中华文化与日新月异的数字技术相遇，绘写出新时代瑰丽多姿的文化画卷。新的历史起点上，期待文化数字化为继续推动文化繁荣、建设文化强国、建设中华民族现代文明作出新贡献。

（2023 年 06 月 30 日）

民航业稳健复苏提振市场信心

邱超奕

综合当前宏观经济形势、市场发展趋势，航空客运市场需求正持续向好

今年 5 月，我国民航全行业旅客运输规模继续超 5000 万人次，环比增长 2.8%，国内航线旅客运输规模超过新冠疫情前水平；共保障各类飞行 48.3 万班，日均 15574 班，环比增长 1.5%；全国航班正常率为 89.5%，安全运行态势总体平稳……中国民航局前不久发布的数据显示，今年以来，我国航空运输市场持续恢复向好，各项效益指标普遍改善，极大提振了市场信心。

民航业的复苏，来之不易。作为受疫情和国际形势冲击最大、影响最为直接的行业之一，民航业一度面临运量下滑、成本攀升、资金短缺等重重挑战。面对压力，有关部门和地方推出减税降费、应急贷款、航班补贴等政策"组合拳"，为行业纾困解难。与此同时，各民航企业千方百计挖掘细分需求、创新服务模式，推出差异化、个性化产品，适应市场变化。实践证明，各项政策靠前发力、精准有力、形成合力，广大民航企业增强信心、鼓足干劲、主动作为，就能更好攻坚克难，稳步推动行业复苏。

作为国民经济的晴雨表，民航业稳健复苏，折射出我国经济的强大韧性和活力。一方面，客流攀升，背后是旅游市场回暖，居民消费意愿逐步提升。今年春季以来，老年人、儿童旅客这两类"非刚性客源"明显增多。另一方面，航线繁忙，说明生产稳定、物流畅通。5月份，民航完成货邮运输量59万吨，恢复至2019年同期的94.7%。航空货运大多运输高附加值产品，这意味着我国产业链供应链特别是高端制造业得到有效恢复。

当前，民航业正处于恢复发展的关键阶段，面临的外部环境仍具有不确定性，还要进一步挖潜力、补短板，以更大努力推动市场全面复苏。

从服务居民出行看，我国民航服务集中在省会等枢纽城市，三、四线城市航空需求还有待得到有效满足。民航企业不妨持续创新"干支通，全网联"服务模式，打造通程航班品牌，提高中转衔接效率，优化网络辐射能力，促进国内主要城市高效畅通、偏远地区城市有效连通，不断开拓市场新空间。更好推进民航供给侧结构性改革，才能在扩大国内航空需求的同时，进一步增强行业恢复动力。

从畅通经济循环看，我国民航业规模虽然稳居世界前列，但国际枢纽机场竞争力仍显不足。无论是扩大高水平对外开放还是维护产业链供应链安全，国际枢纽机场都是重要窗口和支点。继续加强民航国际货站、智慧物流、信息互通等建设，不仅可以解决行业长期以来容量不足对需求增长的限制，也有助于打造更多高水平对外开放门户和新兴产业高地。

一个个繁忙的机场、一架架腾飞的飞机，传递着我国经济恢复向好的积极信号。尽管民航业仍面临不少压力和挑战，但综合当前宏观经济形势、市场发展趋势，航空客运市场需求正持续向好。抓住有利条件，坚持安全第一、市场主导、保障先行的原则，把各方面优势和活力充分激发出来，稳健复苏的民航业定能更好服务国家发展战略，更好满足人民群众日益增长的美好生活需要。

（2023 年 06 月 28 日）

以合同公平增进交易公平

林丽鹂

"特价商品，概不退换""本卡最终解释权归本公司所有""卡内金额过期作废"……常见的"霸王条款"，涉嫌扰乱市场秩序、侵害消费者权益。现实中，常有经营者利用信息不对称、市场强势地位等条件，迫使消费者接受不公平、不合理的合同条款，导致合同违法行为时有发生。

合同公不公平、合不合法，直接关系市场经济秩序，关系国家利益、社会公共利益和消费者合法权益。今年7月1日起，《合同行政监督管理办法》(以下简称《管理办法》)将正式施行。该办法列明虚构合同主体资格或者盗用、冒用他人名义订立合同，故意隐瞒与实现合同目的有重大影响的信息、与对方订立合同，以恶意串通、贿赂、胁迫等手段订立合同等禁止情形，明确市场监督管理部门在职责范围内开展合同行政监督管理工作。以此为起点，"霸王条款"将受到更严格监管。

市场交易中，消费者因为信息不对称往往处于弱势地位。下载应用软件，需要勾选"我已阅读同意"某某条款、协议，一不留心就可能"授权"平台过度采集个人信息。线下购买预付费服务，需要签字同意密密麻麻的合同条款，即使仔细阅读可能也无法发现其中的"重点信息"。对于这些问题，《管理办法》明确提出，经营者采用格式条款与消费者订立合同，应当以单独告知、字体加粗、弹窗等显著方式提请消费者注意商品或者服务的数量和质量、价款或者费用、履行期限和方式、安全注意事项和风险警示、售后服务、民事责任等与消费者有重大利害关系的内容。防范和纠正不公平的合同格式条款，有助于更好保护消费者权益，改善消费环境，让消费者敢消费、愿消费。

市场竞争中，"劣币驱逐良币"现象必须加以遏制。合同违法行为不仅破坏市场公平，还会挤压守法经营者的生存空间。与 2010 年施行的《合同违法行为监督处理办法》相比，此次修订的《管理办法》的处罚力度上限由原来的 3 万元提高到 10 万元，并规定作出行政处罚决定后，依法向社会公示，有效提升了对违法行为的威慑力。此举意在提高失信商家的违法成本，给守信商家以正向激励，促进市场良性竞争，有效维护公平竞争的市场秩序。

市场运行中，合同十分重要。合同公平，买卖双方才能公平合理地履行权利义务，商品要素资源流动才会顺畅。近年来，市场监管部门制定了一大批权利义务对等、内容完整、条款齐备、符合交易习惯的合同示范文本，涵盖房屋买卖、农村土地流转、旅游消费、养老服务等重点领域。针对特定行业或者领域制定和推广合同示范文本，能为交易双方在订立合同时提供参考，有效引导规范合同行为，提升社会合同法律意识。

小小合同，连接着大消费、大市场。以更高维度观察，加强合同行政监管执法，以合同公平增进交易公平，有助于打通制约经济循环的关键堵点，促进商品要素资源在更大范围内畅通流动，进而推动我国加快建设高效规范、公平竞争、充分开放的全国统一大市场。从每一项合同抓起，为高质量发展保驾护航，中国大市场将更具活力与魅力。

（2023 年 06 月 27 日）

提升服务贸易还有大空间

罗珊珊

知识密集型服务附加值高、成长性好，是当前全球服务贸易的一个重要发展趋势

服务贸易是国际贸易的重要组成部分和国际经贸合作的重要领域。近年来的一个可喜变化是，知识密集型服务贸易成长为拉动我国服务贸易增长的新引擎。商务部不久前发布的数据显示，今年 1—4 月，知识密集型服务贸易进出口 9057.9 亿元，同比增长 13.1%，占服务进出口总额的比重达 43.5%。其中，知识密集型服务出口 5384.8 亿元，同比增长 18%。高附加值、高技术含量的知识密集型服务贸易实现较快增长，说明我国服务出口竞争力明显增强，正在向价值链高端攀升。

事实上，以保险、金融、个人文化和娱乐、电信计算机和信息服务、知识产权使用费等为主的知识密集型服务贸易，在我国服务贸易发展中长期发挥着"稳定器"作用。数据显示，2012 年至 2021 年十年间，我国知识密集型服务进出口年均增速达到 9.3%，占比提高了 10.3 个百分点。这充分体现了我国推进现代服务业创新发展的积极成效。

知识密集型服务贸易的异军突起，一个重要驱动因素是我国数字经济的快速发展。一方面，数字技术广泛渗入生产、流通、消费、分配等国民

经济循环的各个环节，大大提高了服务的可贸易性，催生了跨境电商、在线医疗、供应链协同管理平台等服务贸易新业态新模式。另一方面，人工智能、物联网和区块链等数字技术的发展，改变了商品和服务的生产、交易和消费方式，促进了现代服务业同先进制造业、现代农业深度融合，增加了服务贸易合作需求。2022 年，我国可数字化交付的服务贸易规模达到2.5 万亿元，比 5 年前增长 78.6%。

除了积极拥抱数字化、智能化浪潮，我国还不断深化服务业改革，有序推进服务业开放，促使服务业提质增效，提升了服务业"走出去"的能力。2017 年以来，我国已连续 5 次修订外资准入负面清单，取消或放宽了增值电信、证券、银行、保险、文艺演出等服务业领域外资股比限制；《区域全面经济伙伴关系协定》（RCEP）正式生效，我国新增 22 个服务开放部门，提高了 37 个服务部门的开放水平；在海南率先探索跨境服务贸易负面清单管理制度，服务贸易创新发展试点等开放平台扩围提质……一系列放宽服务业市场准入、推动服务业制度型开放的创新举措，带动全球要素资源进入中国市场，为提升我国服务贸易的附加值和技术含量创造了更好条件。

当前，我国服务贸易保持较快增长，行业结构不断优化，但在提升竞争力和附加值方面，仍有不小进步空间。推动我国服务贸易迈上新台阶，要充分发挥海量数据和丰富应用场景优势，加快服务贸易数字化进程，推动服务贸易新业态新模式加快发展。同时，要注重营造开放、透明、包容、非歧视的行业发展生态，在共享发展机遇中培育特色服务贸易竞争优势。

知识密集型服务附加值高、成长性好，是推动服务贸易整体增长的重要动力，也是当前全球服务贸易的一个重要发展趋势。在全球贸易格局面临深刻调整的当下，坚持开放合作、互利共赢，不断完善政策支持体系，提升服务领域开放水平，推动高品质的中国服务"走出去"，我们就能在实现自身高质量发展的同时，为世界经济注入更多新动能。

（2023 年 06 月 26 日）

不断增强生物多样性治理能力

寇江泽

把握好保护的全面性、系统性和相关性，不断增强生物多样性治理能力，将生物多样性保护理念融入生态文明建设全过程

我国的野生植物健康状况有所改善，脊椎动物受威胁状况的恶化趋势有所减缓，近 500 种野生动植物受威胁等级下降……不久前，生态环境部和中国科学院联合发布新版《中国生物多样性红色名录》，实现对我国现有分布的高等植物、脊椎动物生存状况的全面评估和更新，为进一步加强生物多样性保护夯实了科学基础。

部分物种濒危状况持续向好，生物多样性状况持续改善，是令人欣喜的变化。这得益于我国生物多样性治理能力尤其是基础能力的不断增强。为全面掌握生物多样性现状与变化趋势，我国建立了全国生物多样性监测网络，针对关键生物类群的分布与迁徙特点，形成覆盖陆生脊椎动物、昆虫等多个类群及多种生态系统的专项监测网络。在此基础上，完善物种评估等级标准体系，查明物种受威胁等级并分析原因，有助于进一步提高生物多样性保护的科学性和有效性。此次评估中，有 595 种高等植物和 157 种脊椎动物因相关数据得到补充，其濒危等级获得了更新评定，物种基础资料得到了极大丰富。

对生物多样性总体情况的掌握，为科学制定保护对策提供了重要依据。我国率先在国际上提出和实施生态保护红线制度，划定陆域生态保护红线覆盖的国土面积不低于 300 万平方公里，涵盖了 95% 的珍稀濒危物种及其栖息地。与此同时，不断完善以国家公园为主体的就地保护体系，以及包括植物园、野生动物救护繁育基地以及种质资源库、基因库等较为完备的迁地保护体系，二者可以形成一个有机衔接、相互补充的生物多样性保护网络。科学确定生物多样性保护优先区域，实施最严格执法监管，让一大批珍稀濒危物种得到有效保护。比如，得益于保护区数量和面积不断增长，野生川金丝猴种群从 2002 年的 1.4 万只，增加到目前约 2.5 万只，濒危等级从"易危"降到了"近危"。

当前，我国生态环境保护法律体系日臻完善、监管机制不断加强、基础能力大幅提升，生物多样性治理新格局基本形成。同时，要清醒地看到，有效扭转生物多样性丧失，是一项长期而艰巨的事业，必须为之付出不懈努力。

进一步做好生物多样性保护工作，要把握好保护的全面性、系统性和相关性，不断增强生物多样性治理能力，将生物多样性保护理念融入生态文明建设全过程。一方面，要把生物多样性保护纳入各地区、各领域中长期规划，完善政策法规体系，加大执法监督力度，压实保护责任，提高保护成效。另一方面，要协同推进生物多样性保护与绿色发展，积极探索生态产品价值实现路径，不断完善生态补偿机制以及野生动物致害补偿机制，推动全社会共同参与，实现在发展中保护、在保护中发展的良性循环。

生物多样性是人类赖以生存和发展的重要基础，保护生物多样性就是增进人类福祉。我国是世界上生物多样性最丰富的国家之一，也是生物多样性受威胁最严重的国家之一，生物多样性保护任重而道远。在巩固已有保护成果的基础上，不断增强生物多样性保护和治理能力，多措并举、久久为功，定能有效推动生物多样性保护，守住自然生态安全边界，将中华民族永续发展的生态基础筑得越来越牢固。

（2023 年 06 月 21 日）

"两业融合"塑造竞争新优势

韩　鑫

优化融合创新环境，健全保障制度，激发企业融合发展内生动力，探索形成符合我国实际、具有不同区域特色和行业特点的融合发展业态模式和路径

在消费电子行业，"硬件＋数据＋服务"模式悄然兴起，一些传统硬件制造商转型为智慧服务提供商；在汽车制造业，一些企业开始发力汽车后市场服务，不断拓宽新业务领域；在物流行业，一些快递企业打造入厂物流、仓配一体化、嵌入式电子商务等"快递进厂"模式，从单一的物流运输升级为提供一体化供应链管理服务……随着我国大力推动先进制造业和现代服务业融合（以下简称"两业融合"），一批具有鲜明产业融合特征的新业态、新模式应运而生。不久前举行的全国"两业融合"工作现场交流会，发布了"两业融合"典型案例汇编，系统总结了前期试点工作成效，为进一步推动"两业融合"按下加速键。

推动"两业融合"，是增强制造业核心竞争力、培育现代产业体系、实现高质量发展的重要途径。根据经济学"微笑曲线"理论，在价值链中，附加值更多体现在设计和销售两端，处在中间环节的生产附加值相对较低。从单一生产制造转向"生产＋服务"，从单纯售卖产品迈向"产品＋服务"，

有助于拓宽企业盈利空间，塑造新的竞争优势。从世界制造业发展实践看，国际知名制造企业已纷纷实现向服务提供商的转型，服务性业务收入超过50%。发达国家制造业和服务业融合起步较早、水平较高，为构建现代产业体系提供了强大支撑。

近年来，我国"两业融合"步伐不断加快，程度不断加深。2020年以来，国家发展改革委先后在全国范围内遴选出40个区域和80个企业，组织开展了两批国家级"两业融合"试点，取得明显成效。不过，我国"两业融合"仍面临发展不平衡、协同性不强、深度不够和政策环境、体制机制存在制约等问题，需要进一步优化融合创新环境，健全保障制度，激发企业融合发展内生动力，探索形成符合我国实际、具有不同区域特色和行业特点的融合发展业态模式和路径。

进一步推动做好"两业融合"，要坚持协同推动，形成融合发展合力。一方面，要围绕重点行业、重点领域，培育多元化融合发展主体。当前，一些行业龙头、骨干企业在融合发展上初见成效，但量大面广的中小企业开展融合探索积极性仍然不高。要支持链主企业带动产业链上下游企业进行资源、要素、产能、市场的深度整合与共用共享，形成以点带面的效果。另一方面，要增强区域协作意识。各地既要充分挖掘自身比较优势，因地制宜探索融合发展路径模式，也要做好统筹布局，推进重点产业链协同，提升我国产业链的整体效能。

党的二十大报告提出："推动现代服务业同先进制造业、现代农业深度融合。"今日之中国，制造业门类齐全、服务业业态众多，无论是从生产型制造向服务型制造转变，还是服务业向制造业反向延伸，都有广阔空间。尤其是以工业互联网、人工智能等为代表的新一代信息技术迅猛发展，进一步加速了产业融合进程，在可预见的未来，还将催生出更多融合新业态、新模式。把握机遇、顺势而为、乘势而上，着力完善产业生态，提升融合发展水平，定能在先进制造业和现代服务业融合发展中塑造竞争新优势，在新一轮科技革命和产业变革中赢得先机、掌握主动。

（2023 年 06 月 20 日）

在教育"双减"中做好科学教育加法

吴　丹

"建造《流浪地球 2》中的太空电梯，缆绳部分应选用什么材料？""观察水杯里的水，杯壁边缘处的水位为什么比中间略高？""树木年轮，一圈就代表一年吗？"……近年来，科学教育被纳入基础教育各阶段，成为与语文、数学同等重要的基础性课程，极大激发了广大青少年爱科学、学科学、用科学的热情。

习近平总书记指出，"要在教育'双减'中做好科学教育加法"。不久前，教育部等十八部门联合印发《关于加强新时代中小学科学教育工作的意见》，明确提出通过 3 至 5 年努力，在教育"双减"中做好科学教育加法的各项措施全面落地。基础教育阶段是"孵化"学生科学精神、创新素质的决定性阶段，进一步加强中小学科学教育，既有现实紧迫性，也有前瞻性。

减轻义务教育阶段学生作业负担和校外培训负担，加强中小学科学教育，这一减一加，都是为了更好地实现素质教育。减掉的是不必要的额外负担，增加的是学生必备的素质。从个人角度看，在一个科学技术突飞猛进的时代，每一个公民都应当具备一定的科学素养。从国家层面看，科学技术越来越成为推动经济社会发展的主要力量，而科学教育是提升国家科技竞争力、培养创新人才、提高全民科学素质的重要基础。因此，从小培养青少年对科学的兴趣，于国于民都是有益且必要之举。

近年来，我国中小学生科学教育水平及科学素质持续提升，青少年科学教育取得明显成效。最新一次国家义务教育质量监测显示，中小学生科学学业表现整体良好，约八成学生达到中等及以上水平。但也要清醒看到，我国科学教育还存在基础总体薄弱、区域发展不均衡、科学教育资源尚未有效整合等问题和不足，亟待加强和改进。

全面提高学生科学素质，是一项系统工程。科学教育涉及校内校外、课内课外，相关资源分散在各个部门、领域、行业，需要各方面齐抓共管，凝聚合力。一方面，要加快补短板，在健全课程教材体系、深化学校教学改革、拓展科学实践活动、纳入课后服务项目、加强师资队伍建设等方面持续发力。另一方面，要盘活各方面资源，动员社会各方参与并提供资源和课程，推动中小学科学教育学校主阵地与社会大课堂有机衔接，形成全社会重视、关心、支持科学教育的机制。此外，还要高度重视科学教育的帮扶托底工作，确保薄弱地区、薄弱学校及特殊儿童群体在科学教育中"一个都不能少"。

少年智则国智，少年强则国强。基础教育阶段的科学教育肩负培养青少年科学兴趣、树立科学志向的重要使命，对人才成长具有重要基础性作用。在科技深刻影响着国家前途命运和人民生活福祉的今天，从娃娃抓起，将激发青少年好奇心、想象力、探求欲，增强科学兴趣和创新意识作为素质教育重要内容，把弘扬科学精神贯穿于教育全过程，促使更多人热爱科学、崇尚科学，定能让全民科学素质再上台阶，培育出更多具备科学家潜质、愿意献身科学研究事业的创新人才，为创新型国家建设蓄积更充足的底气。

（2023 年 06 月 19 日）

加快发展新一代人工智能

喻思南

理解提问，快速给出回答；训练声音，翻唱经典歌曲；根据描述，绘出趣味画作……近期，基于大模型研发的生成式人工智能，展示了在语言理解和内容生成等方面的出色能力，引发社会关注。

大模型赋能，生成式人工智能正在引发新一轮智能化浪潮。得益于拥有庞大的数据、参数以及较好的学习能力，大模型增强了人工智能的通用性。从与人顺畅聊天到写合同、剧本，从检测程序安全漏洞到辅助创作游戏甚至电影……生成式人工智能本领加速进化。随着技术迭代，更高效、更"聪明"的大模型将渗透到越来越多的领域，有望成为人工智能技术及应用的新基座，变成人们生产生活的基础性工具，进而带来经济社会发展和产业的深刻变革。人工智能大模型强大的创新潜能，使其成为全球竞争的焦点之一。

经过多方努力，我国人工智能大模型已具有一定基础。在 2023 中关村论坛上发布的《中国人工智能大模型地图研究报告》显示，中国人工智能大模型正呈现蓬勃发展态势。据不完全统计，截至目前，10 亿级参数规模以上的大模型全国已发布了 79 个。我国在大模型方面已建立起涵盖理论方法和软硬件技术的体系化研发能力。也应看到，人工智能大模型离不开多项技术的融合创新。在前沿基础理论和算法上，我国与国际先进水平还存在差距。筑牢智能时代的根基，需要瞄准短板，着力推动大模型领域生成式算法、框架等原创性技术突破。同时，还应发挥我国应用场景优势，进一步深耕垂直领域，以行业专有训练数据集为基础，打造金融、医疗、电力等领域的专业大模型。要以高质量应用和数据反馈技术优化，帮助大模型迭代升级。

数据质量影响大模型"智商"。国际上一些大模型之所以领先，与大量公开高质量数据的训练息息相关。我国有海量数据和丰富应用场景，应逐步开放共享优质数据，通过制定共享目录和共享规则等方式，推动数据分级分类有序开放，让流动数据激发创新活力。例如，前不久印发的《深圳市加快推动人工智能高质量发展高水平应用行动方案（2023—2024 年）》提出，"建立多模态公共数据集，打造高质量中文语料数据"。期待各地各行业从实际出发，加强高质量数据供给，为大模型成长提供充足"养料"。

人工智能大模型研发周期长、投入大、风险高。经过数年持续研发，国际领先的大模型聚集了较好的资源和人才。当前，我国不少高校院所、企业正在做研发工作，在大模型、大数据、大算力等方面各有侧重，研发力量较为分散。作为追赶者，有必要进一步强化企业科技创新主体地位，整合优势创新资源，推动形成大模型产学研攻坚合力。

人工智能大模型带来的治理挑战也不容忽视。营造良好创新生态，需做好前瞻研究，建立健全保障人工智能健康发展的法律法规、制度体系、伦理道德。为促进生成式人工智能技术健康发展和规范应用，今年 4 月，国家互联网信息办公室发布《生成式人工智能服务管理办法（征求意见稿）》。新技术应用往往先于规范。着眼未来，在重视防范风险的同时，也应同步建立容错、纠错机制，努力实现规范与发展的动态平衡。

人工智能是新一轮科技革命和产业变革的重要驱动力量，加快发展新一代人工智能是事关我国能否抓住新一轮科技革命和产业变革机遇的战略问题。从战略高度着手，凝聚合力、攻坚克难、勇于创新，努力拓展理论和技术应用空间，必能更好培育壮大新动能，构筑发展新优势。

（2023 年 06 月 16 日）

更好保障胜诉当事人合法权益

魏哲哲

努力让人民群众在每一个司法案件中感受到公平正义，不仅体现在作出公正的判决，也体现在让判决得到切实执行

自称失业在家、无力偿还贷款，法院通过大数据智能系统分析，发现其同期网络消费支出近 4 万元，其中"直播打赏"超 1 万元，系统评定其具备履行能力；以无偿还能力为由拒不履行还款义务，但大数据分析显示，被执行人近一年内通过互联网金融理财等支出超 20 万元，法院发出协助执行通知，切断其移动支付路径，令其履行义务……近年来，人民法院探索建立大数据智能分析系统，整合被执行人移动支付、网络购物等动态数据，让逃避执行行为无处遁形，更好地保障了胜诉当事人合法权益。

法院判决执行难曾是困扰司法的老大难问题。有些失信被执行人明明有钱，却通过假离婚、关联交易等方式提前转移财产，导致"无钱"可执行；有些被限制消费的被执行人利用漏洞，找"黄牛"买票乘坐飞机、高铁，规避执行。这不仅侵害胜诉当事人的合法权益，也严重损害司法公信和社会诚信。

努力让人民群众在每一个司法案件中感受到公平正义，不仅体现在作出公正的判决，也体现在让判决得到切实执行。面对人民群众期待，人民

法院持续推进执行信息化建设，提升执行规范化水平，不断深化执行体制机制改革，执行工作取得明显成效。数据显示，2022 年，全国法院执结 917 万多件执行案件，执行到位金额首次突破 2 万亿元，有力保障了经济社会发展和群众合法权益。

执行难主要难在查物找人，需要加强社会信用体系建设。切实解决执行难，要进一步提升执行工作能力，尤其是执行查控能力。2019 年，中央全面依法治国委员会印发《关于加强综合治理从源头切实解决执行难问题的意见》，要求强化执行难源头治理制度建设，建立覆盖全社会的信用交易、出资置产、缴费纳税、违法犯罪等方面信息的信用体系。目前，我国已建成以最高法"总对总"为主、以地方法院"点对点"为辅的网络查控系统，该系统已与公安部、自然资源部等 16 家单位和 3900 多家银行业金融机构联网，基本实现对被执行人主要财产形式和相关信息的有效覆盖，极大提升了执行效率，实现了执行查控方式的根本变革。在着力解决"被执行人难找、被执行财产难查"问题的基础上，深入开展"一处失信、处处受限"的联合信用惩戒，会对失信被执行人产生很强的震慑作用。截至今年 4 月初，有 1144 万余人次迫于信用惩戒压力履行了义务。

民事强制执行应当公平、合理、适当，不得超过实现执行目的所需的必要限度。因此，做到依法规范、善意文明执行，尤为重要。司法实践中，有的法院在不影响债权实现、不构成财产价值明显贬损前提下，对能"活封"的财产不进行"死封"，使查封财产物尽其用，社会流通不因执行受阻，兼顾了各方当事人和利害关系人的合法权益，取得了良好的政治效果、法律效果与社会效果。

公正司法是维护社会公平正义的最后一道防线，执行是保障生效法律文书落实的"最后一公里"。在基本解决执行难的基础上，进一步健全完善综合治理执行难工作大格局，推进执行难综合治理、源头治理，践行善意文明执行理念，提高公正规范文明执行水平，定能依法保障胜诉当事人及时实现权益，进一步增强人民群众对执行工作的满意度。

（2023 年 06 月 15 日）

城市治理要下足绣花功夫

丁怡婷

优化公交专用道专用时段，允许部分社会车辆使用公交专用道，规范设置公交专用车道标志标线、借道区……近日公安部出台优化城市公交专用道管理措施，由各地结合实际实施。通过改革寻求保障公交车运行速度和公交专用道使用效率之间的平衡，这是提升城市治理精细化水平的生动实践。

习近平总书记强调，"城市治理是国家治理体系和治理能力现代化的重要内容""要注重在科学化、精细化、智能化上下功夫"。在城市里，从交通出行到餐饮消费，从垃圾分类到噪声治理，群众的日常生活与城市治理息息相关。城市治理得好不好、精细不精细，直接关系到人民群众的获得感、幸福感、安全感。

提升城市治理精细化水平，也是适应城市发展新阶段、新要求，打造宜居、韧性、智慧城市的必然要求。过去 5 年，我国常住人口城镇化率从60.2% 提高到 65.2%，已经步入城镇化较快发展的中后期，城市发展进入城市更新的重要时期，由大规模增量建设转为存量提质改造和增量结构调整并重。在这样的大背景下，燃气管网、桥梁等如何实现实时监测，红绿灯如何配时，公园绿地如何布局等，都考验着城市治理精细化水平。

近年来，不少城市通过绣花般的细心、耐心、巧心，提升城市治理精细化水平。在上海静安，24 小时不打烊的"数字小屋"集纳了"一网通办"自助机、公用事业费一体缴费机、共享打印机等便民设施，将服务和资源延伸至居民家门口；在山东青岛，当地通过设置装修垃圾和大件垃圾暂存点、废旧衣物回收箱、家庭过期药品回收点等，改善垃圾分类投放环境；在四川成都，互联网租赁自行车管理平台实时监测共享单车停放情况和投放数量，智能调度企业及时清运……各地实践启示我们，要提高城市治理水平，就必须下足绣花功夫。

开展城市体检，找准"落针点"。提升城市治理精细化水平，首先要找准难点和堵点。比如，针对公交专用道如何优化调整，北京面向公众开展问卷调查，邀请市民对优化改进方式提出建议。在解决群众急难愁盼问题上，北京还探索建立"街乡吹哨、部门报到"机制，进一步打通服务群众的"最后一公里"。把问题找准，才能有的放矢。

注重科技赋能，磨好"绣花针"。运用大数据、云计算、区块链、人工智能等前沿技术推动城市管理手段、管理模式、管理理念创新，从数字化到智能化再到智慧化，让城市更聪明一些、更智慧一些，是推动城市治理体系和治理能力现代化的必由之路。当前，部分城市通过三维可视化地理信息平台，让各类管网一目了然；借助前端传感器对管网运行状态进行实时监测，实现城市安全风险的早发现、早预警、早处置。强化科技赋能，运用好互联网技术和信息化手段，就能不断实现治理方式的优化升级。

加强统筹协调，用好"穿针法"。提升城市治理精细化水平是一项系统工程，需要推动城市管理相关部门实现信息互通、资源共享，形成工作合力。例如，治堵工作往往涉及公安交管、住建、轨道公司等多个部门单位，只有强化统筹，才能找到行之有效的解决思路。

城市治理是一门科学。更好地认识、尊重和顺应城市发展规律，更加注重在细微处下功夫、见成效，必能不断提升城市环境质量、人民生活质量、城市竞争力，不断满足人民群众对美好生活的需要。

（2023 年 06 月 14 日）

开放中国依然是外商投资高地

罗珊珊

对于不少外资企业而言，中国市场不是"可选项"，而是"必选项"，中国市场机遇不容错过

跨国投资活力是观察经济发展态势的重要窗口。不久前，市场监管总局发布的数据显示，今年一季度，全国新设外商投资企业 1.1 万户，同比增长 7.6%。商务部发布的数据显示，今年前 4 月，全国实际使用外资金额 4994.6 亿元人民币，同比增长 2.2%。新设外商投资企业数量和实际使用外资金额均呈现稳中向好势头，有力证明开放中国依然是外商投资高地。

持续升温的"增资潮"，从另一个侧面印证了中国市场的勃勃生机。今年以来，外资企业继续加码投资中国，跨国商务活动加速恢复，众多跨国企业高管密集来华考察，以实际行动对中国经济发展前景投下"信任票"。特斯拉宣布将在上海临港修建一座储能超级工厂；西门子医疗在广东深圳南山区追加投资超 10 亿元，建设全新高端医疗设备研发制造基地；空中客车公司将在天津建设第二条生产线……一场场洽谈交流，一个个项目签约落地，充分彰显着中国市场对外资的强大吸引力。

全球商界不约而同瞩目中国，原因就在于中国经济增长的动能和态势是强劲的。从投资回报看，中国市场依然极具投资价值。今年一季度，中

国贸促会对 600 余家外资企业进行调研访问，超八成受访外资企业预期今年在华投资利润率将持平或有所增加，超九成受访企业预计未来 5 年在华投资利润持平或有所增加。在全球经济增长乏力的大背景下，中国无疑将继续成为外资的重要投资目的地。从市场机遇看，我国仍处于总需求较快释放的阶段，这将为包括外资企业在内的所有经营主体提供更大的发展机会。一方面，新型城镇化持续推进，生产生活方式的数字化、绿色化转型加速推进，人民对美好生活的向往不断变成现实，持续释放出巨大需求。另一方面，随着居民收入水平不断提高，消费呈现多样化、高端化、服务化等特征，更多商品和服务消费需求将得到释放。对于不少外资企业而言，中国市场不是"可选项"，而是"必选项"，中国市场机遇不容错过。

除了看好我国经济复苏潜力和发展前景，近年来我国持续扩大对外开放，推动贸易和投资自由化便利化，也极大鼓舞了跨国企业在华投资的热情。从进一步放宽外资市场准入，到依法保护外商投资权益，再到稳步扩大规则、规制、管理、标准等制度型开放，我国实行更加积极主动的开放战略，形成了更大范围、更宽领域、更深层次对外开放格局，不断以中国新发展为世界提供新机遇，为广大外资企业注入了信心。中国贸促会调研报告显示，97% 的受访外企对去年四季度以来中国政府出台的外资政策评价为"满意"以上；今年一季度，受访外企对获取金融服务、市场准入、获取经营场所和促进市场竞争等指标的满意度均超过 80%。

中国的市场，世界的机遇。回首过往，我国社会长期稳定、投资机会众多、投资回报可观，对各国企业形成强大吸引力。面向未来，中国开放的大门会越来越大，环境会越来越好，服务会越来越优。可以说，中国市场兼具高质量与增长潜力，投资中国、扎根中国，就意味着选择更好的未来。我们相信，一个开放的中国、发展的中国，必将吸引更多外国企业深耕中国市场，让更多的外国投资者搭上中国发展的快车。

（2023 年 06 月 14 日）

科技赋能，建设更多新粮仓

郁静娴

践行大食物观，全方位、多途径开发食物资源，汇聚科技创新动力，将资源优势转化为产业优势

中国东海，全球首艘 10 万吨级智慧渔业大型养殖工船"国信 1 号"在这里锚泊作业。从鱼苗入舱、投喂养殖、起捕到加工，几乎所有流程都能在这艘船上完成。船载舱养模式下，"国信 1 号"一年能养出 3700 吨鱼，比每年查干湖冬捕总量的两倍还多，堪称移动的海上牧场。

有数据表明，中国是世界渔业大国里第一个实现了养殖水产品产量超过捕捞总量的国家。近年来，从抗风浪深水网箱、远海生态围栏到养殖工船，伴随信息化、智能化技术为各类海洋养殖装备赋能，我国不断加快耕海牧渔的步伐。在发展空间上，由近岸浅水向深远海拓展；在生产方式上，由传统养殖模式向现代工业化生产转型。通过持续打造"蓝色粮仓"和优质蛋白生产新基地，越来越多的高品质鱼类"游"上了百姓餐桌。

实践启示我们，解决吃饭问题，不能光盯着有限的耕地。习近平总书记在广东考察时指出："中国是一个有着 14 亿多人口的大国，解决好吃饭问题、保障粮食安全，要树立大食物观，既向陆地要食物，也向海洋要食物，耕海牧渔，建设海上牧场、'蓝色粮仓'。"我国拥有约 300 万平方公

里的主张管辖海域，蕴藏着构建多元化食物供给体系的优势和潜力。在保护中科学开发利用，有助于缓解陆地资源紧张，丰富居民膳食结构，提高我国食物稳定安全供给水平。

进而言之，作为水产养殖大国，向江河湖海要食物，提升的空间和潜力依然很大。着眼未来，应兼顾市场需求和环境承载力，实现多养鱼、养好鱼。一方面，要科学拓展宜渔水域，充分利用湖泊、水库、河流等内陆大水面资源，优化升级生产方式，深挖工厂化循环水养殖、生态网箱等集约立体养殖模式的生产潜力。另一方面，要加大优良苗种选育，加大水产"芯片"攻关，并在养殖实用技术、加工流通等环节发力，让"菜篮子"装上更多优质水产品。

在今年的中央一号文件中，"树立大食物观"被纳入"抓紧抓好粮食和重要农产品稳产保供"加以强调。耕地、海洋之外，2.31亿公顷森林、近4亿公顷草原等，都是让中国饭碗更丰盛的底气所在。也应看到，激发森林"粮库"潜力，涉及精准育种、生态栽培、精深加工等环节，亟待培育生态化生产的绿色供应链；开发利用草原充盈"肉盘子""奶瓶子"，尤须立足平衡草畜矛盾，在饲料生产、养殖模式、畜禽粪污资源化利用等方面开发推广新技术，打造生态养殖的良性循环。总之，拓宽农业生产空间领域，开辟更多食物来源，离不开因地制宜、合理布局，更需要扎扎实实推进农业供给侧结构性改革，向科技创新要产量、要产能，打好组合拳。

从过去80%的食物来自主粮，到如今肉蛋奶、果蔬菌、水产品等成为城乡居民餐桌"主角"，相关趋势折射出老百姓悄然转变的食物消费结构，也为加快发展现代农业、打造特色产业提供了机遇。践行大食物观，全方位、多途径开发食物资源，汇聚科技创新动力，将资源优势转化为产业优势，我们一定能建设更多新粮仓，端牢中国饭碗。

（2023 年 06 月 13 日）

助力高校毕业生走稳就业路

周　详

把促进青年特别是高校毕业生就业工作摆在更加突出的位置，坚持市场导向和政府促进并重，精准施策、务求实效

江苏组织实施十万就业见习岗位募集计划，推动见习补贴、税费抵扣等政策"应享尽享"；山东出台 21 条具体措施，推动当地高校毕业生就业指导服务提质升级；宁夏开展 2023 年高校毕业生等青年就业创业推进计划，实施公共部门稳岗扩岗等 10 项行动……临近毕业季，各地纷纷抢抓时间窗口，精准拓展岗位，优化指导服务，促进高校毕业生高质量充分就业。

高校毕业生是国家宝贵的人才资源，是保就业稳就业的重点群体。从长远看，大量接受高等教育的人才实现就业，有利于进一步释放人才红利，为未来发展积蓄动能。也要看到，近年来高校毕业生人数不断创新高，今年将达到 1158 万人。同时，就业需求更加个性化、多元化。这些现实因素增加了就业压力。

4 月 28 日召开的中共中央政治局会议强调，"扩大高校毕业生就业渠道"。从宏观上讲，解决大学生就业问题，要坚持在推动高质量发展中强化就业优先导向，提高经济增长的就业带动力，不断促进就业量的扩大和

质的提升。从当前形势看，应抓住许多高校毕业生仍在校的有利时机，进一步加大工作力度，提升就业服务质量，更好匹配毕业生的就业需求，帮助他们落实就业去向。

影响高校毕业生就业的重要因素之一是供需信息的匹配效率。对目前仍未落实就业去向的高校毕业生，要结合各项就业创业扶持政策，为他们建立台账，根据学历条件、个人意愿精准匹配岗位，让求职目标更具体。不久前，教育部决定于 5 月至 8 月开展 2023 届高校毕业生就业"百日冲刺"行动，要求各地各高校精准组织"访企拓岗促就业"行动；大力引导高校毕业生赴基层就业，积极报名参与"特岗计划""三支一扶""西部计划"等基层服务项目。在扩渠道、促匹配上下更大功夫，切实提升实效性，才能实现高校毕业生和用人单位的双向奔赴。

助力高校毕业生走稳就业路，必须健全就业促进机制，深入细致做好就业创业指导服务。一方面，应强化不断线就业服务，建立高校毕业生就业岗位归集机制，用好国家大学生就业服务平台等，持续为有就业意愿的毕业生提供岗位信息。另一方面，应抓住重点群体，为脱贫家庭、低保家庭、零就业家庭高校毕业生，以及残疾高校毕业生和长期失业高校毕业生，提供"一人一档""一人一策"精准服务。要织密织牢就业保障网，对通过市场渠道确实难以就业的特殊困难高校毕业生进行公益性岗位兜底安置，同时把有就业意愿的离校未就业高校毕业生纳入服务范围。此外，还应尽可能简化优化求职就业手续。不久前，中组部、人力资源社会保障部、教育部等 5 部门发文明确，今年起取消高校毕业生就业报到证。要稳妥有序推动这项工作，通过建立去向登记制度、明确档案转递衔接等做好过渡，为高校毕业生就业创业提供更多便利。

高校毕业生等青年就业关系民生福祉、经济发展和国家未来。把促进青年特别是高校毕业生就业工作摆在更加突出的位置，坚持市场导向和政府促进并重，精准施策、务求实效，定能让广大毕业生迈好走向社会的第一步。

（2023 年 06 月 12 日）

绝不让医保基金成为"唐僧肉"

孙秀艳

"绝不让医保基金成为'唐僧肉'！"不久前，国务院新闻办公室举行的一场新闻发布会上，国家医疗保障局局长胡静林的这句话赢得众多网友点赞。

医保是减轻群众就医负担、增进民生福祉、维护社会和谐稳定的重大制度安排。2018 年至 2022 年，基本医疗保险基金（含生育保险）年度总支出由 1.78 万亿元增长至 2.46 万亿元，切实发挥了解决群众看病就医后顾之忧的作用。可以说，医保基金关系到每一位参保群众的切身利益，关乎社会稳定，其安全稳定运行至关重要。

作为医保基金的监管方，国家医保局始终将加强医保基金监管、维护基金安全作为首要任务. 5 年来处理违法违规的医药机构 154.3 万家次，追回医保基金 771.3 亿元，曝光典型案例 24.5 万件，彰显了看好人民群众"看病钱""救命钱"的决心和力量。

守护好每一分"救命钱"，制度建设功不可没。近年来，《医疗保障基金使用监督管理条例》《医疗保障基金飞行检查管理暂行办法》《关于加强医疗保障基金使用常态化监管的实施意见》等政策文件相继出台，一些技术规范先后实施，医保基金监管有法可依、有章可循。

守护好每一分"救命钱"，有赖于各部门协同参与。几年来，国家医保局联合公安、卫健部门持续开展专项整治，聚焦骨科、血透、心内等重点领域和重点药品耗材、虚假就医、医保药品倒卖等重点行为，开展靶向监督，除去侵蚀群众"救命钱"的"病灶"。仅 2022 年就破获案件 2682 起，抓获犯罪嫌疑人 7261 人，追缴医保基金 10.7 亿元。

守护好每一分"救命钱"，数据赋能大显身手。充分运用智能监控、大数据等现代信息技术，加速建立全方位、多层次、立体化的监管体系。2022 年，通过智能监控拒付和追回 38.5 亿元，约占追回基金总数的 26%。综合施策、严打违法，强力监管有效堵住了"跑冒滴漏"，保障了医保基金安全运行。

也要看到，即便在监管的高压下，不规范使用基金问题仍然存在。一些定点医药机构通过违规收费、串换医药服务项目、过度诊疗等手段违规使用医保基金；有些甚至通过虚构医药服务项目等手段恶意欺诈骗保。同时，"一人刷卡、全家吃药"、冒名用卡、一人持多卡分散报销的情况在各地时有发生。医保领域的违法违规问题手段更加隐蔽、形式更加多样，仅靠医保部门单方面力量，很难发现这些"穿上隐身衣"的骗保行为，必须切实织密基金监管网。

医保基金来源于参保人缴费和财政补贴，这几年，我国基本医保参保率稳定维持在 95% 左右。蚕食医保基金，损害的是每个参保人的利益。从这个角度说，切实织密基金监管网、坚决守住基金安全底线，不仅是医保部门的责任，也是每个参保人的义务，需要构筑起全社会参与的监督防线，持续发挥社会监督对于打击违法违规问题的重要作用。

加大对违法违规行为的检查、打击、曝光力度，巩固"不敢骗"的高压态势；构筑全社会监督防线，织密"不能骗"的天罗地网；引导医保定点医疗机构、定点药店和医务人员自觉规范服务行为，推动构建"不想骗"的长效机制，才能彻底斩断违法违规医药机构和不法分子钻空子的念头，让每一分每一毫医保基金都花在治病救人、增进民生福祉上。

（2023 年 06 月 09 日）

用好红色资源 开好"大思政课"

吴 丹

"当时，我国还没有大型电子计算机。'两弹一星'的科研工作者，就是用我们面前这件同款计算机进行运算，草稿纸从地面堆到房顶，装满了好几个仓库。"不久前，中共一大纪念馆带着馆藏珍贵文物藏品——飞鱼牌机械式计算机来到上海戏剧学院附属浦东新世界实验小学，开展百件文物藏品进课堂活动。生动的讲解，鲜活的细节，精彩的故事，为学生们带来了一堂别开生面的"大思政课"。

一座革命纪念馆就是一个红色基因库，一件红色文物就是一本历史教科书。前不久，国家文物局、教育部决定联合开展以革命文物为主题的"大思政课"优质资源建设推广工作，旨在推广一批能够反映革命文物资源与"大思政课"建设深度融合的优秀成果。这一工作的开展，有利于进一步发挥革命文物的社会教育功能，推动新时代革命文物工作与学校思政课改革创新融合发展，切实推进"大思政课"建设走深走实。

"大思政课"耕耘的是思想的田野，回答的是时代的课题，事关立德树人根本任务。习近平总书记强调，"'大思政课'我们要善用之"。革命文物承载党和人民英勇奋斗的光荣历史，记载中国革命的伟大历程和感人事迹，是激发爱国热情、振奋民族精神的生动教材。在"大思政课"中用好用活这一"生动教材"，有助于引导青少年扣好人生第一粒扣子，立志听党话、跟党走，立志扎根人民、奉献国家。

用好革命文物这一"生动教材"，需要用"小切口"诠释大道理，增强"大思政课"的感染力。井冈山上，八角楼的灯光照亮了农村包围城市的革命道路；湖南沙洲村，"半条被子"讲述了长征路上的鱼水情深；黄土高原上，延安革命旧址见证了我们党在延安时期领导中国革命、探索马克思主义中国化时代化的光辉历程……一件件文物背后，是具体生动的红色故事。发挥"大思政课"培根铸魂的作用，应深入挖掘革命文物蕴含的时代价值和思想内涵，推出一批有温度、有高度、有深度的小故事，作为思政课教学案例；也可在小故事的基础上，推出主题巡展、微党课、情景剧、音乐剧、主题读物等。如此，方能讲好讲活"大思政课"，切实发挥革命文物故事的育人作用。

同时，也需要汇聚合力，提升"大思政课"的实效性。横向看，"大思政课"是一门社会大课，光靠学校还不够，需要社会各方参与。比如，不妨支持学校与革命场馆共建实践育人共同体，鼓励师生走进革命场馆开展现场教学、主题活动、志愿服务，推动思政课教师赴革命场馆培训研习、联合科研。纵向看，不同学龄段青少年学生的思想、心理和认知存在差异，要增强育人实效，就必须在大中小学循序渐进、螺旋上升地开设思政课。因此，不妨强化分众化教育，结合革命文物设计不同的思政课教学内容和方式，统筹推进大中小学思政课一体化建设。

此外，还需要运用新技术提高参与度，强化"大思政课"的吸引力。课堂上，学生们佩戴 VR 眼镜，"云参观"红色场馆，身临其境重温红色岁月；课堂外，数字技术让文物展陈更加立体，让互动更加有趣，激发学生参与热情。这也启示我们，坚持守正创新，运用好新技术，让有意义的"大思政课"更有意思，达到耳濡目染、润物无声的育人效果。

用好红色资源，开好"大思政课"，在青少年心中广撒深播"红色种子"，必能更好引导他们明确前行方向，收获精神成长，为实现中华民族伟大复兴的中国梦贡献青春力量。

（2023 年 06 月 08 日）

为莘莘学子的奋斗和梦想护航

赵婀娜

确保高考的起点公平，才能实现"不拘一格选人才"、维护社会公平正义

一个更加适应建设高质量教育体系要求、更好服务提高人才自主培养质量的高考选拔机制，将让更多人享有人生出彩的机会

2023年高考如期而至。全国千万名考生走进考场，迎接挑战，追寻梦想。

为了实现"平安高考"，教育部不久前印发通知，部署各地深入开展"2023高考护航行动"，在考试组织、考试安全、政策宣传、考生服务等方面采取切实有效举措。各地公安交管部门也严阵以待，严管考场周边交通秩序，积极服务考生、家长及考务人员出行，全力保障考生安全及时应考。

一年一度的高考，关系许多家庭的切身利益，关系万千学子的前途命运。对广大考生而言，高考是一段青春的浓缩，多年来的挥洒汗水、奋力拼搏，将在这一刻得到集中检验。高考也是一次以奋斗为注脚的"成人礼"，在备考中了解自己、思考未来，把个人志趣融入社会发展大潮，审慎选择未来的发展方向。人生中有那么关键几步，高考或许正是其中之一。守护好莘莘学子的梦想，也就在他们的心灵中种下了向阳而生的种子。

当前，成长成才的渠道已经大大拓宽，但高考仍是当下促进社会阶层

有序向上流动的重要通道，是寒门学子改变自身命运的重要途径，是守护教育公平及社会公平的重要底线。在确保考试公平方面，不能有丝毫放松。除了确保试题试卷绝对安全、严厉打击考试舞弊，还要完善考试防疫工作方案和应急预案，坚持科学精准防疫，确保"应考尽考"。此外，为了维护和促进高校招生入学机会公平，近年来相关部门持续采取一系列措施，如实施国家支援中西部地区招生协作计划，实施重点高校面向农村和脱贫地区专项计划，完善做好随迁子女在流入地参加高考工作，严查空挂学籍、人籍分离、虚假学籍等违规问题，严厉打击"高考移民"，严肃招生工作纪律，等等。确保高考的起点公平，才能实现"不拘一格选人才"、维护社会公平正义。

考试招生制度是国家基本教育制度，关系到国家发展大计。今天，我们对高质量高等教育的需要比以往任何时候都更加迫切，对科学知识和卓越人才的渴求比以往任何时候都更加强烈。无论是实现"加快建设教育强国、科技强国、人才强国"的目标，还是落实"全面提高人才自主培养质量，着力造就拔尖创新人才，聚天下英才而用之"的要求，都要用好高考这个选才机制，为国家选拔更多优秀人才。在此基础上，扎实推进高考综合改革，持续深化考试内容改革，深入实施强基计划试点工作，不断完善高等职业教育考试招生制度，才能进一步提升高考选拔的科学性，助力培养德智体美劳全面发展的社会主义建设者和接班人，为我国经济社会发展提供更强大的人才支撑。

耕耘于四时，收获于仲夏。有这样一封致考生的信，其中一段文字温暖而有力量："少年的书桌上没有虚度的光阴，十年磨一剑，那些看似不起波澜的日复一日，终会让你看到坚持的意义。"我们相信，每一个怀有梦想的学子，都能不负韶华，不负时代，通过奋斗走向更广阔的人生舞台。我们更相信，一个更加适应建设高质量教育体系要求、更好服务提高人才自主培养质量的高考选拔机制，将让更多人享有人生出彩的机会，享有梦想成真的机会，享有同祖国和时代一起成长与进步的机会。

（2023 年 06 月 07 日）

让大学生村医扎根农村、茁壮成长

申少铁

河南提出实施高校毕业生就业村医专项计划，湖南启动"大学生乡村医生专项计划"，贵州拟招聘 1009 名应届毕业生到村卫生室工作……近段时间，多地出台政策，引导医学专业毕业生成为乡村医生，在拓宽就业空间的同时，也充实乡村卫生健康人才队伍。

乡村医生是亿万农民群众的健康守护人，是全面推进健康中国建设的重要力量。国家卫健委、中央编办等 5 部门不久前联合发布的《关于实施大学生乡村医生专项计划的通知》（以下简称《通知》）提出，"十四五"期间在部分省份实施大学生乡村医生专项计划，由各省专项招聘医学专业高校毕业生免试注册为乡村医生到村卫生室服务，并加大激励和保障力度。这将鼓励和吸引更多大学生乡村医生服务农村、扎根农村。

党和国家高度重视乡村医疗卫生人才队伍建设。党的二十大报告提出："发展壮大医疗卫生队伍，把工作重点放在农村和社区。"今年 2 月，中办、国办印发了《关于进一步深化改革促进乡村医疗卫生体系健康发展的意见》，把"乡村医疗卫生人才队伍发展壮大"作为目标任务的重要内容。从 2020 年起，国家卫健委在部分省份实施医学专业高校毕业生免试申请乡村医生执业注册政策，已累计有 4300 名大学生乡村医生进入村卫生室服务。一系列政策举措的实施，充实并优化了乡村医生队伍，提升了村级医疗卫生服务水平。

实施大学生乡村医生专项计划，目的在于向农村输送更多医疗卫生人才，补齐乡村医生队伍短板，进一步夯实农村医疗卫生服务体系。从实践来看，将医学专业毕业生吸引到农村是第一步，关键是让他们扎根农村、茁壮成长，更好地为农民群众提供医疗卫生服务。

加大政策支持保障力度，才能提高岗位吸引力。农村地区特别是西部偏远地区的农村，生活条件不便、环境艰苦。同时，村医除了要承担诊疗工作，还要承担公共卫生、慢性病防控等工作，工作量较大。完善激励机制，才能更好留住人。《通知》要求，以县为单位每5年动态调整乡镇卫生院人员编制总量，盘活用好存量编制；乡镇卫生院应当拿出一定数量的岗位公开招聘符合条件的优秀大学生乡村医生。各地可以按照学历、执业资格、职称、工作地点等因素，在单位内部分配中对大学生乡村医生予以倾斜。

做好培养培训，拓宽职业发展空间，也是一个重要方面。医学是一门不断进步的科学，医生如果要更好地服务患者，就必须不断学习医学知识，提升医学技能。正因此，《通知》提出，中央财政通过现有卫生健康人才培养项目，支持开展大学生乡村医生能力提升培训，确保上岗后3年（含）内完成一轮培训。加大医学教育资源供给，通过培训、进修等方式不断提高乡村医生医学综合能力和实践技能，既有助于提升服务水平，也将拓宽大学生乡村医生职业发展空间。

还应加强管理，提升工作积极性。大学生乡村医生到岗后，必要的考核和管理可以帮助他们提高工作效率。各地应将大学生乡村医生作为招聘引进的医疗卫生人才，由乡镇卫生院与大学生乡村医生签订服务协议，明确服务期限，按规定落实相应社会保障待遇。同时，乡镇卫生院应做好考核管理工作。

大学生乡村医生是促进乡村振兴的重要力量。认真实施大学生乡村医生专项计划，加大政策支持保障力度，拓宽职业发展空间，加强管理，必能让大学生乡村医生留得住、干得好，让村民在家门口能看上病、看好病，进一步筑牢乡村振兴的健康基石。

（2023 年 06 月 06 日）

多措并举促进学生心理健康

黄　超

作为健康的重要组成部分，心理健康是人生成就和幸福的重要基石。如今，心理健康问题已逐渐从成人、职业群体延伸至青少年群体，并呈现"低龄化"发展趋势。近期，有关学生心理健康的话题引发社会关注。

加强青少年心理健康教育，已成为当前全社会的共识。有的小学在班级设置心理委员，营造自信有爱的校园氛围；有的中学倡导"积极教育"理念，将危机干预转化为育人契机；有的高校从心理咨询辅导中发现问题，在导学关系紧张的学院面向教师开办讲座；有的地方组建志愿服务队、请专家送教入校，满足学校心理健康服务需求……近年来，各地和学校积极探索推进学生心理健康工作，推动学生心理健康素养不断提升。也应看到，随着经济社会发展，学生成长环境不断变化，学生的心理健康问题越来越凸显，健康教育、师资队伍和家校社协同育人机制等还有待加强。

党的二十大报告提出："重视心理健康和精神卫生。"促进学生身心健康、全面发展，是群众关心、社会关注的重大课题。不久前，教育部等十七部门联合印发《全面加强和改进新时代学生心理健康工作专项行动计划（2023—2025年）》，明确"五育并举促进心理健康"。前不久，教育部会同有关部门召开全国学生心理健康工作视频会议，部署进一步做好全国学生心理健康工作，提出"探索建立省级统筹、市为中心、县为基地、学校布点的学生心理健康分级管理体系"。着眼未来，应把学生心理健康工作摆在更加突出的位置。

推进心理健康教育管理工作日常化，引导学生关心自身、悦纳自我。促进学生心理健康，基础首先是心理健康问题得到各方面足够重视。与此同时，心理健康教育管理工作应逐步做到全员、全程、全方位。当前，一些学生在进入大学后出现的心理健康问题，其实早在基础教育阶段就有苗头。因此，要深化对不同年龄学生的生理、心理特点和成长问题的了解，有的放矢地开展心理健康教育，贯通大中小学各学段，不断提高学生积极心理品质。

强化家校协同，降低学生心理与行为问题风险。有调查显示，学生线下活动频率、运动习惯与学生的学习兴趣、信心预期成正相关。这就需要注重学生学习的劳逸结合，消除学习心理疲劳。一方面，学校在布置作业、组织考试时要合理规范，重视开展多样化的校园体育锻炼，灵活安排课外社团活动。另一方面，家长要注重孩子的全面发展，帮助孩子减轻学习压力，促进亲子良性互动，提升应对孩子心理问题的意识和能力。

鼓励支持同伴交往，辅助学生构筑同伴支持网络。在同伴交往过程中，经过长期沟通交流建立起来的情感联结，对促进学生情绪健康、人格完善等具有积极作用。当前，一些中小学生因为学习压力和家庭教育理念等因素，与同龄人交友较少；有的大学生也面临"社交卡顿"，存在社交焦虑。对此，要重视同伴交往对学生心理健康发展的影响，正确引导和发挥同伴关系的积极效应，传授给学生同伴交往的技巧，帮助他们建立同伴信任，形成积极的自我概念。

青少年时期是人生重要的成长时期。加强和改进新时代学生心理健康工作，有利于落实立德树人根本任务、坚持健康第一的教育理念。以对国家和民族未来高度负责的使命感，以"时时放心不下"的责任感，多措并举促进学生心理健康，就能为青少年健康成长营造良好环境。

（2023 年 06 月 05 日）

加快推进中医药现代化

王君平

不久前在河北考察时，习近平总书记指出："要坚持人民至上、生命至上，研发生产更多适合中国人生命基因传承和身体素质特点的'中国药'，特别是要加强中医药传承创新发展。"这为切实把中医药这一祖先留给我们的宝贵财富继承好、发展好、利用好提供了重要遵循。

全国备案中医诊所超 2 万个、八成以上县级区域已设置县级中医医院、八成以上社区卫生服务中心和乡镇卫生院设置了中医馆……近年来，我国中医药事业稳步发展，中医医疗服务机构遍布全国各地。深入发掘中医药宝库中的精华，守正创新加快推进中医药现代化，有助于更好发挥中医药在维护和促进人民健康中的独特作用。

在传承中创新，在创新中发展，古老的中医药一直是开放包容的体系。如今许多患者看中医，往往会拿着 B 超、CT 等体检报告。在勤求古训、博采众长的前提下，"能中会西"几乎成为当代中医医师能力素养的"标配"。借助人工智能、互联网＋等科技手段不断更新知识、提升技能，中医药可以更好守护人类健康。

加强中医药传承创新发展，产业现代化是依托。药材好，药才好。随着野生中药材资源的日渐枯竭，大部分临床常用中药采用人工种植。中药材质量是制约中医药高质量发展的瓶颈之一。中药材基地共享共建联盟自 2012 年成立后，经过十年耕耘，把中药材的抽检合格率从 64% 提升到 98.4%，推动我国《中药材生产质量管理规范》发布实施。中医药农业技术的创新与进步，为中药材产业高质量带来新的机遇。

中医药振兴发展是一项系统工程，需要全盘布局、系统谋划、多方参与，促进产学研用一体化推进。比如，八角价格低廉，即使是提取莽草酸原料，每公斤售价也不高。国外药企推出的抗病毒药物"达菲"，以八角提取物为原料，每公斤售价翻了很多倍。提升科技创新能力，是国内中药企业实现高质量发展的当务之急。从更高视角看，要构建多学科交叉的大型高端科技平台，实现中药资源产业、中药工业、中医药健康服务业三业融合，推动形成产业布局更优、集聚程度更高、产业规模更大、核心竞争力更强的健康产业发展格局。

加强中医药传承创新发展，离不开数字化赋能。研发中医数字化辅助诊断装备，开创中医数字化路径，让中医特色疗法从"模糊"向"精确"转化，助力续写中医妙手回春的当代传奇。对于丸散膏丹之类的传统中药，以往药理机制难分辨、制药过程较粗略。中成药制造核心工艺的数字化与智能控制，有助于解决重点领域、重要环节的突出问题，推动中医药创造性转化、创新性发展。下一步，应加强政策保障，完善激励机制，加强数字科技赋能，引导推动更多科研单位和科研工作者参与中医药研发。

中医药振兴发展迎来天时、地利、人和的大好时机。中医药学是中华文明的瑰宝，传承创新发展中医药是新时代中国特色社会主义事业的重要内容。传承精华、守正创新，答好中医药现代化之问，让更多良医良方竞相涌现，中医药事业将为维护人类健康作出新的更大贡献。

（2023 年 06 月 02 日）

科学推进生态保护修复

寇江泽

　　加大生态保护修复力度，提升生态系统质量和稳定性，对维护国家生态安全具有基础性、战略性作用。不久前，习近平总书记在听取陕西省委和省政府工作汇报时强调，"推进水土流失、荒漠化综合治理，加强流域生态保护修复"。这充分体现了以习近平同志为核心的党中央对加强生态文明建设、加强生态保护修复的高度重视。

　　生态修复，一般是指运月生物工程、生态工程的技术和方法，通过某种工程措施重建被破坏或退化的生态系统，使得生态系统功能恢复原有状态或者接近原有状态。"十四五"期间，我国启动"山水工程"负面清单审核，明确将不符合"三区三线"管控规则、工程措施缺乏科学性等9类项目排除在中央财政资金安排之外，生态保护修复的系统性和科学性不断提升。自然资源部前段时间发布的信息显示，"十三五"以来，我国在"三区四带"国家生态安全屏障累计完成生态保护和修复面积约537万公顷，"山水工程"既保护恢复了多种类型的自然生态系统，也保护修复了高强度的土地利用系统，减少了生态安全隐患，改善了生态系统质量，优化了国土空间格局，让神州大地生态"颜值"持续提升。实践证明，生态保护修复是守住自然生态安全边界、促进自然生态系统质量整体改善的重要措施。

也要看到，我国一些地区生态系统受损退化问题突出、历史欠账较多，生态保护修复任务量大面广。必须充分认识科学推进生态保护修复的重要意义，坚持多措并举、强化落实，推动相关工作取得更多实效。

推进生态保护修复，应坚持系统治理、科学治理。生态是统一的自然系统，是相互依存、紧密联系的有机链条，山水林田湖草沙是生命共同体。正因此，生态保护修复必须按照生态系统的内在规律，统筹考虑自然生态各要素，进行整体保护、系统修复、综合治理。要认识到，生态保护修复遵循"自然恢复为主、人工修复为辅"的原则，分类施策，但"自然恢复为主"不代表放任不管，而是以最小化的人工干预实现目标，对于受到严重破坏的生态系统则需通过人工干预进行生态重建。与此同时，生态保护修复不可能一蹴而就，要以提升生态效益为主要目标，同时兼顾社会效益和经济效益，实现人与自然和谐共生。

推进生态保护修复，应不断探索创新。各地生态情况各不相同，需要修复的生态类型也不尽相同，坚持因地制宜，才能找到适合路径。以"山水工程"为例，福建闽江流域构建陆海统筹的流域生态保护修复治理模式，探索破解互花米草治理难题；江西赣州南方丘陵山区开创"山上山下、地上地下、流域上下"的"三同治"治理模式；甘肃祁连山为实现对退化森林及草地的封育恢复，在限制放牧及采伐活动的同时，提供护林员、旅游向导等就业岗位，开展蘑菇、地耳等林产品的种植，拓宽增收渠道。这些探索，践行"绿水青山就是金山银山"理念，实现了生态效益、经济效益和社会效益的共赢，也启示我们，只有因地制宜、探索创新，才能推动生态保护修复工作不断取得新成效。

党的二十大报告提出："提升生态系统多样性、稳定性、持续性。"以习近平生态文明思想为指引，坚持山水林田湖草沙一体化保护和系统治理，国家生态安全屏障将越来越稳固，中华民族永续发展的生态基础将越来越坚实。

（2023 年 06 月 01 日）

依托数字孪生技术建设智慧城市

谷业凯

上海杨浦大桥，主塔预应力束、斜拉索、横梁等设施实现数字编码，加装智能传感设备，"数字体征"一目了然；"泉城"济南，四维地质环境可视化信息系统平台，自动"剖切"地层结构、岩性、岩溶发育特征等信息，为轨道交通线路适宜性分析提供参考；"未来之城"雄安，物理城市与数字城市同步规划、同步建设，汇聚城市数据、统筹管理运营的信息"中枢"加快打造……一个个生动场景，映照着我国城市数字化转型的探索创新。

"十四五"规划和2035年远景目标纲要提出："迎接数字时代，激活数据要素潜能，推进网络强国建设，加快建设数字经济、数字社会、数字政府，以数字化转型整体驱动生产方式、生活方式和治理方式变革。"随着数字化、智能化技术的发展，数字孪生技术加快应用，综合利用感知、计算、建模等技术，把物理上的城市要素进行数字化，在数字空间构造一个与之完全对应的"副本"，建立与现实世界实时映射、虚实交互的数字孪生城市，成为推动城市科学规划、高效治理，进而实现数字化转型的重要路径。

城市是一个复杂的开放性系统，既包括建筑、道路、管网等基础设施，也包括人车物、水电气等各类要素，其在物理空间上纵横交错，产生的数据信息纷繁复杂。数字孪生城市能够对城市的各种要素进行模拟和仿真，以信息的形式呈现物理空间和社会空间。这既能为交通信号控制优化、能源调度、重大项目周期管理、基础设施选址建设等提供指引，也可以对城市运行过程中可能出现的潜在风险进行智能预警，并提供及时反馈和对策建议。数字孪生城市通过对"虚拟"城市的分析、调控来优化现实城市的运转，有望让城市更"聪明"、推动治理变"智理"。

数字孪生城市是实现数字化治理和发展数字经济的重要载体，更是未来城市提升长期竞争力、实现可持续发展的新型基础设施。《"十四五"数字经济发展规划》提出："完善城市信息模型平台和运行管理服务平台，因地制宜构建数字孪生城市。"近年来，数字孪生城市已在国内不少地方落地，在"虚实结合"中极大提升了城市精细治理的效能。从这个意义说，数字孪生城市不仅是新一代信息技术在城市中的综合集成应用，也是一种新型城市建设和治理模式。

当前，数字孪生城市建设仍处在基础建设阶段，在平台搭建、数据利用、场景应用、标准体系、运行体系等方面仍面临着问题与挑战。比如，数字孪生城市涉及的数据类型多、系统互联互通难度大。在推进数字孪生城市建设的过程中，既需要对这些"基础资料"统筹集纳和动态融合，也需要根据不同行业特点，对数据和知识进行语义分析并完成高效匹配。

城市，让生活更美好。在建设数字孪生城市的过程中，积极推进物理空间和数字空间一体建设、协同发展，让技术手段和人文关怀共同进步、相得益彰，就能让城市不断满足人民日益增长的美好生活需要，把发展成果不断转化为生活品质。

（2023 年 05 月 31 日）

让网络虚假新闻无所遁形

金　歆

> 打击新闻"李鬼"，既要猛药去疴、重典治乱，也应与时俱进、创新治理举措
>
> 作为信息内容管理第一责任人，网络平台有责任完善举措，有力应对花样百出的网络虚假新闻

开局一张图、内容全靠编，以剪贴、拼凑等手段，炮制涉社会案事件、国际时政等热点议题相关虚假新闻；通过伪造新闻演播室场景、模仿专业主持人播报等手段，伪装权威新闻媒体，以假乱真误导公众……一段时间以来，网络虚假新闻成为扰乱网络传播秩序的毒瘤。

假新闻、假主播层出不穷，给互联网用户带来困扰。种种乱象，不仅传播错误信息，破坏清朗网络空间，还可能挑动网民情绪，影响社会稳定，危害不容小觑。不久前，国家网信办开展"清朗·规范重点流量环节网络传播秩序"专项行动，全面清理违规采编、违规转载、炮制虚假新闻等扰乱网络传播秩序信息，全面排查处置仿冒"新闻主播"等违规账号。各网站平台积极履行社会责任，严格开展自查清理工作。持续打击和治理网络虚假新闻，净化了网络空间，也有助于提高群众对虚假新闻的警惕。

也应看到，随着互联网技术与应用的发展，一些新现象新问题不断出现，给网络虚假新闻的治理带来了新挑战。当前，自媒体平台多元多样，

用户范围越来越广，传播力不断增强。借助这些平台，网络虚假新闻一旦出现，传播速度加快，造成的不良影响也会更加严重。比如，一张图片配上几行说明的虚假新闻，很快就能"转载破万"。此外，随着人工智能、虚拟现实等技术的使用，网络虚假新闻的生产更加快捷，更容易以假乱真，让普通人难以分辨图文、视频内容的真实性，网友感慨："现在，有图也不一定有真相。"因此，打击新闻"李鬼"，既要猛药去疴、重典治乱，也应与时俱进、创新治理举措。

作为信息内容管理第一责任人，网络平台有责任完善举措，有力应对花样百出的网络虚假新闻。当前，有的网络平台已经可以通过技术手段识别疑似虚假信息、人工智能生成信息，但对用户的提示、对信息的删除等有时并不及时；有的网络平台对于虚假新闻、仿冒账号仅是一删了之、一封了之，对于其"换个马甲"继续发布虚假新闻缺少有效防范；对于虚假新闻发布者的处理，网络平台与执法司法部门配合联动有待加强。就此而言，有关平台应及时优化措施，改进虚假信息判定处置机制，加强对违法账号的身份识别，积极配合执法监管。

此外，相关部门也应严格执行相关规范，创新举措应对监管挑战。今年1月起施行的《互联网信息服务深度合成管理规定》，明确要求深度合成服务提供者和使用者不得利用深度合成服务制作、复制、发布、传播虚假新闻信息，并规定了一系列监管制度。目前，生成式人工智能服务管理办法已向社会公开征求意见。公安、网信等部门应严格执行相关规则，履行监管职责。不久前，甘肃公安部门就借助技术手段破获一起利用人工智能生成虚假新闻的案件。有关方面及时研判新问题、总结新经验，保持整治网络虚假新闻信息的高压态势，适时完善务实管用的监管举措，才能让网络虚假新闻、虚假新闻发布账号无所遁形、无处藏匿。

面对花样不断翻新的网络虚假新闻现象，坚持聚焦问题、多措并举、久久为功，依法惩治违规者，坚决切断传播链，及时澄清假信息，才能更好守护亿万网民共同的精神家园，让互联网空间更加天朗气清。

（2023 年 05 月 30 日）

融合创新，激发文旅消费潜能

王 珂

> 下大气力推动文化和旅游更广范围、更高水平深度融合，积极培育人们喜闻乐见的新产品

文博看展、文化演艺、国风国潮热成为旅游新风尚，"旅行＋演艺""旅行＋看展""旅行＋刷博物馆"受到消费者青睐，国风汉服、围炉煮茶、音乐雅集等活动人气兴旺……最近一段时间，观察强劲复苏的消费市场，文化和旅游呈现加速融合的特征。"诗"和"远方"更好联结，不仅给游客带来新体验，也带动形成文旅市场新的增长点，为恢复和扩大文旅消费注入新的动力。

文旅深度融合的背后，是不断升级的消费需求。随着旅游市场的发展，旅游需求更加多样化、个性化。人们对旅游的认识不再只是"看山看水看风景"，而是日益向"观文品史、体验生活"的模式转变。深度参与并充分感受目的地文化内涵的旅游方式，正成为越来越多游客的选择。从近年来对节假日旅游市场的监测结果来看，90% 以上的游客会参与各类文化活动，40% 的游客会进入文博场所。加强融合创新，才能更好满足消费升级带来的新需求。

今年以来，在文化和旅游消费恢复回暖过程中，"文化＋旅游"产品

越来越丰富，成为新亮点。今年"五一"假期，不少公共图书馆、文化馆（站）免费开放，积极探索打造新型文化空间，开展沉浸式体验等形式多样的文化活动；全国共举办营业性演出 3.11 万场次，票房收入 15.19 亿元，观演人数约 865.49 万人次；中国国家博物馆等文化地标热度不减。但也应看到，尽管市场气氛火热，但文旅产品质量参差不齐，打着文化旗号却难副其实等现象仍然存在。这不仅影响消费者体验，也不利于行业长远发展。

《"十四五"旅游业发展规划》提出："加强文化和旅游业态融合、产品融合、市场融合、服务融合，促进优势互补、形成发展合力。"如何实现融合创新发展，成为推动文旅高质量发展的一道必答题。要进一步提升旅游的文化内涵，培育更多文化和旅游融合发展新业态。要以文塑旅，深入挖掘地域文化特色，将文化内容、文化符号、文化故事融入景区景点，把优秀传统文化纳入旅游的线路设计、展陈展示、讲解体验。与此同时，还要推动旅游演艺、文化遗产旅游、文化主题酒店、特色节庆展会等提质升级，形成更多服务品质和文化体验并重的文旅产品。多措并举、加强创新，才能赋能文旅融合，更好满足不断增长的多元消费需求。

文化和旅游既是拉动内需、繁荣市场、扩大就业的重要内容，也在满足人民日益增长的美好生活需要方面发挥着显著作用。当前，文旅市场加速回暖势头良好。进一步激发市场活力，关键在于加大优质旅游产品供给力度。用好文旅融合这个重要抓手，下大气力推动文化和旅游更广范围、更高水平深度融合，积极培育人们喜闻乐见的新产品，就能给文旅市场带来新气象，为文旅消费注入新动能。

（2023 年 05 月 29 日）

在创新中发展壮大"即时物流"

金 言

围绕更好满足居民消费升级需要，加快物流业态升级、持续完善物流网络，才能推动现代物流实现由大到强的转变

忘带物品，使用"闪送"帮取回；逢年过节，叫个"同城"送礼物；抽不开身，下单"跑腿"代取号……近年来，随着消费者需求的持续增长，"即时物流"蓬勃兴起。从服务范围来看，这类物流从餐饮外卖日渐扩展至商超、日用、医药等更多品类，并向代买物品、帮办事务等非标准化服务延伸。据统计，2014 年到 2021 年，我国即时物流用户规模从 1.24 亿人增长到 6.33 亿人，年复合增长率超 26%。

从"送外卖"到"送万物"，即时物流快速发展，得益于即时需求的加速释放。一项调查表明，工作生活中的"急""忙""忘"正成为即时物流服务的典型需求场景。有平台数据显示，今年母亲节期间，快送平台鲜花和蛋糕配送单量同比增长近 1.7 倍。这折射出，在消费升级背景下，消费者对省时省力的诉求不断提升。可以预见，当使用跑腿取送物品的用户习惯基本形成，更多个性化、多元化的即时物流服务将随之出现，从而进一步推动即时物流拓展新应用、新服务。

从供给侧看，市场运力更加充足、物流技术迭代创新，为即时物流发

展提供了有力支撑。凭借较为灵活的用工模式，近年来，不少快递物流企业依托庞大的骑手群体，快速构建起覆盖广泛的服务网络，使得大范围、高频次的即时服务成为可能。与此同时，无人机、自动配送车等新装备规模化投放，专人直送、汽车配送等新模式加速应用，助力即时物流的履约交付更加稳定高效，优化了用户配送体验。

放眼更大的物流体系，即时物流也是我国立体化、全方位、多层次现代物流网络的有机组成部分，发挥着末端"毛细血管"的作用。即时物流行业的快速成长，将有效畅通微循环，让交通物流的脉动更加强劲。商务部等 9 部门印发的《商贸物流高质量发展专项行动计划（2021—2025 年）》提出，"完善前置仓配送、门店配送、即时配送、网订店取、自助提货等末端配送模式"；《"十四五"现代物流发展规划》明确，"实现干线、支线物流和末端配送有机衔接、一体化运作""鼓励发展物流新业态新模式"……近些年，利好政策接连出台，有力推动了即时物流迭代发展，也有效促进了市场供需对接和商品服务流通。

在阔步迈向物流强国的进程中，发展壮大即时物流是题中应有之义。现代物流是经济的"经脉"，一头连着生产、一头连着消费，是延伸产业链、提升价值链、打造供应链的重要支撑，在建设现代化经济体系中发挥着先导性、基础性、战略性作用。经过多年发展，我国已成为名副其实的物流大国，货运量、快递业务量等均位居世界前列。着眼未来，围绕更好满足居民消费升级需要，加快物流业态升级、持续完善物流网络，才能推动现代物流实现由大到强的转变。

即时物流覆盖种类多、涉及领域广，推动其可持续发展，还有赖于健全服务标准体系，加强服务质量检测评估，营造更加公平有序的竞争环境。随着本地生活服务业的快速发展和供需两侧的双向发力，我国即时物流行业前景可期、大有可为。精准施策、久久为功，让新业态持续迸发新活力，即时物流必将为构建现代物流体系提供新动力。

（2023 年 05 月 26 日）

让河湖长制促进河湖长治

王　浩

　　全面推行河湖长制完全符合我国国情水情，是河湖保护治理
领域根本性、开创性的重大举措

　　太浦河蜿蜒流淌，一水连三地，江浙沪牵手，建立"联合河长制"，成为长三角一体化发展的生动注脚；川渝两地加强跨界河流协同治理，村级河长展开今年首次联合巡河，共同筑牢长江上游重要生态屏障。从奔腾万里的长江黄河，到造福两岸的家乡河湖，再到欢腾山涧的无名溪流，120多万名河湖长上岗守水、携手治水，合力守护"水清河畅、鱼翔浅底"的美丽图景。

　　全面推行河湖长制，是以习近平同志为核心的党中央，立足解决我国复杂水问题、保障国家水安全，从生态文明建设和经济社会发展全局出发作出的重大决策。随着河湖长制的全面建立，各级河湖长队伍不断壮大，从"总指挥"到"最前哨"，省市县乡村五级河湖长一级抓一级，层层促攻坚，治理资源不断聚集、治理手段更加多元、治理效能日益提升。河湖长制带来河湖长治，江河湖泊面貌发生历史性变化，2022年国家地表水优良水质断面比例为87.9%，同比上升3.0个百分点。实践充分证明，全面推行河湖长制完全符合我国国情水情，是河湖保护治理领域根本性、开创

性的重大举措。

作为一项重大制度创新，河湖长制在实践中不断完善成熟。近年来，统筹协调、监督检查、考核问责等制度体系日益完善，河湖长联席会议机制、河湖长制办公室等凝聚起各方力量，"河小青""巾帼河长""企业河长"等志愿服务品牌广泛吸纳社会力量，形成党政主导、水利牵头、部门联动、社会共治的河湖管理保护新局面。但也应看到，河湖保护治理是一项长期工程，不可能一蹴而就。容易治的已取得重要进展，剩下的还有不少矛盾尖锐的"龙须沟"。各地应重拳出击、驰而不息，加大力度、延伸广度，让河湖长制实现"有能有效"，不断满足广大群众对良好生态环境的需求。

更好完善河湖长制、发挥其治理效能，需要在统筹协调上下功夫。问题在水里，根子在岸上。乱占乱采、乱堆乱建、非法采砂、过度取水等问题困扰河湖健康。一体推进治水、治岸、治山、治污，需要区域联动、部门协同、社会共治。从"分段管"到"全域管"，从"一家管"到"合力管"，必须完善组织体系、明确责任分工、健全执法监督，让河湖不仅有人管更能管得好。一些地区探索"河湖长＋警长""河湖长＋检察长"等机制，加强行政执法与刑事司法、公益诉讼衔接，提高违法成本、加大惩戒力度。继续以"河湖长＋"为牵引，健全完善会商研判、资源共享、执法联动等长效工作机制，才能不断提高治理能力。

同时，还需要强化数字赋能，为河湖智慧化管理提供支撑。一些地方开发河湖长手机平台，实现了轨迹追踪、在线上报等功能，大幅提升了管理效率。当前智慧水利建设不断推进，各地应抢抓机遇，加强大数据、云计算、人工智能等技术与河湖长制的深度融合，实现从人海战术到数据跑路、从拼体力到拼算力的转变，不断提升河湖治理保护的数字化和智能化水平。

水是生命之源、生态之基、生产之要。让每一条河流、每一个湖泊都有人守护，并以制度的形式将其固定下来，不仅体现出制度创新的突出成果，更彰显着对大自然、对这片土地的深沉情感。久久为功、真抓实干，继续完善河湖长制，将为建成幸福河湖打下坚实基础，绘就人水和谐的斑斓画卷。

（2023 年 05 月 25 日）

从快递增速感受活力中国

韩 鑫

仅用 4 个多月快递业务量就完成 400 亿件，彰显了行业发展
的强劲韧性，也成为生机勃勃的活力中国的一个生动写照

快递业联系千家万户、连通线上线下，既是畅通生产与消费的重要渠
道，也是观察经济发展的一扇窗口。国家邮政局监测数据显示，截至 5 月
4 日，今年全国快递业务量达 400 亿件，比 2019 年提前了 128 天，比去年
提前了 24 天。仅用 4 个多月快递业务量就完成 400 亿件，彰显了行业发
展的强劲韧性，也成为生机勃勃的活力中国的一个生动写照。

将观察的尺度细化，39 天超 100 亿件，67 天超 200 亿件，96 天超 300
亿件，124 天超 400 亿件，今年以来，快递日均业务量稳步向上攀升，这
样的成绩凝结着快递企业抢抓机遇的不懈努力。行业企业主动发力新技术、
不断拓展新业务，在助力畅通经济微循环中培育新的增长点。从次日达提
速为半日达，"上午下单，下午送到"打造快递新速度；从单向配送到双向
揽派，覆盖更广的智能快递车带来配送服务新体验；联合多方资源服务电
商出海，不断完善的跨境寄递网络助力"快递出海"迈出新步伐……一系
列新举措，推动快递服务网络更加顺畅、服务质量更高、运力持续升级，
推动行业保持良好运行态势。

快递日均业务量逐月增长，映照我国消费市场回升向好的良好态势。快递业支撑市场流通持续改善，助力线上消费需求逐步释放。一季度，全国实物商品网上零售额同比增长 7.3%，占社会消费品零售总额的比重同比提高 1 个百分点。今年"五一"假期，全国共揽收快递包裹近 15 亿件，日均揽收量较 2019 年增长约 1.2 倍。一件件快递包裹，展现出一幅充满烟火气的繁荣景象，也彰显着我国消费市场持续恢复的基础没有改变，消费规模扩大、结构升级的态势仍在延续。

快递日均业务量逐月增长，折射我国产业融合发展的新趋势。追踪快递包裹的流动轨迹，便会发现，不断织密的快递网背后，是加快换挡升级的"快递进村"，是体量持续壮大的"快递入厂"。广东茂名的荔枝、浙江舟山的海鲜、江苏睢宁的家具、浙江慈溪的小家电……今年以来，快递企业不断下沉服务网络，工业品下乡进村渠道更加畅通，越来越多的地方农特产品销往全国，每天超亿件快递包裹在农村地区流动，持续激发着乡村消费活力。入厂物流、仓配一体化、区域性供应链服务……通过将服务延伸至生产环节，快递业与制造业进一步融合，既有力助推了制造企业降本增效，也让快递企业开拓了市场新空间。

今日中国，已形成一张网点超 41 万处、日均服务 7 亿人次的巨型邮政快递网络。全国 400 多万快递小哥每日穿梭在大街小巷，让这张大网活力更足、韧性更强。随着一系列促消费、畅流通政策的实施和居民消费信心的持续增强，快递业服务生产、促进消费、畅通循环的先导性作用将进一步发挥，在深度进村、提速入厂、阔步出海中不断推动经济高质量发展。

（2023 年 05 月 24 日）

挖掘机器人产业更大潜力

喻思南

实现机器人产业与制造业良性互动，既要补短板也要锻长板，着力拓展机器人应用的深度和广度

焊接 0.4 毫米的超薄碳钢板，1 分钟内码放 10 箱货物……在前不久举办的第十九届天津工博会上，各类工业机器人精彩亮相，展示出超强技术实力。

加快建设制造强国、加快制造业转型升级，为机器人产业提供了广阔空间。近年来，工业机器人应用日益广泛，正从汽车制造、金属制品加工等传统领域向新一代半导体等行业延伸。机器人技能也随之"进化"，不只会干搬运等"体力活"，还能做排产、质检等"脑力活"。统计显示，我国机器人产业规模快速增长，其中，工业机器人应用覆盖国民经济 60 个行业大类、168 个行业中类，稳居全球第一大工业机器人市场。

机器人应用不断拓展，支撑制造业迈向中高端。机器人产业自身规模并不大，但能量不容小觑。作为生产工具，机器人具有操作精细、稳定等特点，能解决一些生产环节的难题；作为新兴技术载体，机器人是人工智能、5G 等数字技术连接制造业的桥梁。当前，数字经济方兴未艾，智能化、网联化、柔性化制造加速挺进。发挥好机器人的撬动作用，不仅能让制造

业提质增效，还有望开辟新领域、新赛道，为制造业发展创造新机遇。

我国机器人产业优势明显。国际机器人联合会统计显示，2021 年我国制造业机器人密度达到每万人超 300 台，比 2012 年增长约 13 倍。同时，一些领域的创新走在世界前列。比如，借助机器视觉技术，给机器人装上"火眼金睛"，引领了工业质检的潮流。我国机器人应用还有较大提升空间，产业自身也存在技术积累不够、基础相对薄弱等不足。实现机器人产业与制造业良性互动，既要补短板也要锻长板，着力拓展机器人应用的深度和广度。

推动机器人产业高质量发展，需要持续攻关关键核心技术，保障供应链自主可控和产业安全。工业机器人中，核心零部件占整机成本的 70% 以上。近些年，国产机器人攻克了精密减速器、控制器、伺服系统等领域的部分难题，产品国产化率逐步提升，但材料研发、加工工艺等依然比较薄弱。由于技术因素，自主品牌工业机器人以组装和代加工为主，大多处于行业中低端。此外，在操作系统和相关基础软件上，国产工业机器人起步相对较晚。要在激烈竞争中实现并跑、领跑，必须努力提升机器人核心部件、软件国产化水平，强化产业链供应链安全。

推动机器人产业高质量发展，也需要完善产用协同创新生态，以应用牵引机器人产业创新。深耕优势行业，通过"机器人+应用"带动技术突破、产品升级，是国产机器人发展的重要经验。着眼未来，一方面，应组织好产需精准对接，加快成熟场景普及推广，拓展新能源汽车、光伏等新兴领域需求，推进与新一代信息技术的融合，努力把产业优势转化为技术优势；另一方面，支持用户参与机器人产业链攻关，凝聚各方合力，才能携手开发更先进、适应性更好的产品和方案。

加快建设以实体经济为支撑的现代化产业体系，关系我们在未来发展和国际竞争中能否赢得战略主动。作为实体经济的重要组成部分，做强做优制造业意义重大。聚焦产业链痛点、应用堵点、创新难点，让机器人更好赋能制造业升级，就能更好助力实体经济高质量发展，为全面建成社会主义现代化强国奠定更加坚实的物质技术基础。

（2023 年 05 月 23 日）

藏粮于技，夯实粮食丰收基础

常　钦

全方位夯实粮食安全根基，一个重要方面就是把"藏粮于地、藏粮于技"真正落实到位，把发展农业科技放在更加突出的位置

立夏后万物蓬勃生长，一幅幅"科技农耕图"在广袤田野铺展开来：中原粮仓，无人机飞过大田，"一喷三防"作业忙，麦苗茁壮生长；赣南大地，高速插秧机来回穿梭，稻田一片新绿；东北黑土地，"田保姆"推广保护性耕作、北斗导航作业，豆种入土扎根……新农机驰骋、新品种落地、新农艺见效，农业生产一线激荡新动能，让大国粮仓的支撑保障越来越坚实。

习近平总书记强调："解决吃饭问题，根本出路在科技。"不久前召开的二十届中央财经委员会第一次会议指出："要更加重视藏粮于技，突破耕地等自然条件对农业生产的限制。"今年以来，各地区各部门着力推进农业科技装备全领域突破，农业现代化、规模化经营、绿色化发展取得新进展。当前，冬小麦面积稳中有增，长势好于去年，春播进展总体顺利，夏粮丰收有了扎实基础，全年粮食稳产增产底气更足。

今年的中央一号文件提出"实施新一轮千亿斤粮食产能提升行动"，要求"强化藏粮于地、藏粮于技的物质基础"。应该看到，这些年，我们

依靠自己的力量端稳中国饭碗，14亿多人吃饱吃好。现在，粮食需求刚性增长，端牢饭碗还面临不少压力，提升粮食产能仍然是首要任务。全方位夯实粮食安全根基，一个重要方面就是把"藏粮于地、藏粮于技"真正落实到位，把发展农业科技放在更加突出的位置，大力推进农业机械化、智能化，给农业现代化插上科技的翅膀，推动实现产能提升、结构优化、韧性增强、收益提高。

农业科技可以运用到粮食生产的各环节，提升播种效率、产业韧性和竞争力。耕地是粮食生产的命根子，加强高标准农田建设，确保完成新建4500万亩和改造提升3500万亩年度任务，必须补上土壤改良、田间灌排设施等短板，统筹推进高效节水、水肥一体化设施建设。强化农业科技和装备支撑，要以破解"一大一小"农机装备卡点难点为重点，加紧研发平原地区适用的大型智能农机装备、丘陵山区适用的小型机械和园艺机械。种源安全关系到国家安全，要加快培育高产高油大豆、短生育期油菜、耐盐碱作物等新品种，下决心把我国种业搞上去，实现种业科技自立自强、种源自主可控。

让农民种粮能挣钱，粮食生产才有保障。提升农业科技创新水平并加快推广使用，能够为农民增收拓展新路径，主要体现为"节本"和"增效"两个方面。从节本来看，农业机械化生产不断普及，农机装备水平不断提升，大量节省了人力物力成本。从增效来看，随着大数据、云计算、人工智能等新一代数字技术应用于农业，通过智慧农业云平台实现精准施肥、精准灌溉等，极大提升了农作物的品质。积极应用现代农业科技延伸产业链条，实现土地效益最大化，带动广大农民多种粮、种好粮，能获利、多得利，将为保障粮食安全筑牢坚实基础。

希望的田野上，新的丰收正在孕育。全力以赴保持粮食稳产增产好势头，把丰收的基础转化为丰收的果实，分品种压实种植面积，分环节挖掘增产潜力，分主体调动种粮积极性，充分发挥农业科技的赋能作用，必能确保全年粮食产量在1.3万亿斤以上，赢得粮食安全的战略主动。

（2023年05月19日）

在博物馆邂逅优质文化资源

崔　妍

作为保护和传承人类文明的重要场所，博物馆不仅是历史文化记忆的宝库，也是人们借以认识过去、把握今天、探索未来的场所

首次 24 小时"不熄灯"，让观众领略"博物馆奇妙夜"；临时扩大行李寄存处，为外地观众提供方便；与上海大剧院联动，推出观展专场活动……国际博物馆日之际，上海博物馆举办的艺术嘉年华活动，吸引了许多观众前往看展。这是"博物馆热"的一个生动缩影，也是博物馆顺应人民群众对美好生活的向往的一个具体案例。

今年国际博物馆日的主题是"博物馆、可持续性与美好生活"。一器一物浓缩文化，方寸之间解码文明。作为保护和传承人类文明的重要场所，博物馆不仅是历史文化记忆的宝库，也是人们借以认识过去、把握今天、探索未来的场所。展现灿烂文明的历史博物馆、讲述红色故事的革命纪念馆、展示特色文化的民俗博物馆……近年来，我国类型丰富、主体多元、普惠均等的现代博物馆体系基本形成，为人们提供了更为多样的文化选择，为美好生活提供着丰厚文化给养。

从线下展览到网上展厅，从文物"微课堂"到文创产品，如今，博物

馆离人们的生活越来越近，逛博物馆越来越成为一种生活方式。人们或是与三两好友在馆中游览，或是在"云端博物馆"漫游，或是参与研学活动、学习相关知识。文博事业的发展，吸引更多人走进博物馆；"博物馆热"的持续，又推动博物馆"解锁"更多创新的可能性。从这个角度看，博物馆与人民精神文化需求的良性互动，将为美好生活注入新的动能。随着博物馆深度融入公众生活，博物馆也承载着更多期待。

激发博物馆的活力，需要用"一方水土"滋养"一方空间"。浙江杭州南宋德寿宫遗址博物馆在遗址上打造沉浸式体验，以原貌、原尺度立体标识展示，让宋韵走进寻常百姓家；山东青州博物馆邀请剪纸、泥塑等非遗传承人，根据馆藏文物和青州文化中的典型元素进行创作，并邀请观众参与互动；重庆白鹤梁水下博物馆结合地方独特环境资源，打造延伸至40米深长江水下的"时空隧道"，独特场景让人流连忘返……各地博物馆聚焦特点、做强特色，使博物馆成为不同年龄观众的"打卡地"。这启示我们，依托独特资源形成新优势、开辟新路径，就能靠"别具一格"汇聚起更多人气。

文物"活起来"，博物馆才能"火起来"。文物活化利用，既需要薪火相传、代代守护，更需要与时俱进、勇于创新。比如，广东省流动博物馆探索"无围墙"博物馆，将展览延伸到大街小巷、学校课堂、大山深处，让更多人近距离感受文物的魅力。又如，陕西历史博物馆以大量高精度数据为基础，依托虚拟现实技术、视频切片技术、H5技术打造虚拟展览，将韩休墓考古现场完整呈现。从讲好文物背后的故事，到开发文创产品，再到运用全息投影、虚拟现实等技术提升展览的趣味性和互动性，坚持守正创新，拉近观众与博物馆的距离，才能让博物馆焕发源源不断的生命力。

习近平总书记强调："一个博物院就是一所大学校。"期待各地博物馆继续推动中华优秀传统文化创造性转化、创新性发展，让更多人与优质文化资源相遇。

（2023 年 05 月 18 日）

让马拉松"流量"变发展"增量"

常晋

以"体育+"为抓手，连接城与人，推动体育、文化、旅游等产业融合发展，马拉松赛事才能更亲民，成为城市的一张闪亮名片

北京半程马拉松、上海半程马拉松、郑开马拉松等多场比赛同日开赛；湘鄂龙凤双城马拉松燃情开跑，具有民族特色的"跨省"赛道吸引2万余名参赛者；沈阳绿岛环湖马拉松鸣枪开赛，8所高校数千名师生以奔跑的方式庆祝五四青年节……开春以来，多地马拉松赛事先后举办，呈现全面回归态势。

党的二十大报告提出，"促进群众体育和竞技体育全面发展，加快建设体育强国"。作为一项高强度的户外有氧运动，跑马拉松既锻炼身体又磨炼意志，是锻造人格、提升心智的重要途径。《2023中国田径协会路跑工作报告》显示，今年上半年全国共备案133场路跑赛事，其中全马赛事61场，半马及其他项目72场，涉及26个省级行政区。比赛陆续开跑、"跑马经济"逐渐复苏，体现了各地对构建更高水平全民健身公共服务体系的重视。以跑步为媒介，助力全民健身深入开展，让赛事活动释放更大效能，赛事"流量"将有效转化为发展"增量"。

开展马拉松运动，应始终坚持以人为本的办赛理念，把服务参赛者摆在优先位置。2023 武汉马拉松推出赛前退出机制、多项清凉降温举措、全面医疗保障等措施，以精细化服务确保赛事安全有序；2023 成都双遗马拉松保持"不抽签、不设成绩门槛"原则，采用分时、分区起跑方式，既保证赛事竞技性，也提升了大众参与度……各地多措并举、多点发力，不断优化参赛体验，助力马拉松赛事跑出全民健身发展加速度。

"跑场马拉松，爱上一座城"。42.195 公里，既是马拉松比赛全程的距离，也是一段感受地方文化、城市底蕴的悦心之旅。数据显示，半数跑者有外地参赛经历，其中超过六成的人会选择在当地旅游。除了在医疗救援、志愿服务等赛事保障上下功夫，办赛城市不妨立足自然人文景观、优美生态环境、优质公共服务等优势，打造更具地方特色的品牌赛事。比如，苏州以赛道串联金鸡湖、大运河等景点商圈，沿途安排昆曲、评弹表演，让各地跑者感受姑苏文化、细品古韵今风。2023 宁夏黄河金岸（吴忠）马拉松突出黄河生态旅游、早茶美食文化等亮点，推出特色产业展区、设计"八宝茶盖碗"奖牌、发放免费旅游券。以"体育 +"为抓手，连接城与人，推动体育、文化、旅游等产业融合发展，马拉松赛事才能更亲民，成为城市的一张闪亮名片。

马拉松赛事是办给参赛者的，也是办给观赛者的，重在满足人们对强身健体的需求。正因此，赛事主办方既要看到马拉松的正向附加效应，同时也要加强对群众健身意愿的研判。实践中，一些马拉松赛事出现过动员"跑友"参赛才能勉强运转，或者组织混乱、补给不力、影响群众生活等问题。明确城市优势与定位，根据实际情况确定办赛规模、等级，形成更加完善的服务保障链条，才能打造高质量的赛事活动，更好发挥马拉松对全民健身的推动作用。

或是推广 5 公里、10 公里、接力赛、团体赛等比赛形态，打造"小而美""小而精"的品牌赛事；或是开展免费培训，帮助跑友培养科学合理的参赛习惯，降低比赛中受伤或发生意外的可能性，近年来各地的一些创新实践启示我们，办好马拉松赛事的精髓，在于因地制宜、量体裁衣，为参赛者提供最得当的服务。着眼人们参与体育运动、丰富生活品质的现实需求，将中华体育精神内涵融入办赛、参赛的每一个细节，通过差异化定位、规范化管理、精细化服务，提供更多更优质的路跑赛事，将有助于实现推广全民健身与促进城市发展的双赢。

（2023 年 05 月 17 日）

弘扬绿色健康饮食文化

吕　品

　　近年来，各类"吃播"节目备受社会关注。在社交平台上，网络主播们通过直播、拍摄短视频等方式，展现各种美食、促进餐饮消费。然而，为了吸引流量、博人眼球，有的主播在探店时将各式菜品摆满桌面，每道菜却只吃一两口，直播完直接倒掉；有的主播以荒诞、怪异的方式，将好好的食材做得无法下咽。浪费粮食、糟蹋食物，种种另类"吃播"行为，与厉行节约、反对浪费的社会风尚格格不入。

　　中华饮食文化源远流长，历来注重敬畏食物、尊重食物。"吃播"的本意，在于推荐优质食材、分享品尝美食的快乐。网络主播不顾食物能不能吃完、好不好吃，或超量点菜、或烹饪"黑暗料理"，折射出一种扭曲的食物观。胡吃海喝、"奇葩烹饪"、暴饮暴食等直播，看似新奇、有趣，实则既浪费食物，也有损主播身体健康，不利于改善网络生态、培厚社会文明。

　　在拥有海量用户的网络平台上，另类"吃播"造成的食物浪费，会给很多网友传递错误的饮食观念，甚至引发跟风模仿、误导更多消费者，进而影响到社会层面正确消费观、饮食观的形成和传播。反食品浪费法明确规定，"禁止制作、发布、传播宣扬量大多吃、暴饮暴食等浪费食品的节目或者音视频信息"。网络音视频服务提供者发现用户有违反这一规定行为的，"应当立即停止传输相关信息；情节严重的，应当停止提供信息服务"。相关管理主体有必要对这类"吃播"行为加以整治，加强对网络表演、网络视听平台和经纪机构以及网络主播的监督管理，督促网络主播坚持健康的格调品位，自觉抵制易造成不良饮食消费、食物浪费效应的内容。

遏制"吃播"浪费，也要注重发挥协同效应。当探店主播有可能超量点餐时，餐厅有责任进行适当提醒，引导其适量点餐，或者换成半份菜、小份菜。平台方尤其需要加强价值引领，加强对美食类直播内容的审核，对"吃播"内容进行细化管理，当用户搜索相关内容时提示"拒绝浪费，合理饮食"，主播出现浪费粮食的行为时按违规程度进行处罚。与此同时，也要进一步畅通投诉、举报渠道，方便广大消费者随时反映餐饮浪费等问题。在享受美食、倡导健康饮食文化时，广大网络主播应自觉践行"光盘行动"，做坚决抵制餐饮浪费的先行者、倡导者，共创风清气朗的直播氛围。

享受美味和厉行节约并不矛盾。事实上，"吃播"除了推广美食，更重要的是让大家真正食其滋味、念其根源、知其不易。在视频平台上，有的网络主播品尝三五个小菜，给出一段深入、精到的点评，并且将吃不完的食物打包带走；有的餐饮行业从业者精心制作美食烹饪教程，既有趣、有料又科学、实用，同样获得了不少关注。这正可以说明，观众在意的不是主播们吃了多少、食材搭配够不够新奇，而是能否从节目中获得新的饮食认知，方便拓展美食体验。遏制"吃播"浪费，按需点餐、珍惜美食、健康饮食，才能让"吃播"节目既有大流量也有正能量，让简约适度、绿色低碳的生活观念、消费观念蔚成风尚。

（2023 年 05 月 16 日）

培厚中医药传承创新发展的文化土壤

王君平

充分发挥中医药作为中华文明宝库"钥匙"的独特作用，必将为健康中国建设注入源源不断的文化动力

"智慧之光——中医药文化展"等精品展览广受关注，《本草中国》《国医有方》等纪录片受到观众欢迎，81家全国中医药文化宣传教育基地相继落成……一段时间以来，各地各部门不断优化中医药文化产品供给，为群众带来丰富的中医药文化体验，让更多人有机会近距离接触和感受中医药文化魅力。

中医药文化是中医药传承发展的重要根基。前不久，国家中医药管理局等8部门联合制定印发的《"十四五"中医药文化弘扬工程实施方案》（以下简称《方案》）公布，提出了12项重点任务，协同推进研究阐发、教育普及、保护传承、创新发展等工作。这一重要举措，将培厚中医药传承创新发展的文化土壤。

中医药学是中国古代科学的瑰宝。中医药强调"道法自然、天人合一""阴阳平衡、调和致中""以人为本、悬壶济世"等，体现了中华文化的内核；同时还提倡"三因制宜、辨证论治""固本培元、壮筋续骨""大

医精诚、仁心仁术"等，丰富了中华文化内涵。可以说，中医药是中华优秀传统文化的重要组成部分和典型代表。推动中医药传承创新发展，是弘扬中华优秀传统文化的必然要求。《方案》提出"挖掘阐释名医名家、经典医籍、传世名方、道地药材、非遗项目等中医药经典元素""加强中医药博物馆和文化场馆建设""建设50个国家级中医药文化体验场馆"等举措，对充分发挥中医药文化特色优势，建设社会主义文化强国具有重要意义。

大力弘扬中医药文化，需要在满足人民群众对中医药的健康需求和精神需求上多下功夫。健康养生是中医药文化的显著标识，治未病是中医药优势和特色的重要体现。《方案》提出，到2025年，公民中医药健康文化素养水平提升至25%左右。实现这一目标，既需要在加大中医药文化活动和产品供给、广泛开展中医药科普工作等方面做文章，也需要在方便群众便捷获取正确、规范的中医药养生保健知识，将中医药文化融入现代生产生活等方面出实招。从组织开展"千名医师讲中医"、中医药科普巡讲、优秀科普作品评选推介等活动，到普遍建设中医药健康文化知识角，再到鼓励引导企业把中医药文化有机嵌入道地药材和老字号产业链全过程……推动中医药文化融入群众生产生活，将更好引导人们养成健康文明的生活方式。

大力弘扬中医药文化，需要坚持在守正中创新、在创新中守正。一方面，守正才能更好创新。立足根基，挖掘精华，保持特色，中医药才能根深叶茂、生生不息。《方案》提出，对中医药文化的内涵精髓进行挖掘研究、实施中医药古籍文献和特色技术传承专项，正是为了遵循中医药自身发展规律，突出原创性、保持民族性、延续传统性、体现时代性。另一方面，创新才能更好守正。推动网上场馆建设、实现"云游基地""云观展"，开发中医药文化创意产品，推动各地开展内容丰富、形式多样的中医药文化进校园活动……紧跟时代步伐，推动中医药文化创造性转化、创新性发展，有助于让中医药文化更好发扬光大。

一株小草改变世界、一枚银针联通中西、一缕药香跨越古今……中医药学是中华民族的伟大创造，我们要把中医文化传承好。充分发挥中医药作为中华文明宝库"钥匙"的独特作用，必将为健康中国建设注入源源不断的文化动力。

（2023 年 05 月 15 日）

畅通"网络盲道"，让更多人共享便捷生活

喻思南

畅通"网络盲道"，需要筑牢初始设计这一根基，有赖于构建协同发力的行业生态，也离不开信息无障碍专业人才的贡献

打开手机软件，系统自动读屏：页面上有哪些文字、哪个窗口正在打开、什么程序正在运行等，一一给出语音提示。看新闻，靠文字识别技术"读"出资讯；想购物，图片转语音"描绘"商品详情……借助信息无障碍技术，许多视障者可以在工作、生活中，自如使用互联网产品。

互联网已经融入人们生活的方方面面。消除"数字鸿沟"，帮助更多人拥抱大千世界，是互联网发展的题中应有之义。目前，我国有超过 3.2 万个政务网站实现信息无障碍。交通出行、购物、娱乐等移动应用，则让视障人群靠一部手机便能更好地与世界连接。不论是阅读还是出行，有"网络盲道"的导航，视障者的生活更加丰富，融入社会的渠道更加畅通，实现自理自立更有依靠。

也要看到，当越来越多的生产生活服务信息向网络特别是移动应用端聚集，做好信息无障碍工作变得更为紧迫。目前，视障人群上网仍然有一些障碍待消除。比如，有些音频应用，播放键只是一个图标，软件在读屏时只能生硬地说出"按钮"两个字，无法说出它的具体含义，这就不利于

视障者接收信息。有些软件升级频率快，开发者添加了更丰富的功能、设计了更美观的界面，但无障碍需求往往没及时跟上，于是出现了新的不便。这说明，信息无障碍建设仍有不小改进空间。

畅通"网络盲道"，需要筑牢初始设计这一根基。互联网应用的信息无障碍优化，现在基本上是哪儿有卡点疏通哪儿，只有极少数能下沉到初始设计。一些开发者没有意识到，也不懂得如何围绕视障人群的上网需求进行针对性优化。互联网产品在做初始设计时，应当考虑信息无障碍的要求。相关部门不妨考虑出台统一标准，为完善应用初始设计提供遵循。

畅通"网络盲道"，有赖于构建协同发力的行业生态。比如，一些智能手机厂商开发无障碍触感设计，让视障人员触摸到界面元素，便于他们快速感知不同控件。有些头部硬件企业对手机系统进行无障碍深度优化，为行业做示范。应进一步提高各方参与信息无障碍建设的积极性，及时总结可复制、可推广的经验做法，激励推出更多信息无障碍产品服务。同时，推动相关技术开放共享，帮助第三方平台进行无障碍升级，形成共促信息无障碍建设的合力。

畅通"网络盲道"，也离不开信息无障碍专业人才的贡献。视障人群有自己的思维方式、使用习惯。没有接受专门的培训，程序员很难从视障人群的角度去理解需求，进而优化产品。当前，我国相关专业人才较为匮乏，有必要通过培训交流，推动更多工程师把无障碍设计有效融入未来的产品开发中。

统计数据显示，包括全盲及弱视人群在内，我国有1700多万视障者。每个人也都可能因为各种原因，需要借助听觉获取信息。可以说，加强信息无障碍建设，虽然对视障者更有益处，但它的服务对象包括所有人。推进信息无障碍应成为各行各业履行社会责任的自觉行动，主动考虑特殊人群需求，携手共创更加包容、温暖、便利的上网环境，这样就能促进信息技术服务社会的水平整体提升，让更多人共享便捷生活。

（2023 年 05 月 12 日）

推动"四好农村路"迈向高质量发展

韩　鑫

切实建好、管好、护好、运营好农村公路，不仅助力我国农村交通运输整体改善、面貌一新，更让群众生活品质不断提高

贵州遵义枫元至苟坝，一条风景大道将沿途众多旅游资源串线连片，让游人"快进慢游"；四川雅安龙苍沟熊猫翠竹长廊，公路接山川、连林田，与特色村居相映成趣，构成一幅美丽的田园画卷；黑龙江五常，混凝土水泥路铺到农民家门口、修到田间地头，一辆辆货车满载稻米送往全国各地……"五一"假期，多条全国"最美农村路"吸引游客纷纷前往"打卡"。一条条蜿蜒纵横的农村公路，串联起祖国的壮美山河，托举起百姓的幸福生活。

"最美农村路"是我国"四好农村路"加快建设的生动缩影。县道贯穿城乡、乡道往来交织、村道阡陌纵横……新时代10年来，"四好农村路"建设取得了实实在在的成效：路网持续延伸，新改建农村公路约253万公里，具备条件的乡镇和建制村全部通硬化路；管养加快升级，全国农村公路纳入管养范围；运输服务不断优化，新增超5万个建制村通客车，不断推动人畅其行、货畅其流。从"晴天一身土、雨天一身泥"到"出门水泥路，抬脚上了车"，切实建好、管好、护好、运营好农村公路，不仅助力我国

农村交通运输整体改善、面貌一新，更让群众生活品质不断提高。

公路通则百业兴。一个更加健全的农村交通运输网络，在基层聚民心、得民意，为广大农村引人气、聚财气，有力支撑了"三农"发展，有效助推了乡村振兴。一条条农村公路直抵田间，打通了特色农产品运出去的"最初一公里"，让农产品进城和工业品下乡的双向流动更加顺畅。一条条农村公路串村连景，各地将路域环境整治与改善人居环境有机结合，把美丽乡村建设推向新高度。一条条农村公路贯穿城乡，不少地方探索"交通＋文化＋旅游""交通＋就业＋公益岗位"等新模式，拓宽了农民增收致富渠道。数据显示，去年仅我国农村公路管护领域提供的就业岗位，就有近80万个。

也应该看到，当前我国农村公路基础路网通达深度仍然不足、农村交通安全形势不容乐观、农村公路与产业融合还不充分。有些路段年久失修、缺乏维护，成为农民群众出行的阻碍。新形势下，更好服务全面推进乡村振兴，助力农民农村共同富裕，必须不断丰富农村公路的发展内涵，将其融入农村地区产业、物流、环境、特色经济的体系，推动"四好农村路"迈向高质量发展。

作为一项重要的民生工程、民心工程，"四好农村路"建设承载着亿万农民的致富梦。一方面，要持续在"建"上下功夫，努力实现"建养并重"。瞄准农村公路发展的短板弱项，深入实施新一轮农村公路建设和改造，推动农村公路建设项目更多向进村入户倾斜，同时以信息化手段强化农村公路管理养护，不断完善便捷高效、普惠公平的农村公路路网体系。另一方面，要在"用"上做文章，加快推进"以建促产"。"四好农村路"建设不仅是关乎群众美好生活的民生基础，更是畅通经济循环的"毛细血管"，要加快推进农村公路与沿线产业配套、产业园区、旅游景区的一体化建设，真正做到农业因路而兴、农民因路而富、农村因路而美。

铺下的是路，连起的是心，通往的是富。让"四好农村路"遍布广袤乡野，必定能助力新时代新农村升腾新希望、焕发新活力、谱写新篇章。

（2023 年 05 月 10 日）

网络文学大有可为也大有作为

赵梦頔

全年新增作品 300 多万部，现实题材持续增长，科幻题材势头旺盛，历史、玄幻等题材推陈出新……前不久，全国网络文学工作会议上发布的《2022 中国网络文学蓝皮书》，不仅梳理了过去一年网络文学的新态势，也总结了新时代十年来网络文学发展的基本成就和经验。

当前，我国网络文学已经成为文化创意产业的重要源头，作品精品化、主流化的进程不断加快，在海外传播中展示出强劲态势。从题材上看，2022 年现实主义题材作品势头旺盛，共新增作品 20 余万部，题材多元、突出现实与科幻的创作格局正在形成。从产业发展来看，网络文学联动影视、动漫、游戏、文旅等下游产业，共同构成了全产业链体系，形成规模效应。从文化传播来看，中国网络文学在海外的影响力持续提升，订阅用户的增长带动了中国元素和中国文化在海外的流行，为增强国家文化软实力贡献了力量。

当代中国正在经历人类历史上最为宏大而独特的实践创新，为文艺创作提供了取之不尽的资源。如今，越来越多的网络作家开始涉足现实主义题材，以小故事折射大时代，打开了网络文学创作的新天地。小说《奔涌》通过工程师夏常的奋斗故事，展现了上海自贸区临港新片区建设的筚路蓝缕；《关键路径》聚焦国之重器，通过杜浦、叶梓闻等人参与研发国产大飞机的经历，展现了我国新一代航空人的拼搏精神。这些作品的成功说明，在时代的脉搏中感悟艺术的脉动，在人民的奋斗中汲取创作的养分，从时代之变、中国之进、人民之呼中提炼主题、萃取题材，就能创作出更多人们喜闻乐见的优秀文艺作品。

新媒体环境下，网络文学的创新更多体现在多题材创作、广渠道传播、全链路开发。从网络小说连载到电影、电视、戏剧、动漫、游戏、有声剧等多种形式的改编，网络文学的价值持续放大，营收纪录不断刷新。与此同时，线上消费和线下经营的结合使得网络文学作品得到更广泛传播。游戏、影视、实体店、主题公园等，都能看到大量网络文学 IP 的衍生品。新时代十年，热播影视剧中有六成由网络文学作品改编，上线动漫约 50% 由网络文学作品改编。可见，网络文学正逐步形成完整的文化产业链体系，并与经济、科技等各领域深度融合。

以文化人，更能凝结心灵；以艺通心，更易沟通世界。作为推动中华文化走出去的新兴力量，网络文学成为文化出海的亮丽名片。新时代十年来，中国网络文学海外传播规模不断扩大，市场规模突破 30 亿元，输出网络文学作品 1.6 万余部，海外用户超 1.5 亿人，覆盖 200 多个国家和地区。从文本出海、IP 出海到模式出海、文化出海，网络文学将中国故事传播到世界各地，日益成为世界级文化现象。接下来，要着重解决好网络文学出海的"翻译、版权和质量"三大难题，建立中国网络文学系统化国际传播机制，让网络文学进一步讲好中国故事，更好展现可信、可爱、可敬的中国形象。

"文运同国运相牵，文脉同国脉相连。"在文学历史长河中，网络文学尚且年轻，大有可为也必能大有作为。既扎根中国大地，又抓住科技变革机遇，不断提升内容质量和思想内涵，创作出更多文质兼美的作品，中国网络文学必将以蓬勃昂扬之势记录伟大时代、传递主流价值、讲好中国故事。

（2023 年 05 月 04 日）

让广大农民共享"数字红利"

周爱民

数字技术的赋能，不仅提升了乡村公共服务能力，而且降低了公共资源向农村倾斜的成本，从而为实现城乡公共服务均等化提供了新路径

在"中国蔬菜之乡"山东寿光，60万亩蔬菜大棚成了一座座现代化的农业工厂，一台台机器人在各大棚内自如"行走"，完成授粉、运输、喷药、巡检、分拣等操作。"云端"种植使蔬菜产量提升了10%，商品果率提升了15%至20%，为农民增产增收拓宽了渠道。现在，物联网、大数据、人工智能等新技术正成为农民的新工具，为乡村振兴注入澎湃动能。

民族要复兴，乡村必振兴。数字乡村是全面推进乡村振兴战略的重要突破口，也是建设数字中国的重要内容。不久前，中央网信办等五部门联合印发《2023年数字乡村发展工作要点》，要求各地以数字化赋能乡村产业发展、乡村建设和乡村治理，整体带动农业农村现代化发展。以新一代数字技术为支撑，聚焦农业农村现代化的需求，加快数字乡村建设，必将为乡村振兴提供强大助力。

推进乡村振兴，产业要先行。数字化浪潮为乡村产业振兴打开了新的空间。从全天候监测气象、土壤、温湿度来提升种植水平，到专家远程识

别诊断病虫害、推荐优选用药方案；从智慧系统对人员、农资、设备等进行精细化、数字化管理，到电子商务有效拓宽农副产品销路……数字技术贯穿农作物耕、种、管、销各环节，推动了传统农业向智慧农业转型升级，使农业生产更精准、更高效，发展动力更加强劲。数字技术的广泛运用，使乡村产业形态不断丰富、产业集群不断形成，为乡村振兴带来新机遇。

农村公共服务高质量发展是实现城乡公共服务均等化的必然要求，也是数字乡村建设的题中应有之义。近些年来，聚焦农村社保与就业服务、农村特殊人群信息服务、农村普惠金融服务等领域，农村公共服务数字化发展取得丰硕成果。比如在"医养一体化"服务方面，不少地方推进"5G云医疗"，利用城市优质医疗资源为村民提供高质量远程医疗服务。可以说，数字技术的赋能，不仅提升了乡村公共服务能力，而且降低了公共资源向农村倾斜的成本，从而为实现城乡公共服务均等化提供了新路径。

数字技术具有精准快速的优势，能够提升乡村治理的科学性。比如，重庆渝北区整合基层党建、产业、乡村旅游、村民信息等数据，建立"村村享"智慧治理平台，解决了群众办事门难找、跑路远、环节多、手续繁等突出问题，让村民办事从"最多跑一次"到"跑也不出村"。再比如，浙江省德清县"数字乡村一张图"归集了当地58个部门的282类基础数据，全县137个行政村的数据都接入"德清城市大脑"，可以自动生成相关数据报表和趋势分析，供有关部门研判决策，指导各村发展特色产业。各地实践表明，数字技术赋能，能大幅提升乡村治理的效率和精准度，不断提升乡村治理现代化水平。

党的二十大报告提出："全面建设社会主义现代化国家，最艰巨最繁重的任务仍然在农村。"不断推进数字乡村建设，让数字技术在乡村的广阔天地发挥更大作用，让广大农民共享"数字红利"，必将推动农业强国建设取得新进展、数字中国建设迈上新台阶。

（2023 年 04 月 28 日）

绘出美丽中国的更新画卷

刘 毅

草木蔓发，生机无限。在冒雨参加首都义务植树活动时，习近平总书记强调："让我们积极行动起来，从种树开始，种出属于大家的绿水青山和金山银山，绘出美丽中国的更新画卷。"在广东考察时，习近平总书记强调："要坚持绿色发展，一代接着一代干，久久为功，建设美丽中国，为保护好地球村作出中国贡献。"殷殷嘱托，激发广大党员干部群众参与美丽中国建设的热情。

"草木植成，国之富也。"在生态本底脆弱的情况下，中国持续造林增绿，在广袤大地上书写了世界瞩目的绿色答卷。监测数据显示，党的十八大以来，中国森林覆盖率由 21.63% 增至目前的 24.02%，森林面积增至 2.31亿公顷，草地面积达 2.65 亿公顷，草原综合植被盖度达 50.32%。全国森林覆盖率和森林蓄积量连续多年保持"双增长"，荒漠化和沙化土地面积连续多年实现"双缩减"。中国成为近些年世界上森林资源增长最多的国家，本世纪以来，全球新增绿化面积约 1/4 来自中国。种下一棵棵树，爱护一片片绿，中国共产党人绘写绿色答卷，立起文明标杆。

这份绿色答卷，来自习近平生态文明思想的科学指引。"植树造林是实现天蓝、地绿、水净的重要途径，是最普惠的民生工程。"党的十八大以来，以习近平同志为核心的党中央全面加强生态文明建设，开展了一系列根本性、开创性、长远性工作，国土绿化作为生态文明的重要方面受到高度重视。各地区各部门以习近平生态文明思想为指导，坚持绿水青山就是金山银山理念，坚持山水林田湖草沙一体化保护和系统治理，持续开展大规模国土绿化行动，不断改善城乡人居环境，力度之大、成效之大前所未有。

这份绿色答卷，来自全社会共同参与的澎湃力量。新时代，习近平总书记身体力行，连续 11 年带头参加首都义务植树，带领亿万人民爱绿植绿护绿、共建生态文明。我国不断创新义务植树方式方法，尽责形式扩展到造林绿化、抚育管护等八大类 50 多种，实现了义务植树的全年化、多样化、便捷化。全国设立各级林长近 120 万名，山有人管、林有人护、责有人担，"林长制"带来"林长治"。生态文明理念深入人心，美丽中国愿景激动人心，参与绿化行动凝聚人心，广大人民群众的自觉追求和自发参与，汇聚成"众人植树树成林"的强大合力。

这份绿色答卷，来自走科学、生态、节俭的绿化发展之路。我国坚持科学绿化、规划引领、因地制宜，实行造林绿化任务带位置上报、带图斑下达，推进造林、种草改良、防沙治沙等任务落地上图。聚焦"在哪造""造什么""怎么造""怎么管"等问题，各地在造林绿化中既注重数量更提升质量，充分考虑区域水资源承载能力，坚持以水而定、量水而行，宜绿则绿、宜荒则荒，科学恢复林草植被，实施沙化土地封禁保护。如今，中国人工林面积稳居全球第一，林草资源总量和质量都持续提升。

林草兴则生态兴，生态兴则文明兴。党的二十大报告把"促进人与自然和谐共生"列为中国式现代化的本质要求之一，提出"科学开展大规模国土绿化行动"。完整、准确、全面贯彻新发展理念，坚定不移走生态优先、绿色发展之路，持之以恒科学开展国土绿化，我们定将绘出美丽中国更新更美的画卷，造福人民，泽被子孙，惠及世界。

（2023 年 04 月 27 日）

推动医养结合服务发展壮大

申少铁

医养结合服务要精准对接不同需求，结合所服务的老年人特点，提供差异化服务

增加居家医疗服务供给、加强社区医养结合服务、提升医养结合信息化水平……前不久，辽宁省提出多项医养结合具体措施。此前，山东、江苏、浙江、陕西等多个省份都发布了医养结合的相关实施意见。各地贯彻落实国家要求推进医养结合发展的具体举措，将进一步推动医养结合服务发展壮大。

习近平总书记指出："积极应对人口老龄化，构建养老、孝老、敬老政策体系和社会环境，推进医养结合，加快老龄事业和产业发展。"党的十八大以来，我国深入实施健康中国战略，医养结合基础设施数量和服务质量明显提升。截至 2021 年底，全国医疗卫生机构与养老服务机构建立签约合作关系的达 7.8 万对，两证齐全的医养结合机构有 6492 家，共有 175 万张床位。但也要看到，目前我国失能、半失能老年人口约 4000 万，对失能照护、慢病管理、康复促进等服务需求迫切。当前，医养结合服务还面临资源总量不足、居家和社区服务能力不强、专业人才队伍建设滞后等短板，需要下大力气补齐。

扩大服务供给，把重点放在居家和社区。目前，我国养老格局中，绝

大部分老年人选择居家养老，一部分老年人选择社区养老，只有一小部分人在机构养老。可见，解决医养结合资源不足的问题，需要把重点放在发展居家和社区医养结合服务上。要鼓励有条件的医疗机构上门为居家老年人提供家庭病床、上门巡诊等医疗服务，更好发挥家庭医生团队签约服务作用，让老年人不出家门也能看上病；支持社区卫生服务中心、乡镇卫生院以及社区养老服务机构在社区改扩建一批社区（乡镇）医养结合服务设施，让老年人不出社区也能享受到服务。

确保服务质量，注重服务类型的多元化。对于医养结合来说，养老是基础，医疗是支撑，二者缺一不可，需要各自发挥业务专长，开展业务合作，做到"你中有我，我中有你"。由于年龄、健康等因素，老年群体对医养结合服务需求存在较大差异。健康的老年人对体检、健康管理和精神文化需求较多；生活半自理的老人体弱多病，对慢病管理、就医用药、生活照料等需求较多；失能和卧床老人则需要家庭病床、长期护理和上门诊疗服务。因此，医养结合服务要精准对接不同需求，结合所服务的老年人特点，提供差异化服务。

扩充人才队伍，提升从业者专业水平。专业人才直接决定着医养结合服务质量和供给。目前，缺乏从事老年人医疗护理的专业人才是养老机构、医院面临的共同难题。要鼓励普通高校、职业院校增设健康和养老相关专业和课程，扩大招生规模，适应行业需求。开展医养结合领域培训，发挥有关职业技能等级证书作用，提升从业人员服务水平。医务人员从事医养结合服务具有特殊优势，可以通过人才培养、绩效考核适当倾斜等方式，引导更多医务人员从事医养结合服务，并支持退休的医务人员到医养结合服务机构开展服务。

"老吾老，以及人之老"，尊老爱老是中华民族的优良传统。推进医养结合是优化老年健康和养老服务供给的重要举措，是积极应对人口老龄化的重要途径。狠抓政策落实，做好先进经验推广，不断疏通堵点，补齐短板，提供质优、便捷、多元的医养结合服务，一定能让老年人享有幸福的晚年。

（2023 年 04 月 26 日）

为全球经济恢复注入更多正能量

罗珊珊

与中国同行，就是与机会为伴；投资中国，就是选择了更好的未来

这个春天，中国与世界双向奔赴的故事激动人心。4月10日，第三届消博会在海南海口拉开帷幕，65个国家和地区的超3300个消费精品品牌参展。4月15日，第133届广交会全面恢复线下办展，同时开始全年常态化运营线上平台，新参展企业超9000家，220多个国家和地区的采购商报名参会。消博会和广交会陆续举行，向世界释放中国的开放红利，为全球经济恢复注入更多正能量。

作为全球消费精品展示交易平台，消博会联通国内和国际两个市场，为各国企业共享中国市场提供了机遇，也为中国和各国消费精品销往全球搭建了桥梁。本届消博会举办"消博风尚、首发首秀"发布会，有300多个品牌发布1000多个新品，进一步提升了展会品牌影响力。广交会是中国对外开放和国际贸易合作的重要平台，被誉为中国外贸的晴雨表和风向标。本届广交会线下展分为三期举办，每期举办时间为5天，展览面积每期50万平方米，三期共150万平方米。新产品不断涌现，新企业参展踊跃，

消博会和广交会吸引世界瞩目，展示着中国经济发展的强劲活力，展现着中国不断扩大对外开放的广阔胸襟。

花开之时，蝴蝶自来。中国向世界敞开怀抱，也吸引了全球各界走进中国。3月以来，来自各国的政府官员、国际机构负责人和跨国公司高管密集到访中国，掀起一阵"访华潮"。"中国是令人振奋的投资热土""中国式现代化给世界带来重要机遇""中国市场不是可选项，而是必选项"……纷至沓来的各界人士穿行在经贸盛会和工厂园区，洽谈合作、寻觅商机，表达了对中国经济的强烈期待和加强合作的迫切愿望。可以说，在不确定的世界中，中国的确定性，是维护世界和平与发展的中流砥柱。

一个高质量发展的中国，成为全球经济发展的强大推进器和稳定锚。全球商界不约而同瞩目中国，根本原因在于中国经济增长的动能和态势是强劲的。今年以来，商场、超市、影院剧场、旅游景点人气显著回升，文化娱乐、体育健身等消费快速升温，产业链供应链全面恢复，多个国际组织上调了今年中国经济增速预期。近期，不少跨国公司表示，看好中国超大规模内需市场叠加转型升级机遇，在华业务迎来增长，在华投资已经向高端制造和研发跃升。与中国同行，就是与机会为伴；投资中国，就是选择了更好的未来。

一个自信开放的中国，给阴霾笼罩下的全球合作注入更多确定性。无论是扩大市场准入，加大现代服务业领域开放力度，还是保障外资企业依法平等参与政府采购、招投标、标准制定，加大知识产权和外商投资合法权益的保护力度……中国始终坚持改革开放，与世界各国共享中国发展的机遇和红利。更重要的是，中国与世界的同频共振早已超越经贸层面。从构建人类命运共同体倡议，到共建"一带一路"倡议，再到全球发展倡议、全球安全倡议、全球文明倡议，中国方案和中国理念得到世界广泛认可与称赞，结出开放共赢的累累硕果。

回首过去，我国经济发展成就是在开放条件下取得的；展望未来，我国经济高质量发展也必须在更加开放的条件下进行。站在新起点上，坚持稳字当头、稳中求进，巩固拓展经济恢复向好态势，奉行互利共赢的开放战略，我们一定能不断以中国新发展为世界提供新机遇，为世界经济发展作出更大贡献。

（2023 年 04 月 21 日 ）

消费市场"第三方测评"更应关注自身品质

崔　妍

随着网购日渐普及，消费市场上各式各样的"第三方测评"不断涌现。面对逛不完的网店、看不尽的商品，"第三方测评"可以为消费者购物提供参考。不过，它也可能误导消费者。不久前，中国消费者协会发布的《"第三方测评"对消费者权益影响调查报告》（以下简称《报告》）显示，消费市场"第三方测评"涉嫌存在测评标准不一、虚假测评、做商业广告等问题，亟待加强规范引导。

消费市场"第三方测评"的主体，通常是未取得国家检验检测资质认定及中国合格评定国家认可委员会认可的组织或者个人，其测评结果不具备权威性，但高品质的测评有一定参考价值，能降低消费者试错成本。《报告》显示，近八成消费者会在购物前观看"第三方测评"。与消费者期待相比，消费市场"第三方测评"的品质尚难令人满意。93.1%的"第三方测评"账号涉嫌存在测评标准类问题，以主观性测评居多。55.7%涉嫌存在商测一体、以商养测类的模式，35.7%存在涉嫌虚假测评类问题。如何有效提升测评品质，是整个行业需要深思的问题。

作为一种新兴业态，处于发展初期的消费市场"第三方测评"遭遇"成长的烦恼"，或许在所难免。一方面，因为市场准入门槛低，具备法人背景的账号仅占23.4%；另一方面，也和行业内在特征相关。测评所涉商品种类繁多，使得形成公认标准尚需一段时间。不过，标准的合理性直接影响测评公信力，不能任其处于自发状态。应建立合理的申请审批机制，防止不具备相应专业知识者混入测评队伍。相关平台有必要建立健全方便消费者对"第三方测评"进行评分的反馈机制，为测评账号管理提供科学有效的数据指标，把自身标准不统一的"第三方测评"淘汰出局，让更优质更科学的测评脱颖而出。

作为一种消费信息服务，消费市场"第三方测评"必须把真实可靠作为立身之道、生存之本。商测一体、以商养测的模式，侵害了消费者知情权，也难以赢得长久的信任。以"第三方测评"的方式为商品打广告，或许能很快获得收益，但损害的是行业信誉。测评机构应成为合格的"第三方"，而不是市场上的"甲方乙方"。违背这一原则，很有可能失去消费者的认可。因此，消费市场"第三方测评"必须加强行业自律，摒弃这一不良模式。对有商业行为的测评账号，监管部门要统一备案管理，推进测评人员实名制认证与商品信息认证，做到"谁测评、谁负责"，维护消费者合法权益。事实上，面对部分"第三方测评"变味、跑偏等现象，一些部门已出台针对性举措。比如，国家市场监管总局修订发布了《互联网广告管理办法》，规定通过知识介绍、体验分享、消费测评等形式推销商品或者服务，并附加购物链接等购买方式的，广告发布者应当显著标明"广告"。及时强化监管，有助于让消费市场"第三方测评"回归本源。

口碑要一点点积累起来，品质须时时刻刻坚守。对不少消费者而言，背后无利益相关方、体验真实可靠是消费市场"第三方测评"受欢迎的重要原因。提供商品品质信息服务的"第三方测评"，更应关注自身品质。把品质放在第一位，守护好测评的科学性和中立性，才能既为消费者提供专业可靠的服务，也为行业健康发展打下行稳致远的根基。

（2023 年 04 月 20 日）

形成稳就业的强大合力

周珊珊

把稳就业工作摆在更加突出的位置，进一步推动各地方各部门形成齐抓共管的工作格局

江苏开展"送政策、送岗位、送培训、送服务"进校园活动，推动高校毕业生高质量充分就业；天津多措并举支持农民工就业创业，积极推进吸纳农民工就业数量较多、成效较好的项目落地；山东把困难群体就业增收行动列入全年稳定和扩大就业行动方案，加大就业困难人员兜底安置力度……春招时节，各地积极创新举措、优化服务，推动就业进一步回稳向好，力保就业大局稳定。

稳就业是保障和改善民生的根本举措。习近平总书记强调："就业是最大的民生工程、民心工程、根基工程，是社会稳定的重要保障，必须抓紧抓实抓好。"党的二十大报告明确提出"实施就业优先战略""强化就业优先政策"，去年底召开的中央经济工作会议作出"着力稳增长稳就业稳物价"重要部署。就业，一头连着万家灯火，一头连着宏观经济。今年是全面贯彻落实党的二十大精神的开局之年，做好稳就业工作至关重要。

开年以来，我国经济持续恢复向好，就业政策有力有效，为稳就业奠定坚实基础。也要清醒看到，今年我国就业总量压力依然存在，结构性就

业矛盾仍较为突出。据人社部测算，今年需要在城镇就业的新成长劳动力1662 万人，规模创近年新高。2023 届高校毕业生预计达 1158 万人，再创历史新高。做好就业工作，实现今年"城镇新增就业 1200 万人左右，城镇调查失业率 5.5% 左右"的目标，必须充分调动企业、人力资源服务机构、社会组织和各方面支持就业的积极性，形成稳就业的强大合力。

促进高质量充分就业，必须抓住关键群体和关键环节，强化重点群体就业支持。一方面，应围绕青年特别是高校毕业生、农民工特别是脱贫人口、失业人员特别是困难人员，建立台账式的管理机制，构建清单化的服务模式。另一方面，要落实落细就业支持政策，及时优化调整阶段性稳就业政策，从岗位推送、渠道拓展、见习培训、困难帮扶等多方面协同发力，不断促进就业量的扩大和质的提升。

解决就业问题根本上靠发展，必须聚精会神抓高质量发展，以高质量发展促进高质量充分就业。创造更多高质量就业机会，要加快健全就业目标优先的宏观调控机制，加快形成重大投资、重大政策、重大生产力布局对就业影响的评估机制，加大对吸纳就业能力强的产业和企业支持力度。当前，民宿管家、研学旅行指导师、机器人工程技术人员等新职业不断涌现，为稳就业创造了新增长点。应进一步完善创业带动就业保障制度，帮助更多劳动者敢创业、能创业、创成业。与此同时，要着力完善劳动权益保障制度，健全就业公共服务体系，推动就业结构更加合理、就业环境更加平等，构建经济增长与就业扩容提质的良性循环。

就业是最大的民生，牵动千家万户的生活。完成全年就业目标，需要全面准确把握就业形势任务，深入实施就业优先战略，调动各方面积极性，付出艰苦努力。攻坚克难、锐意进取，把稳就业工作摆在更加突出的位置，进一步推动各地方各部门形成齐抓共管的工作格局，定能不断扩大就业容量、提升就业质量，为经济发展注入强劲动能。

（2023 年 04 月 19 日）

以学科优化提升人才培养质量

赵婳娜

党的二十大报告提出："坚持为党育人、为国育才，全面提高人才自主培养质量，着力造就拔尖创新人才，聚天下英才而用之。"当今时代，人才越来越成为推动经济社会发展的战略性资源，教育的基础性、先导性、全局性地位和作用更加突显。

前不久，教育部等五部门印发《普通高等教育学科专业设置调整优化改革方案》，明确"到2025年，优化调整高校20%左右学科专业布点，新设一批适应新技术、新产业、新业态、新模式的学科专业"。这为优化高校学科专业的结构、提升高等教育人才自主培养质量提供了重要抓手。

学科专业是高等教育体系的支柱。习近平总书记高度重视学科专业设置工作，强调要优化同新发展格局相适应的教育结构、学科专业结构、人才培养结构。对高校而言，高校学科专业的设置和建设，对教育教学资源的配置起着基础性、导向性作用，决定了一所高校人才培养的类型和特点；对经济社会发展而言，学科专业的设置和布局，关系到高校人才培养与经济社会发展相适应的程度和水平。近年来，我国高等教育学科专业结构调整工作深入推进，目前全国普通高校本科专业布点总数6.6万个，较2012年新增1.7万个、撤销和停招了近1万个专业点，每年调整幅度将近5%，专业动态调整力度之大前所未有，推进了一场数量足够多、力度足够大、频度足够高的专业结构改革。

同时也要看到，当前，少数高校在学科专业设置布局上依然缺乏科学审慎规划、片面追求"大而全"，热衷于设置投入少、容易开办的专业；部分地区、学校依然存在学科专业调整与人才需求联动不紧、人才培养和社会需求的契合度不高等问题。在我国高等教育进入普及化深入发展阶段之后，如何适应多样化、个性化发展需求，进一步加强学科专业建设，全面提高人才自主培养质量，服务支撑中国式现代化建设，成为高等教育面临的重要时代课题。

完善学科专业设置调整优化工作，必须统筹结构、注重质量，从理念思路、体制机制、方法举措等方面推进创新。首先应做到紧密服务国家发展，以服务经济社会高质量发展为导向，想国家之所想、急国家之所急、应国家之所需，建好建强国家战略和区域发展急需的学科专业。还应突出优势特色，做强优势学科专业，做优特色学科专业，形成一大批特色优势学科专业集群和高水平人才自主培养体系。此外，还应强化协同联动，加强教育系统与行业部门的协同联动，实现学科专业与产业链、创新链、人才链的相互匹配、相互促进。总之，优化学科专业布局，在守正与创新之间、现实与未来之间、学科专业发展与国家需要之间找到平衡、做好衔接，才能适应时代变化，为经济社会高质量发展提供人才支撑。

教育是国之大计、党之大计。学科专业设置调整优化，将引导高校分类发展、特色发展，走好人才自主培养之路。从长远来看，构建健康的学科专业发展生态，将助力形成高水平人才自主培养体系，为实现高等教育高质量发展，建成高等教育强国注入澎湃动能。

（2023 年 04 月 18 日）

合力防范青少年短视频沉迷

崔　妍

近年来，短视频受到互联网用户青睐，青少年上网看短视频也愈发普遍。然而，由于内容特点、算法推荐、心理机制等多方面原因，不少人感觉刷短视频会"上瘾"。如何有效防止未成年人陷入短视频沉迷，成为一道现实课题。

《2021年全国未成年人互联网使用情况研究报告》显示，未成年人互联网普及率达96.8%，触网低龄化趋势明显，而未成年网民中经常在互联网上看短视频的比例为47.6%。武汉大学中国乡村治理研究中心发布的一份报告显示，在调研的中部省份中，有九成农村留守儿童长期使用专属手机或者长辈的手机，其中近七成儿童用手机看短视频。短视频沉迷极易造成青少年视力下降、注意力不集中等后果，一些不良信息还会产生误导，进而影响未成年人身心健康，危害不容小觑。防范短视频沉迷，是保护青少年身心健康的题中应有之义。

加强监管，营造清朗的网络视听环境，才能更好守护未成年人成长。在制度上，应不断完善相关法律法规，强化网络平台责任。近年来，从出台《网络信息内容生态治理规定》等文件，到新修订的未成年人保护法增设"网络保护"专章，渐趋完备的制度体系为青少年设置起"防护网"。下一步仍须与时俱进，以制度刚性建好"防火墙"。在技术上，应进一步向科技借力，推动责任落细落实。监管部门可利用上线审查、应用管控等实现综合监管，短视频平台等也可运用身份识别、大数据分析等，推动"防沉迷系统""青少年模式"迭代升级。多措并举、精准施策，才能让监管更加有力有效。

帮助未成年人防范沉迷，关键在疏导。应当真正从青少年的视角出发，多供给优质的精神文化产品。就短视频本身而言，平台和创作者有责任瞄准未成年人需求，多发布、传播健康向上的内容。学校应开展丰富多彩的文体活动，引导学生过精神充盈的生活。对于农村地区而言，公共服务供给相对不足，应着力加强公共文化服务体系建设，让图书、文体设施、社区活动等更可及，为未成年人打开更广阔的精神世界。尤其是对于部分留守儿童，在父母无法陪伴的情况下，如何更好满足他们的心理需求，亟待全社会合力破题，给予他们更多关心与关爱。

未成年人是网络建设的重要主体，防止网络沉迷是未成年人网络保护工作的一个重要方面。近年来，从推进专项行动、深化打击针对未成年人的网络违法犯罪，到围绕有关问题进行重点整治、净化未成年人网络环境，一系列务实举措，凝聚起未成年人网络保护合力。也应看到，构建良好网络生态难以毕其功于一役，引导未成年人科学健康用网也需"授之以渔"。譬如，防沉迷的治本之策，就是提升青少年网络素养。标本兼治、久久为功，既针对新形式、新问题推出新举措，又着力提升未成年人网络素养和用网能力，才能建设未成年人友好型网络空间，助力他们健康成长。

网络空间是亿万民众共同的精神家园。当前，网络应用深度融入人们的学习、工作、生活，每个人都是维护网络环境的责任人、受益人。集聚众智、汇聚众力，营造清朗网络空间生态，确保未成年人健康安全用网，互联网必将更好助力青少年成长进步，让他们的生活更多彩。

（2023 年 04 月 14 日）

让北京中轴线焕发时代新韵

尹双红

坚持在保护中发展、在发展中保护，不断丰富文化供给、持续改善人居环境，就能最大程度释放综合效益

北京中轴线全长 7.8 公里，北端为钟鼓楼，向南经过万宁桥、景山、故宫、端门、天安门、外金水桥、天安门广场及建筑群、正阳门、中轴线南段道路遗存，至南端永定门；太庙和社稷坛、天坛和先农坛东西对称布局于两侧。这条中轴线，是全世界现存最完整的传统都城中轴线，被誉为"北京老城的灵魂和脊梁"。它记录了中华文明的精彩记忆，是中国传统文化活的载体。

文物和文化遗产承载着中华民族的基因和血脉，是不可再生、不可替代的中华优秀文明资源。党的二十大报告提出，"加大文物和文化遗产保护力度"。前不久，《北京中轴线保护管理规划（2022 年—2035 年）》（以下简称《规划》）正式公布实施，为北京中轴线保护管理提供方向策略和基础依据。从编制《北京中轴线风貌管控城市设计导则》，到发布《北京中轴线文化遗产保护条例》，再到《规划》公布实施，不断构建系统、规范、有效的保护管理机制，正是为了保护好、传承好、利用好这份宝贵的历史文化遗产。

北京中轴线具有遗产内涵多元、载体多样、空间多点的特点，这就决定了必须坚持整体保护。以钟鼓楼文物修缮和展示提升工程为例，在修缮过程中，不仅遵从"修旧如旧"的原则，还对周边环境进行了整治，让钟鼓楼景观视廊得到极大提升，再现了钟鼓楼地区别具特色的老城风貌。实践证明，坚持整体保护，才能更好延续历史文脉。统筹考虑遗产及其周边环境，对北京中轴线及其环境实施全要素保护和全过程保护，必将带动北京老城整体保护与复兴。

习近平总书记强调："要把历史文化遗产保护放在第一位，同时要合理利用，使其在提供公共文化服务、满足人民精神文化生活需求方面充分发挥作用。"北京中轴线，是历史轴线，也是发展轴线。从修缮保护文化遗产，到治理周边环境，再到改造具有传统建筑风貌的商铺……坚持在保护中发展、在发展中保护，不断丰富文化供给、持续改善人居环境，就能最大程度释放综合效益，让市民切实感受到保护带来的好处，吸引更多人成为中轴线保护的支持者、参与者。

中轴线保护是一项系统工程，需要凝聚合力。《规划》提出，建立健全职责清晰、运行顺畅的遗产保护管理体系，同时还对产权主体、在地居民、外来游客、专家学者及社会大众分别制定鼓励与支持策略。加强统筹协调，提升全社会共同参与遗产保护效能，必能让中轴线更好融入城市更新。

如今，北京中轴线迸发出新的生命力，更加彰显古都魅力。未来，随着申遗保护工作的进一步开展，北京中轴线必将焕发时代新韵，更好助力历史文化传承。

（2023 年 04 月 13 日）

加强共治，规范算法应用发展

孟繁哲

算法内容专业性较高、技术更新速度快等特点，决定了算法治理是一项长期工作，需要汇聚合力

近年来，算法的广泛运用让用户需求和产品、服务得以快速精确匹配，大大降低了信息传播和获取的成本，提升了用户的消费体验。无论是看新闻、刷视频，还是线上购物、外出就餐，互联网平台个性化推荐日益影响着用户的日常生活。同时，也有一些平台滥用算法，造成"信息茧房""大数据杀熟""诱导沉迷"等问题。

为了实现个性化推荐的精准高效，平台需要借助算法收集处理用户的个人信息，实现对用户的跟踪识别。《中国大安全感知报告（2021）》显示，七成受访者担心个人喜好与兴趣被算法"算计"。一些用户希望关闭算法推荐功能，停止将个人信息分享给平台使用。然而，平台个性化推荐却存在关闭难等问题。上海市消保委曾对消费者常用的 10 个 APP 开展为期 8 个月的专项测评，测评结果显示，关闭个性化推荐最多需 7 步。平台为消费者关闭个性化推荐设置障碍，是滥用算法的又一表现形式。

类似滥用算法的行为，侵害了消费者的知情权、选择权和个人信息权益，也给网络空间的传播秩序带来负面影响。当前，大部分算法设计者不

会将运算的细节公之于众。由于不掌握相关信息，用户在权益受到损害时，依法维权的成本较高。此外，算法推荐技术每一次根据用户行为数据进行的特定推荐，无不隐藏着平台的价值判断。一旦算法的设计与应用失当，个体在认知判断、行为决策以及价值取向等多个方面，很可能会受到单一算法的不良影响。因此，算法规制不能仅靠平台自觉，还需建立全方位监督体系，更好保护用户权益。

从实施个人信息保护法，到公布《网络数据安全管理条例（征求意见稿）》，再到制定《互联网信息服务算法推荐管理规定》……针对算法滥用乱象，我国先后出台并完善有关制度，加强相关领域的规范。监管部门及时推出政策举措，也强化了针对算法乱象的整治。去年4月，中央网信办牵头开展"清朗·2022年算法综合治理"专项行动，推动算法综合治理工作常态化和规范化。事实证明，运用法治方法规范算法应用，引导算法向上向善，才能促进社会公共利益，共同营造清朗安全的网络空间。

算法内容专业性较高、技术更新速度快等特点，决定了算法治理是一项长期工作，需要汇聚合力。监管部门应加强事中、事后的过程监管，依法严厉打击相关违法违规行为，增强网络执法威慑力。企业应落实主体责任，为用户提供良好的、更具安全感的使用体验。比如，有的信息聚合平台为了避免用户陷入"信息茧房"，不断优化推荐机制、提高内容推荐的多样性、扩大信息覆盖面；多家互联网平台企业签署承诺书，承诺不非法收集、使用消费者个人信息，不利用数据优势"杀熟"。如果用户选择关闭个性化推荐服务，企业也不妨探索采用其他方式为用户提供优质信息。

随着人工智能技术快速发展，算法正深度嵌入人们的日常生活。可以预见，通过建章立制、强化监管、鼓励自律等，算法应用及相关行业将会迎来更健康更可持续的发展。凝聚众智、加强共治，着力规范算法应用发展，算法技术必将为推动高质量发展提供新助力。

（2023 年 04 月 12 日）

让专利供给和市场需求握手

谷业凯

前不久，杭州电子科技大学的一项发明专利，以"先用后转"的新模式，许可企业"试用"。这一"试"，既解了企业在技术上的"渴"，也搭了后续深度技术开发合作的"桥"，为科技成果转化注入了新动能。

近年来，促进科技成果转移转化的政策措施密集出台，我国科技成果转化活动持续活跃。各地区各部门通过减少行政审批、鼓励市场化定价、完善激励机制等手段，着力打通科技和产业的连接通道，加快专利成果的转化应用。从修订促进科技成果转化法，到制定《促进科技成果转移转化行动方案》，再到一些地方和科研单位纷纷出台具体举措……促进专利成果产业化工作机制逐渐形成完善。一些受到市场欢迎的新模式不断涌现，知识产权对高质量发展的支撑作用更加凸显。

产业化是专利的生命力所在，专利只有投入市场运作，才能转化为现实生产力。随着创新驱动发展战略深入实施，我国正在从知识产权引进大国向知识产权创造大国转变。截至 2022 年底，我国发明专利有效量达 421.2 万件。然而，相当一部分专利成果还停留在"纸面"上，实际转化率不高。国家知识产权局开展的一项调查显示，2022 年，我国科研单位有效发明专利产业化率为 13.3%，高校仅为 3.9%。高校院所中仍有大量沉睡的专利成果，亟待从"书架"走上"货架"。

制约高校院所专利成果产业化的原因是多方面的。一些科研人员申请专利的目的主要是结题验收、职称评定、申报奖励等，而非对接市场需求，造成从源头上缺少转化运用的条件。专利作为无形资产估值难，职务发明成果作价入股的顾虑尚未完全消除。在激励方面，成果转化收益在一些科研单位考核评价体系中的分量不高，科研人员"不愿转"的不在少数。此外，由于缺乏懂技术、懂转化、懂市场的专业中介人才和成熟的技术交易市场，不少专利成果没有转化的门路，"不会转"的现象比较普遍。

实施专利产业化不仅是专利权人的当务之急，也是全社会的迫切需求，更是我国加快构建新发展格局、实现高水平科技自立自强的题中应有之义。盘活、用好知识产权资源，让专利转化为现实生产力，一方面需要让科技成果转化相关政策形成合力，加快出台细则或配套措施，确保政策措施可操作、能落地、见实效，充分调动广大科研人员的积极性；另一方面，要建立起行之有效的专利产业化机制，特别是搭建专业化的技术服务平台，让专门人才成为促进专利产业化的"加速器"。

党的二十大报告提出："加强企业主导的产学研深度融合，强化目标导向，提高科技成果转化和产业化水平。"当前，各地区各部门正围绕破解科技成果转化链条上的堵点、难点进行制度创新、精准施策、靶向发力。比如，针对交易定价等难点，提出"先使用后付费"的模式；针对成果转化通道不畅，尝试科技经纪人的解决方案。随着更多硬招实招的落地见效，让专利供给和市场需求顺利牵手、紧紧握手，高校院所专利产业化率必能稳步提升，为我国早日实现高水平科技自立自强、建设科技强国提供更加坚实的支撑。

（2023 年 04 月 11 日）

严惩网络暴力"按键伤人"

金　歆

网络暴力新表现，潜在危害大，传播范围广。应当及时研判、不弃微末，采取有针对性的举措，下大力气整治乱象

网络暴力并非新鲜话题。近年来，网络暴力事件时常见诸各类媒体，有的已造成无法挽回的悲剧。今年全国两会期间，一些代表委员就网络暴力治理建言献策，建议制定反网络暴力法，明确网络暴力的法律定义，完善网络暴力治理体系建设，用组合拳加大对网络暴力的打击力度。近期，多家网站平台集中发布指南手册，从风险提示、一键防护、私信保护、举报投诉等多个维度，帮助网民快速有效防范网络暴力侵害。如何有效防范治理网络暴力，引发社会关注。

网络暴力一直是网络生态环境的治理重点。从建立健全网络暴力预警预防机制，到严防网络暴力信息传播扩散，再到依法从严处置处罚……一段时间以来，特别是《关于进一步压实网站平台信息内容管理主体责任的意见》《关于切实加强网络暴力治理的通知》等发布后，有关部门出台有效举措，网络平台积极配合，切实加大了网络暴力治理力度，维护了文明健康的网络环境。不久前，数家重点网络平台在一周内主动向2361名用

户发送一键防护提醒，累计拦截涉网络暴力违法违规信息401万余条，清理不友善等信息7.2万余条。

也应看到，虽然人身攻击、人肉搜索、造谣诽谤等网络暴力方式被有效打击治理，但一些此前被忽略或新出现的网络暴力形式也不断浮出水面：有人以"搞笑"的名义，制作丑化他人的"恶搞"视频、图片、表情包等并大加传播，给当事人带来极大困扰；有人借用社会热点，将网民正常意见分歧引向地域歧视、性别对立，对不同观点人群大肆攻击；有人恶意侵入直播、网课等，实施所谓"直播爆破""网课爆破"……这些网络暴力新表现，潜在危害大，传播范围广，极易给当事人造成伤害。对此，应当及时研判、不弃微末，采取有针对性的举措，下大力气整治乱象。

网络平台有责任拿出新手段，应对不断显现的网络暴力新问题。当前，不少平台的网络暴力防护措施瞄准的是直接的人身攻击、不实信息诽谤，对"擦边球"式网络暴力的判定、封禁还不够及时；有些平台对于网络暴力的处理还多采用删帖、封号等形式，对于其中所涉侵权违法问题，与执法司法部门配合联动有待加强，对于用户司法维权帮助不足。因此，平台应及时优化措施，改进网络暴力行为判定机制，扩展用户投诉处理途径，配合好有关部门执法监管。

同时，各网络平台特别是主流网络平台应当加强引导，大力传播正能量。在一些情况下，网民被误导蒙蔽，导致群体性网络暴力发生。这就需要网络平台及时提供真实信息，倡导正确价值取向，明辨事实、澄清谬误，引导广大网民理性上网用网。惟其如此，方有助于从根本上消除网络暴力土壤，让网络暴力推手无处遁形。

此外，有关部门也应与时俱进，不断更新细化政策，做好法规落地落实，以强监管切实打击违法行为，消除个别网民"法不责众"的侥幸心理。从技术层面而言，还可加强探索、聚合力量，推动行业以技术方式破解有关问题。比如，推动互联网平台企业加强研发，完善网络暴力内容的算法识别。

网络空间是亿万网民共同的精神家园。面对花样翻新的网络暴力现象，多措并举、重典治乱、久久为功，坚决惩治网络暴力"按键伤人"，才能营造天朗气清的网络空间，让人民群众在共享互联网发展成果上有更多获得感、幸福感、安全感。

（2023 年 04 月 10 日）

让农村消费不断扩容升级

朱　隽

　　扩大内需，提振消费，农村潜力巨大。中国消费者协会日前发布的《2022 年农村消费环境与相关问题调查报告》显示，我国农村居民对当前农村消费环境的综合满意度为 75.35 分，总体表现良好，同时在快递到村、售后服务等方面仍有较大提升空间。

　　近年来，在跟农民朋友交流时，常会听到这样的感慨："自家农产品销路不愁，挣了钱谁都想多买点好东西""以前吃穿用度将就能用就行，现在是讲究啥好买啥"。乡亲们消费观念的变化，折射出农村消费升级趋势明显，正从传统生产型消费向发展型消费转变，品质化、个性化消费成为越来越多农民的新追求。统计显示，我国农村消费品零售额、农村居民人均消费支出、农村网络零售额均保持快速增长；从消费类别看，汽车、家电、数码产品、美妆产品等升级类产品和服务型消费在农村的增长较快。

　　消费观念变化的背后，有着深层次原因。在各项强农惠农富农政策支持下，农民收入持续较快增长。腰包越来越鼓，让农民能消费、敢消费。2022 年农村居民人均消费支出 16632 元，比 2012 年增加了近万元。城乡公共服务和基础设施的不断升级，也有助于农民扩大消费。农村水电路网等基础设施继续往村覆盖、向户延伸；农村物流、通信网络等新型基础设施不断建立完善；县里建起大型购物中心，镇上有综合超市，村里有便民商店……制约消费的短板加快补齐，农民朋友的消费意愿也水涨船高。

在国民经济循环中，消费是最终需求，是连接生产、流通、分配的关键环节。我国乡镇和村两级消费市场占全国总体消费市场的 38%。随着农民收入持续增长，农村消费加快升级，预计每年可新增 2 万亿元左右消费需求。今年的《政府工作报告》提出"着力扩大国内需求"，并作出"完善农村快递物流配送体系"等部署。农村市场潜力巨大，是未来扩内需、稳增长的重要抓手。适应农村消费新变化，要在加快激活农村市场、改善农村消费环境、释放农村消费潜力、推动农村电商高质量发展等方面拿出更多实招硬招，不断畅通工农城乡循环、促进国内大循环。

需要看到的是，与不断增长和升级的需求相比，农村消费市场有效供给仍存在短板。一些乡村商业设施尚不发达、商品种类不够丰富、服务方式相对滞后；还有一些农村地区地域广阔，农民生活相对分散，物流配送"最后一公里"难题还比较突出。在农村电子商务方面，商品退换货服务在农村比较匮乏。针对种种问题，既需要从供给侧加强商业资源调度配置，加快推进乡村物流快递配送体系建设，也需要从消费侧完善服务配套和维权体系，不断提高农村商业的丰富性、便捷性、安全性。

在强国建设、民族复兴的新征程，让农村消费不断扩容升级，既要从供给端和流通渠道发力，着力改善农村消费硬设施、优化软环境；也要千方百计让乡村产业更兴旺，农民就业更稳定、收入能增加。城乡要素流通顺畅，农村消费市场活力不断激发，必能发挥好消费对经济增长的基础性作用，让消费在构建新发展格局中展现更大作为。

（2023 年 04 月 07 日）

让非遗"活化石"融入现代生活

李忱阳

> 非物质文化遗产是中华优秀传统文化的重要组成部分，是中华文明绵延传承的生动见证，是增进民族团结、维系国家统一的重要基础

辽宁开展 2023 年非物质文化遗产进校园、进社区公益惠民活动；安徽发布"非遗主题旅游十大精品线路"，推动非遗与旅游深度融合发展；广东举办粤港澳大湾区工艺美术博览会，非遗精品力作精彩亮相……近期，不少地方围绕非遗推出一系列具体举措，促进非遗开发利用，助力非遗活起来、火起来。

非物质文化遗产是中华优秀传统文化的重要组成部分，是中华文明绵延传承的生动见证，是增进民族团结、维系国家统一的重要基础。保护好、传承好、利用好非物质文化遗产，不仅有利于延续历史文脉、坚定文化自信，也能更好满足人民精神文化需求。前不久，文化和旅游部、人力资源和社会保障部等公布 2022 年"非遗工坊典型案例"，66 个"非遗工坊典型案例"涉及纺染织绣、食品制作、雕刻塑造等多类非遗项目。"定瓷烧制：让传统技艺成为致富手艺""苗绣：绣出就业致富新生活""洛南草编：小草编闯出大市场"……一个个案例，既彰显着非遗的独特魅力，也启示我

们，非遗是有生命力的"活化石"，完全可以融入现代生活。

非遗往往与现代生活有一定距离，如何让其融入更多人的日常生活，正是激发非遗内在活力的重要课题。一方面，保护好、传承好才能利用好。只有在加强非遗保护的基础上，深入挖掘非遗的文化内涵，才能更好找到与现代生活的连接点。另一方面，利用好的关键在于坚持创造性转化、创新性发展。从推动非遗与旅游融合发展，到利用非遗资源进行文艺创作和文创设计，再到建设非遗特色景区，坚持守正创新，促进合理利用，才能让传统技艺重焕光彩，进一步发挥非遗服务当代、造福人民的作用。当非遗工艺品借助互联网走进千家万户，当非遗美食制作技艺经由短视频成为年轻人的下厨参考，当非遗戏曲融合流行音乐获得听众青睐，厚重的文化资源将滋养更多人的精神文化生活。

让非遗融入现代生活，关键在人。厚植人才沃土、传承后继有人，这既是全社会的深切期盼，也是保护好、传承好、利用好非遗的重要基础。目前，我国已形成以国家级、省级非遗代表性传承人为引领，地市级、县级传承人为骨干，一般传承人为基础，梯次合理的非遗传承人队伍。下一步，还应持续完善人才培养体系，推动非遗学科专业建设，鼓励传承人参与院校学习和企业生产，提升创新创造活力和传承发展能力。

非遗的魅力源于悠久历史，非遗的生命力则在于传承创新。我国有着丰富的非遗资源，如今已建立国家、省、市、县四级非遗名录体系，认定非遗代表性项目 10 万余项，共有 43 个项目列入联合国教科文组织非遗名录、名册，居世界第一。在活态传承中有效保护、在有效保护前提下合理利用，非遗就能成为当代生活方式的有机组成部分，更好满足人民日益增长的精神文化需求。

（2023 年 04 月 06 日）

以信息技术助力教育高质量发展

丁雅诵

大力实施国家教育数字化战略行动，推进资源数字化、管理智能化、成长个性化、学习社会化，定能推动"人人可学、处处可学、时时可学"的教育生态加快形成

一根网线，连接城乡，偏远地区的孩子得以走进名师课堂，共享优质资源；一个平台，好课荟萃，不同年龄、不同地域的人们能够齐聚"云端"，感受知识的魅力；一场直播，"太空授课"让普通人走近空间站，激发不同年龄段孩子对宇宙的想象和对科学的兴趣……在信息化无远弗届的今天，信息技术正为教育高质量发展注入强大动力。

数字教育蓬勃发展，为学习者带来切切实实的获得感。在智慧高教平台上，南开大学教授叶嘉莹开设的《中华诗词之美》成为热门课程之一，上万人从中领略到传统文化的无限魅力；在江西南昌国家职业教育虚拟仿真示范实训基地，学生借助虚拟现实设备和配套手柄，可以拆解、组装发动机，机械构造清晰呈现；在西藏墨脱，小学教室里装配起多媒体器材，"智慧课堂"实现全覆盖，为孩子们拓宽知识的大门……目前，我国近八成中小学生数字素养达到合格及以上水平，信息技术大大增加了知识普及的便利性，使教育质量有了看得见、摸得着的实质提升。

推进教育数字化，也为教育均衡发展提供了有力支撑。目前，我国智慧教育基础设施设备环境基本建成，中小学校园网络接入率达到 100%，99.5% 的中小学校拥有多媒体教室；高校上线慕课数量超过 6.45 万门，学习人数达 10.88 亿人次，建设数量和应用规模位居世界首位。教育数字化扩大了优质教育资源的覆盖面，有力促进了教育公平。

当前，随着新一轮科技革命和产业变革的深入发展，数字化转型成为教育改革发展的重要内容。党的二十大报告提出："推进教育数字化，建设全民终身学习的学习型社会、学习型大国。"大力实施国家教育数字化战略行动，落实丰富数字教育资源供给、构建广泛开放的学习环境、推动学习平台资源共享等举措，推进资源数字化、管理智能化、成长个性化、学习社会化，定能推动"人人可学、处处可学、时时可学"的教育生态加快形成。

同时也应看到，个别地区硬件落后、网络卡顿，数字鸿沟一定程度上依然存在；一些学生利用信息技术开展有效学习的能力不强，数字素养仍需提升；有的教师对数字工具和资源的应用较为表面化，数字化教学能力有待提高……种种问题，需要用发展的眼光加以对待，推出补短板专门举措加以解决。让优质教育资源借助信息技术可复制、可传播、可分享，将为建设学习型社会、学习型大国提供强大助力。

去年 3 月 28 日，国家智慧教育公共服务平台正式上线，如今访客量已超过 11 亿人次，成为世界最大的教育资源库。以信息技术助力教育高质量发展，是大势所趋、发展所需、改革所向。以高质量发展为主线，建强用好国家智慧教育公共服务平台，不断推动教育数字化，我们必能把握发展契机，让每个孩子都能享受到公平而有质量的教育。

（2023 年 04 月 04 日）

牢牢把住粮食安全主动权

朱　隽

坚持把粮食生产作为"三农"工作的首要任务，季季接续，茬茬压紧，环环紧扣，全力保持粮食稳产增产好势头

春风起，春雨来，收获了"十九连丰"的田野，又迎来新一季的耕耘。农业农村部最新农情调度显示，目前，全国已春播粮食5500多万亩，冬小麦、冬油菜的春季田管加速推进，华南、长江中下游地区早稻进入育秧高峰期，西北春小麦陆续开始播种。

中国要强，农业必须强。农业强，首要是粮食和重要农产品供给保障能力必须强。今年全国两会期间，习近平总书记在参加江苏代表团审议时强调："农业强国是社会主义现代化强国的根基，推进农业现代化是实现高质量发展的必然要求。要严守耕地红线，稳定粮食播种面积，加强高标准农田建设，切实保障粮食和重要农产品稳定安全供给。"对我们这样一个有着14亿多人口的大国来说，农业基础地位任何时候都不能忽视和削弱，手中有粮、心中不慌在任何时候都是真理。

牢牢把住粮食安全主动权，粮食生产年年要抓紧。2022年，我国粮食生产克服诸多困难，产量再创历史新高，为稳预期、稳物价、稳经济大盘提供了有力支撑。站在粮食生产"十九连丰"的新起点，仍要保持这样的

清醒：无惧风浪起，须有压舱石。当前国际形势复杂严峻，全球农产品贸易不确定性不稳定性明显加大，国内庞大人口基数叠加消费持续升级，粮食需求仍在刚性增长，端牢饭碗压力越来越大。因此，即使丰稔连连，粮食安全依然不能轻言过关，粮食生产依然须臾不可放松。

今年的中央一号文件再次提出，确保全国粮食产量保持在1.3万亿斤以上。明确的产量目标提醒我们，要坚持把粮食生产作为"三农"工作的首要任务，季季接续，茬茬压紧，环环紧扣，全力保持粮食稳产增产好势头，以新一轮千亿斤粮食产能提升行动为抓手，依靠自己力量端牢中国饭碗。

春播春管是全年粮食生产的第一仗，打赢打好这一仗，对于夺取夏粮乃至全年粮食丰收意义重大。目前，夏季粮油生产基础总体较好，但也面临苗情复杂田管任务重、粮食生产成本持续攀升等问题。高起点上保障粮食安全，必须把重农抓粮的各项措施抓得更紧、落得更实。从政策层面看，今年在粮食安全党政同责考核中，面积产量和种植结构权重将加大；继续提高小麦最低收购价；继续加强高标准农田建设；积极协调提前下拨农业生产防灾救灾资金，搞好病虫害统防统治和应急防治……多管齐下，多措并举，有利于提振信心，增强底气，托举"粮安"。

从长远看，保障大国粮食安全，提升粮食产能仍然是首要任务，关键还是抓耕地和种子两个要害。在坚决守住18亿亩耕地红线基础上，藏粮于地、藏粮于技，就要把"靠天吃饭"的耕地变成旱能浇、涝能排的稳产田，将丰收的力量藏在大地深处；把"木犁耙""铁把式"换作"金扁担"，让更多"金种子"破土而出。惟其如此，才能把中国饭碗装得更满，让中国饭碗成色更足，全方位夯实粮食安全根基，为稳固大国粮仓增添不竭动力。

粮食，国计民生的基石，国家安全的底线。只有把牢粮食安全主动权，才能把稳强国复兴主动权。放眼广袤田畴，新的丰收正在生根发芽。

（2023 年 03 月 27 日）

正风肃纪护航乡村振兴

孟繁哲

围绕乡村养老托育等公共服务的项目建设、资金使用，浙江湖州市着力开展清单化、项目化监督；安徽滁州市来安县开展提级监督，通过驻点办公、专项监督、聘请廉情监督员等手段，督促村级"一把手"廉洁履职；湖南娄底市新化县采取"直查直办"方式，从严查处惠民惠农财政补贴工作中的"微腐败"……一段时间以来，各地持续推动全面从严治党向乡村基层延伸，解决群众反映强烈的突出问题，为巩固拓展脱贫攻坚成果、全面推进乡村振兴提供坚强保障。

全面建设社会主义现代化国家，最艰巨最繁重的任务在农村。正因为任务艰巨繁重，更需要以严明的纪律和过硬的作风为乡村振兴提供坚强保证。从严肃查处民生领域侵害群众利益的问题，到深挖彻查涉黑涉恶腐败和"保护伞"，再到建立健全基层监督的长效机制……党的十八大以来，全面从严治党不断向基层延伸。在 2018 年至 2020 年三年扶贫领域腐败和作风问题专项治理期间，全国共查处相关问题 28 万个，给予党纪政务处分 18.8 万人。不久前，中央纪委印发《关于开展乡村振兴领域不正之风和腐败问题专项整治的意见》（以下简称《意见》），要求坚决惩治粮食安全、耕地保护等战略举措落实中的腐败和作风问题，加强对重点项目、重大资金、重要环节的监督检查。

不正之风和腐败问题，很多时候都是互为表里、同根同源的。当前，吃拿卡要、优亲厚友、雁过拔毛、截留挪用等"微腐败"存量尚未完全清除，隐形变异、翻新升级的腐败和作风问题在个别地方时有发生。与此同时，乡村振兴项目建设多、资金投入大，容易招来"蝇贪""蚁腐"，农村集体资金、集体资产、集体资源领域成为基层干部违纪违法问题的易发多发地带。对群众身边的不正之风和腐败问题，《意见》突出一个"严"字，要求对乡村振兴领域问题线索进行"大起底"和"回头看"，对新增问题线索严查速办。各级纪检监察机关务须坚持严的基调、采取严的措施，大力整治乡村振兴领域不正之风和腐败问题，一体推进不敢腐、不能腐、不想腐，让基层群众真切感到公平正义就在身边。

人是生产力中最活跃的因素。无论是打赢脱贫攻坚战，还是持续推动巩固拓展脱贫攻坚成果同乡村振兴战略有效衔接，说到底都要靠人，要靠广大干部群众齐心干。要看到，一些困扰基层的形式主义、官僚主义问题依然存在，成为乡村振兴工作中的拦路虎、绊脚石。《意见》对纠治政策落实和工作推进中的形式主义、官僚主义问题提出明确要求，"坚决纠治有令不行、有禁不止，片面理解、野蛮操作、'翻烧饼'、换频道，以及为群众办事推诿扯皮、敷衍塞责等问题，切实推动为基层干部减负"。从以往实践看，让干部有更多时间和精力抓落实，鼓励从实处着眼、用实干考量、用实绩说话，就能凝聚起广大党员干部担当作为的磅礴力量。

实践充分证明，党风廉政建设是攻坚战、持久战，扭住不放、一严到底、久久为功才能收获实效。坚持推动全面从严治党向乡村基层延伸，坚持党性党风党纪一起抓，坚持以雷霆之势反腐惩恶，我们定能不断为乡村振兴事业注入生机活力，用清风正气护航"三农"事业健康发展。

（2023 年 03 月 24 日）

让优质资源助力老有所学

赵婀娜

以国家老年大学成立为契机，推动形成覆盖广泛、主体多元、资源共享、灵活多样、特色鲜明、规范有序的老年教育发展新格局

人口老龄化是社会发展的重要趋势，是人类文明进步的体现，也是今后较长一段时期我国的基本国情。习近平总书记指出："让老年人老有所养、老有所依、老有所乐、老有所安，关系社会和谐稳定。"

老年教育是满足老年人精神文化需求的重要途径，是我国教育事业和老龄事业的重要组成部分。《中共中央国务院关于加强新时代老龄工作的意见》提出，将老年教育纳入终身教育体系，推动扩大老年教育资源供给。前不久，国家老年大学挂牌成立，标志着老年教育资源共享和公共服务国家级平台正式建立。该平台的搭建体现了办好人民满意教育、积极应对人口老龄化的要求，有利于满足老年人多样化学习需求，促进老年人终身学习、乐享生活。

发展老年教育，也是构建老有所学的终身学习体系和建设高质量教育体系的重要举措。通过老年教育，老年人在汲取丰富知识的同时，加强与外界的沟通交流，既增长知识，也愉悦身心。加快发展老年教育、提升老

年教育现代化水平，不仅事关老年人的精神文化生活、教育事业的高质量发展，也事关万千家庭的和谐幸福、社会的发展进步。

发展老年教育事业，满足老年人对高质量"银发生活"的美好期待，首先要努力提供更高质量的教育资源，兼顾资源的丰富性与差异性。既包含绘画、书法、声乐、舞蹈、钢琴、朗诵等相对传统的教育内容，又覆盖互联网知识、金融、保险、"主动健康"、人工智能等与时代发展紧密相关的内容，老年教育资源才能顺应社会发展、不断优化完善，真正适应老年人时代化、个性化的教育需求。同时，还要在提供优质教育资源的过程中，兼顾地区、城乡及个体差异，力争做到"百花齐放春满园"。

发展老年教育事业，还要汇聚各方力量、整合全社会资源，共同办好老年人身边的"无边界的大学"。当前，我国老年大学已包括政府、行业企业、学校、事业单位和社会组织办学等多种类型，但仍以政府办学为主，而且县一级老年大学、老年学校占比较大，社区一级老年教育机构与社区总体占比仍相对较低。在这种背景下，一方面，课程资源的供需矛盾仍较为突出；另一方面，优质教育资源还未能完全"下沉"到距离老年人最近的地方，满足实际所需。

实现优质老年教育资源的全覆盖，需要进一步用好存量、提升增量，多渠道、多形式发展老年教育，引入社会力量，激发多种办学主体的办学积极性和办学活力。同时，还应乘数字化之势，大力发展在线老年教育，发挥好现代信息技术的作用，对既有课程资源、教学模式进行适老化改造，形成多终端、多元化整体服务模式，满足老年人个性化、便捷化的需求，让更多老年人以数字为"翼"，乐享数字化发展和老年教育发展的成果。

以国家老年大学成立为契机，推动形成覆盖广泛、主体多元、资源共享、灵活多样、特色鲜明、规范有序的老年教育发展新格局，帮助更多老年人实现老有所学、老有所乐，相信"银发生活"会更精彩。

（2023 年 03 月 24 日）

用改革为国企核心竞争力"赋能"

周人杰

国企改革三年行动既坚持中国特色又参照国际经验，既注重顶层设计又鼓励基层创新，不仅取得一系列重大发展成果，也极大地丰富了新时代国企改革理论和国有经济理论

千帆竞渡，奋楫者先。北京国资委正研究制定鼓励企业上市的政策措施，支持符合条件的上市公司分拆上市，推动优质资产注入；上海提出稳妥推进混合所有制改革，支持企业适时引入高度匹配、高认同感、高协同性的战略投资者；山东深化省属国企改革，推动建立三项制度改革效能评估体系，有序实施中长期激励……近段时间，各地密集谋划国企改革"新动作"，为做好全年经济工作积蓄发展动能。

"深化国资国企改革，提高国企核心竞争力"，从去年底召开的中央经济工作会议到今年的《政府工作报告》，都对深化国企改革提出明确要求。以改革为牵引，加快国有经济布局优化和结构调整，推动国有资本和国有企业做强做优做大，是更好发挥国有经济主导作用和战略支撑作用的必然要求。从已经圆满收官的国企改革三年行动看，中央党政机关和事业单位管理的 1.5 万户、地方政府管理的 15 万户国企全部完成公司制改制，企业有限责任的法律基础进一步夯实；中央企业涉及国家安全、国民经济命脉

和国计民生领域营业收入占比超 70%，国有经济主导作用有效巩固；中央企业在战略性新兴产业年均投资增速超过 20%，营业收入占比超过 35%，有效提升产业链供应链韧性和安全水平。深化国企改革的重大价值可见一斑。

从 2020 年到 2022 年的国企改革三年行动，全面深入推进了激励、责任、竞争、创新等基础性制度建设。三年来，从实施军令状制度到实行穿透式操作，从建立清单化举措到开展定量化督办，从市场化经营机制取得大范围深层次突破到以管资本为主的国资监管体制更加健全……国企改革三年行动既坚持中国特色又参照国际经验，既注重顶层设计又鼓励基层创新，不仅取得一系列重大发展成果，也极大地丰富了新时代国企改革理论和国有经济理论，为下一步深化改革提供了重要经验参照。

改革永远在路上。奋进新征程，牢牢把握高质量发展这个首要任务，呼唤国企在构建现代化产业体系、推动高水平科技自立自强等方面强化战略支撑作用。要看到，我国经营性国有资产规模大，但一些企业资产收益率不高、创新能力不足，同国有资本和国有企业做强做优做大、发挥国有经济战略支撑作用的要求不相适应。实施新一轮国企改革深化提升行动，以提高核心竞争力和增强核心功能为重点，进一步补短板、强弱项，固底板、扬优势，推动中国特色现代企业制度和市场化经营机制长效化制度化，我们定能打造一批产品卓越、品牌卓著、创新领先、治理现代的世界一流企业。

击鼓催征，时不我待。坚持系统集成、协同高效，深化国资国企改革，着力提高国有企业核心竞争力，要着力增强核心功能，着力推动高质量发展，国企这个中国特色社会主义市场经济的"顶梁柱"一定能立得住、走得稳、行得远，为全面建设社会主义现代化国家开好局起好步作出新的更大贡献。

（2023 年 03 月 23 日）

线上健身为美好生活添彩

孙龙飞

> 线上健身的蓬勃发展，为人们提供更多健身选择，激发全民健身热情，带动更多人养成运动习惯，让更多人共享健康与快乐

跟着网络直播一起跳健身操，用跑步路径"画"出有趣图案，在运动应用程序上向好友发出健身打卡挑战……如今，随着智能穿戴设备的普及和健身行业数字化进程的加快，丰富多彩的线上健身活动吸引越来越多人参与，日益成为人们日常生活一部分。

作为线下体育的重要补充形式，线上健身具有场地灵活、门槛较低、活动种类丰富的特点，能更好满足人们利用碎片化时间健身的需求。同时，移动互联网和智能传感器等技术的应用，增强了线上健身的互动性和趣味性，进一步激发了人们的健身热情。国家体育总局公布的数据显示，2022年，全国体育系统举办全民健身线上运动会，参赛人数超1396万。线上健身的蓬勃发展，为人们提供更多健身选择，激发全民健身热情，带动更多人养成运动习惯，让更多人共享健康与快乐。可以说，线上健身既是在为全民健身助力，也是在为美好生活添彩。

越来越多人动起来的背后，是"主动健康"理念的深入人心。健身是健康生活方式的重要内容，可以增强体魄，提高生活质量。当前，人们越

来越注重追求健康生活，愿意花更多时间投入健身活动，主动健身日益成为人们的自觉选择。从通过短视频了解健身知识，到利用手机健身 APP 记录跑步用时、消耗的卡路里等数据，再到参与线上虚拟赛事，越来越多人通过线上健身认识到，健康是责任，预防是最经济最有效的健康策略；越来越多人懂得，每个人都是自身健康的第一责任人，健康的"钥匙"就握在自己手里。

生命在于运动，运动需要科学。当健身热情提高后，如何科学健身成为人们关心的又一个话题。通过各种线上健身平台，用户能轻松获得各种健身知识，也能自主选择线上健身课程，接受更专业的健身指导。去年全民健身线上运动会期间，100 多名奥运冠军、世界冠军通过线上竞赛、话题互动等方式，和大家一起"云锻炼"。如今，越来越多体育运动员在互联网上化身居家健身的"辅导员"，既为引导公众科学健身起到了示范作用，也普及了科学健身理念和方法。

也应看到，线上健身正处于起步阶段，发展和完善的空间还很大。如何开拓出更多运动场景？怎样提高健身质量？如何推动线上与线下更好融合？解决这些问题，既是满足群众健身需求的内在要求，也是推动线上健身高质量发展的题中应有之义。这需要相关平台不断创新，更好满足用户的个性化需求，也需要相关部门做好公共服务，推动线上和智能体育赛事活动开展，引入更多群众喜闻乐见的体育项目和赛事活动，拓展举办平台，丰富传播渠道。多方共同努力，才能激发"互联网＋体育"的巨大潜力。

党的二十大报告提出，"促进群众体育和竞技体育全面发展，加快建设体育强国"。《关于构建更高水平的全民健身公共服务体系的意见》提出，到 2035 年，经常参加体育锻炼人数比例达到 45% 以上，体育健身和运动休闲成为普遍生活方式。以线上健身为接口，增加运动产品及服务资源供给，优化线上线下健身互动，营造人人参与体育锻炼的社会氛围，群众的生活必将更加多姿多彩。

（2023 年 03 月 22 日）

从考古中激扬文化自信力量

周飞亚

来自约 100 万年前，欧亚内陆迄今发现的同时代保存最完好的古人类头骨化石；国内首次发现的骨质冰鞋与年代最早、数量最多、保存最完整的木质车轮；国内唯一保留了城市、港口、航道这一完整体系的古港遗址……入围和入选"2022 年中国考古新发现"的项目，学术目标清晰、学术价值重大、考古理念先进、考古过程精准，为我国百万年的人类史、一万年的文化史、五千多年的文明史又增添了更多有力实证。

欲流之远者，必浚其泉源。考古工作是展示和构建中华民族历史、中华文明瑰宝的重要工作。我国是世界四大文明古国之一，浩如烟海的文献典籍记录了中国 3000 多年的历史，同时在甲骨文发明以前，在中华大地还有 1000 多年的文明发展史、超过百万年的人类发展史并没有文字记载。由于缺乏中华文明起源和形成时期的文献记载，回答这些问题只能依靠考古学特别是田野考古获取的第一手资料。将埋藏于地下的古代遗存发掘出土，将尘封的历史景象展示出来，有助于延伸历史轴线、增强历史信度、丰富历史内涵、活化历史场景，有助于更好地认识中华民族的悠久历史和灿烂文化，让文化自信牢牢植根在每个人内心深处。

目前，中华文明探源工程已实施 20 余年，对中华文明的起源、形成、发展的历史脉络，对中华文明多元一体格局的形成和发展过程，形成了较为清晰的认识，并提出文明定义和认定进入文明社会的中国方案，为世界文明起源研究作出了原创性贡献。如今，每一项考古新发现，都在不断填补历史链条上的缺环，拓展形成新的历史知识。比如，甘肃庆阳市南佐新石器时代遗址，刷新了人们对黄土高原文明化进程的认知；在云南昆明市河泊所遗址，大量公文简牍和官印封泥被发现，成为该地区融入统一多民族国家进程的实证；宁夏苏峪口西夏瓷窑址，反映出两宋时期各民族文化交流、交融的史实。

近几年，科技考古已经成为遗址发掘的"标配"。在新技术的助力下，殷墟、凌家滩、二里头、仰韶村、三星堆等许多著名遗址纷纷重启发掘。湖北十堰"郧县人"遗址在30多年前就曾出土2具古人类头骨化石，最近考古队做了极为精细的发掘——以2厘米厚度为操作层进行高清晰度的三维建模，采集1400多份用于年代、环境、分子生物学等研究的样品，为后续研究提供了极为扎实的材料。在南佐遗址，植物考古发现了数百万粒炭化稻米，这在黄土高原地区前所未见；陶瓷分析显示，陶器烧造温度竟然高达1116摄氏度，部分原料可能来自海岱及长江中下游地区。"不可思议"的考古发现，催生新的学术课题，激励考古工作者继续做好出土文物和遗址的研究阐释工作，为完整准确讲述我国古代历史付出更多努力。

漫漫历史长河，积淀着中华民族生生不息、长盛不衰的文化基因，也激荡着为实现中华民族伟大复兴而不懈奋斗的精神力量。对中华文明之源的探寻，注定是复杂而漫长的，需要考古学和历史学、人文科学和自然科学的联合攻关，进一步回答好中华文明起源、形成、发展的基本图景、内在机制以及各区域文明演进路径等重大问题。激扬中华文明穿越时空、直击人心的文化力量，必能更好为强国建设、民族复兴凝魂聚力。

（2023 年 03 月 21 日）

聚力创新，领跑自动驾驶新赛道

喻思南

作为自动驾驶的"路标"，地图信息特别是高精地图是自动驾驶系统必不可少的组成部分。最近，自动驾驶发展迎来新的利好消息。自然资源部发布自动驾驶地图标准体系建设指南，从基础通用、生产更新、应用服务等方面提出了原则性指导意见，并给出时间表。未来，自动驾驶将有"图"可依，落地前景更加清晰。

近年来，全球产业界密切关注自动驾驶这一新赛道。随着以人工智能、物联网为代表的新一代信息技术的发展，汽车产业智能化、网联化成为趋势。可以预见，汽车将逐步成为兼具消费属性的智能产品，进而还可能促进零售、娱乐等产业形态革新。自动驾驶技术进步与应用推广，需要良好产业生态。经过多年积累与探索，我国自动驾驶产业实力不断增强，发展活力初步显现。加速推动技术发展和规模化应用，还有赖研发、市场、政策、法规等方面良性互动，形成共促自动驾驶高质量发展的合力。

发展自动驾驶产业，必须将关键核心技术掌握在自己手中。得益于新基建和丰富应用场景的支撑，我国在自动驾驶技术应用上取得了不俗的成绩，也具有高质量发展的有利条件。看测试数据，据不完全统计，国内40多个城市出台了自动驾驶汽车道路测试和应用相关的细则，开放的路测网络不断延展。看行业应用，除出行外，自动驾驶延伸到物流、采矿等多个场景，与实体经济融合，帮助制造业降本增效。看发展潜力，我国民用汽车保有量超过 3 亿辆，智能化转型需求可观、前景可期。也应清醒看到，在汽车产业智能化、网联化方面，我国仍有部分基础技术及器件受制于人，还须处理好推进应用和强化底层技术研发的关系，以市场需求为牵引，整合力量协同开展联合攻关。

安全是自动驾驶在真实场景落地的关键，也是发展自动驾驶的题中应有之义。日渐完善的软硬件配置，让自动驾驶"看"得更远、"跑"得更准；科研人员通过设置监控冗余系统等手段，再添出行"安全锁"。进一步验证自动驾驶的安全性，一方面需要积累更多数据，特别是雨、雾等恶劣天气中的测试数据，另一方面也离不开各方协同制定统一的安全标准。不论是"一步到位"研发高级别自动驾驶汽车，还是"步步为营"逐步向上跃迁，安全都是底线。此外，随着汽车产业智能化、网联化趋势加速发展，个人隐私保护问题日益凸显。相关产业链参与者需要更加重视数据安全保护，搭建智能网联汽车安全保护体系，让人们安心出行。

自动驾驶的规模化应用，也离不开政策创新。从全球范围看，自动驾驶尚处于起步阶段，技术创新可能突破既有管理政策的边界。我国较早探索支持自动驾驶的政策体系，从开放测试场景到出台地图标准，日渐完善的政策，为创新保驾护航。当前，自动驾驶系统运行仍需进一步明确法律准则、产品准入要求、事故认定边界等问题。这启示我们，在确保安全的前提下，应持续探索支撑汽车智能网联、自动驾驶发展的政策法规体系，以及时审慎而不教条的监管思路，为技术创新留下空间，为产业发展筑牢基础。

察势者明，乘势者智。拥抱汽车产业智能化、网联化转型大势，提早布局、赢得先机，汇聚从技术创新、产业协同到法规保障的合力，我们就能在新一轮产业变革中继续勇立潮头，争创新优势。

（2023 年 03 月 20 日）

合力"炒香"预制菜

常　钦

上海出台方案明确预制菜准入条件，颁出首张食品生产许可证；广东将预制菜发展写入省政府工作报告，培育壮大预制菜等新业态；河南实施冷链食品、休闲食品、特色功能食品等升级行动，打造预制菜生产基地……近年来，预制菜消费需求旺盛，年产值保持20%高增长率，经济效益较好，产业加速发展，各地区各部门加强产业引导，强化政策扶持，推进预制菜产业高质量发展。

今年中央一号文件在培育乡村新产业新业态章节，专门提出"培育发展预制菜产业"。所谓预制菜，是指以农产品为主要原料，运用标准化流水作业，经预加工、烹调制成，并进行预包装的成品或半成品菜肴。预制菜产业一头连着田间地头，一头连着消费者餐桌，是推动农村一二三产业融合发展的有力抓手，对于推进"菜篮子"工程提质增效，带动农民"接二连三"增收致富，助力乡村产业振兴具有重要作用。

预制菜的火热顺应了需求侧的变化，满足了消费者对美食的多元需求。生产预制菜的"中央厨房"，通过工业化、标准化、定量化生产，精算出营养素含量，支持多样菜谱搭配，适应了个性化营养需求。同时，培育发展预制菜产业，做大做强农产品加工流通业，提升净菜、"中央厨房"等产业标准化和规范化水平，有助于促进农产品就地加工转化增值，推动农村由卖初级品向卖制成品转变。

民以食为天，食以安为先。近年来我国预制菜发展迅速，产品分类多样、品种繁多，且产业发展涉及农业生产、加工流通、餐饮服务、市场消费等多环节、多部门。但目前预制菜行业管理主要参照食品相关标准，存在着标准不统一、质量难保证等安全风险。今年全国两会上，围绕推动预制菜产业健康发展，代表委员纷纷"支招"："明确预制菜的概念，科学界定预制菜的涵盖范围""围绕预制菜全产业链建设配套完善的标准体系""加快制定和出台预制菜产业高质量发展的规划"。由此来看，加快预制菜行业质量标准建设，逐步形成覆盖预制菜原料、加工工艺、包装标识、微生物指标等领域的标准体系已成社会共识。

从"菜园子"到"菜盘子"，预制菜的高质量发展离不开农业全产业链的有力支撑。预制菜向前端延伸可带动农户建设原料基地，向后端延伸可建设物流营销和服务网络。必须加快打造集标准化原料基地、精细化综合加工、体系化物流网络、品牌化市场营销等于一体的农业全产业链，引导预制菜产业进一步向产地下沉，根据粮食生产功能区、重要农产品生产保护区、特色农产品优势区的布局，建设预制菜原料基地。有条件的地方，要集聚要素、集合功能、集中企业，促进农产品就地加工转化、增值增效，发展多种预制菜产品。

让预制菜一直火下去，不仅要让食客们吃得更香，还要让农民们尝到甜头。预制菜原辅材料的订单采购量平稳，对于调动农民生产积极性和增加农民收入具有重要推动作用。龙头企业、加工产业园与农户建立契约型、分红型、股权型等合作方式，促进农民持续增收，让农民更多更好地分享产业发展红利，预制菜产业一定能够行稳致远，实现更大的发展。

（2023 年 03 月 17 日）

为乡村振兴注入文化动能

康　岩

　　去年夏天，贵州省黔东南苗族侗族自治州台江县台盘村的乡村篮球赛事视频在社交媒体刷屏，网友把这场乡村篮球赛称为"村 BA"。这个民间赛事直接进入国家政策视野。不久前，《农业农村部关于落实党中央国务院 2023 年全面推进乡村振兴重点工作部署的实施意见》发布，提出"探索推广'村 BA'篮球赛等赛事"。

　　实施乡村振兴战略，物质文明和精神文明要一起抓，特别要注重提升农民精神风貌。今年中央一号文件不仅专门拿出一节内容部署"加强农村精神文明建设"，还特别提出"支持乡村自办群众性文化活动"。从深入开展社会主义核心价值观宣传教育到注重家庭家教家风建设，从加强重要农业文化遗产保护利用到推动各地因地制宜制定移风易俗规范，从开展乡村阅读推广活动到打造农民体育品牌活动，这些重要举措将为丰富农村文体活动、加强乡村精神文明建设提供有力抓手。

　　从"有没有"到"好不好"，新时代的农民群众对美好生活的需求正在发生深刻转变，迫切要求教育文化体育事业扩大优质产品供给渠道，满足农民群众多样化、多层次的文体活动需求。在宁夏吴忠红寺堡区，全国人大代表马慧娟发起成立"泥土书香"读书社，用书香凝聚乡村振兴的精神力量；在湖北黄石，当地推进 15 分钟体育健身圈城乡一体化建设，派出社会体育指导员到村镇和农村学校送教……各地优化乡村文体资源布局，积极开展丰富多彩的群众文体活动，让农民群众在"腰包"鼓起来的同时，享受到丰富的精神食粮和高品质的健康生活。

乡村不仅要塑形，更要铸魂。党的十八大以来，我国农村公共文化建设进展显著，让人们见证了乡村文化振兴的深厚力量。丰富的文体活动，还可以开拓乡村消费的新空间，促进乡村产业结构转型升级。当前，文化体育与旅游产业融合发展成为新趋势，在乡村打造文体旅综合体、放大产业融合的溢出效应，将成为乡村产业高质量发展新的支撑点。盘活乡村文化体育资源，强化景区带动、节庆拉动、文旅互动，让当地群众"动"起来、文体资源"活"起来、旅游消费"热"起来，就能走出一条产业融合助力乡村全面振兴、既富"口袋"也富"脑袋"的发展之路。

涵养健康文明的乡村新风尚，既要注重发挥好职能部门的带动作用和方针政策的催化作用，也要注重发挥好农民群众的首创精神，呵护好沾满露珠和乡土气息的"文化秧苗"。"村 BA"篮球赛的一个重要启示正在于，每个地方都有自己的文化火种，农民群众也有自己的文体特长和爱好，只要做好服务、加强扶持，就能培育出有滋有味有影响力的文体品牌。社会多方合力也极为重要，马兰花儿童声合唱团入选北京冬奥会开闭幕式表演，乡村校园女足扶持项目"追风计划"帮助超过 4000 名乡村女孩实现足球梦想，都是多元参与、多方合作结出的文化硕果。

全面建设社会主义现代化国家，最广泛最深厚的基础在农村，最大的潜力和后劲也在农村。乡村文体活动多起来，乡风民风美起来，农民口袋鼓起来，广大农民的日子一定能够越过越红火。

（2023 年 03 月 16 日）

以公共文化服务点亮美好生活

郑海鸥

在山东威海，市民来到城市书房感受阅读之美、读书之乐；在湖南长沙，老百姓在家门口就能享受免费的文化艺术培训；在浙江宁波，读者只要有一部手机，就可联网借阅图书……近年来，各地积极满足人民群众文化生活需要，提供更多个性化、多样化服务，全社会的文化获得感持续提升。

公共文化服务，满足的是广大群众读书看报、看演出、看展览、参加文化活动等需求，是实现好、维护好、发展好人民基本文化权益的主要途径。当前，公共文化服务"缺不缺、够不够"问题总体上得到解决，"优质化、均等化"问题凸显。党的二十大报告提出："健全现代公共文化服务体系"。立足城乡特点，打造更有特色、有品位的公共文化空间，扩大公共文化服务覆盖面，增强实效性，才能不断满足人们多样化、多层次、多方面的精神文化需求。

公共文化空间提档升级，是公共文化服务实现高质量发展的重要着力点。有的城市打造城市书房、文化驿站等融合图书阅读、艺术展览、文化沙龙等服务的新型文化业态，营造小而美的公共阅读和艺术空间。有乡村以挖掘革命文化、民俗文化、历史文化等资源为基础，改造或建设小书屋、小礼堂、小戏台等主题功能空间。一些文化馆、文化站积极开展全民艺术普及，用美育涵养美丽心灵。一些非遗传习所开展非遗研学、手作体验、文创产品开发等活动，助力中华优秀传统文化活起来、火起来。这些特色鲜明的公共文化空间，充分发挥了以文促教、以文促旅等重要功能。

公共文化空间只是一个平台，增强文化服务的实效性、精准性，才能让更多人就近享受、积极参与。近年来，篮球赛、山歌大赛、广场舞大赛等具有浓郁地方特色的文化活动，在许多乡村社区如火如荼开展。在这些活动中，群众不只是文化观赏者，还能从台下走到台上，从观众成为主角。目前，全国有登记在册的群众文艺团队超过45万个，比2012年增加50%，越来越多群众期待登上灯光绚丽的舞台。在继续办好乡村"村晚"、广场舞展演、大家唱群众歌咏等品牌活动的基础上，为群众展示自我、沟通交流和文化娱乐创造更多便利条件，公共文化服务才能更好融入人们的日常生活。

以往，公共文化服务受到时空限制，覆盖面有限。随着数字技术的发展，公共文化服务群众的"最后一公里"被逐渐打通。借助国家公共文化云平台、智慧图书馆、"云端博物馆"和"云上村晚"等各类数字化服务，城乡群众能同步分享公共数字文化产品。未来，还需统筹利用文化领域已建或在建数字化工程和数据库，解决好资源孤岛、数据孤岛等问题；依托新一代信息技术，推动数字公共文化场馆建设。在优化新增和改造存量两端同时发力，不断拓展智慧公共文化服务应用，数字化将使公共文化服务更加精准、更加精彩。

现代公共文化服务体系建设承载着人民群众对美好生活的向往。健全完善现代公共文化服务体系，持续推动公共文化服务标准化、均等化，提高基本公共文化服务的覆盖面和适用性，提供更多更好的精神食粮，一定能让人民享有更加充实、更为丰富、更高质量的精神文化生活。

（2023 年 03 月 14 日）

履职尽责画好奋进同心圆

李洪兴

把群众意见化为议案提案，以建言献策贡献智慧力量，推动
解决群众普遍关心的突出问题

踏着春天的节拍，肩负人民的期待，全国两会这场"春天的盛会"即
将在北京拉开帷幕。换届与开局交汇，责任与担当交织，共识与奋进交融，
激荡继往开来、同心协力的力量。

在河南，马萧林委员把调研重点放在红色遗产保护利用上，不断探索
让文物"活"起来的有效方式；在广东，95后杨登辉代表广泛征集建议，
笔记本上写满技能人才培养的"金点子"；在重庆，刘希娅代表走进社区、
走向孩子，与家长们一起探讨家庭教育……全国两会前夕，代表委员们下
基层、到一线，了解民情、汇集民意，倾注精力准备议案提案，为履好职
尽好责打下坚实基础。

民之所盼，政之所向。把群众意见化为议案提案，以建言献策贡献智
慧力量，推动解决群众普遍关心的突出问题，是人民民主为人民的题中应
有之义，也是党和国家事业兴旺发达的重要助力。小到衣食住行，大到改
革发展，人民能够全程、有效、深入地表达自身利益诉求，人民的意愿在
国家政治生活中能得到充分体现，这是人民当家作主的有力诠释，也是全

过程人民民主是最广泛、最真实、最管用的民主的生动写照。

今年是全面贯彻落实党的二十大精神的开局之年。胸怀"国之大者"，心系国是民生，为扎实推进中国式现代化建设贡献智慧、力量，为全面建设社会主义现代化国家开好局起好步鼓舞干劲、信心，是新一届全国人大代表和新一届全国政协委员的重要职责。如何聆听群众心声、如何探寻发展良方，关乎代表委员履职尽责的效果质量。马慧娟代表走街巷、坐炕头，"许多建议都是跟村民们在炕头上聊天时形成的"；魏青松委员走进田间地头、车间工厂，"群众在哪里，工作就做到哪里"；翁建平委员制作并随身携带问卷二维码，参加学术会议间隙也在做调研，"要把提案准备得扎实些，再扎实些"……真知灼见在走村入户、用心用情中形成，良言善策在躬身实践、发挥专长中完善，既凝结着代表委员的思考和心血，也反映了人民群众的希冀和关切。

"人民民主是社会主义的生命，是全面建设社会主义现代化国家的应有之义。"党的二十大报告就"加强人民当家作主制度保障""全面发展协商民主"等作出专门部署。新时代十年，我们坚持走中国特色社会主义政治发展道路，全面发展全过程人民民主，社会主义民主政治制度化、规范化、程序化全面推进，社会主义协商民主广泛开展，人民当家作主更为扎实。当前，人大代表工作制度化、规范化、常态化进一步推进，政协委员联系界别群众制度机制不断健全完善，协商民主的协商方式和平台载体不断创新丰富，有力保障了代表委员为国履职、为民尽责，助力全过程人民民主展现勃勃生机和强大生命力。

新的征程已经开启，拼搏奋斗正当其时。全国两会是代表委员履职尽责的平台，也是全国人民凝心聚力的平台。代表委员们要聚焦贯彻落实党的二十大精神建真言、献良策，为完成今年经济社会发展目标集众智、聚群力，以高质量履职尽责助力全国两会圆满召开。从春天出发，让我们以新作为展现新气象、谱写新篇章，满怀豪情共创更加美好的未来！

（2023 年 03 月 03 日）

"以竹代塑" 开辟环保新赛道

崔　妍

塑料污染是全球性问题。加强塑料污染治理，关键是找到合适的替代品。一段时间以来，小到一次性的饮料吸管，大到排水管道，在包装、建筑、运输、化工等众多领域，竹制品正在成为替代塑料制品的环保选择。

通过截断、拉丝、打磨等步骤制成的竹吸管，不仅防烫、耐用，还能解决纸吸管遇水易软的问题；用竹材制成的集装箱底板，韧性更强、抗压性更好，适用于各类集装箱；竹缠绕产品质量轻、拉伸强度高、耐腐耐用、抗风抗震，能被加工成大口径复合管和压力管道等，广泛应用于交通、市政、水利等领域……实践表明，使用竹子作为绿色、低碳、可降解的生物质材料，是从源头减少塑料使用、减轻塑料污染的有效途径。小竹子撬动大产业，"以竹代塑"兼顾生态和经济效益，呈现广阔发展前景。

在向国际竹藤组织成立二十五周年志庆暨第二届世界竹藤大会致贺信时，习近平总书记指出，"中国政府同国际竹藤组织携手落实全球发展倡议，共同发起'以竹代塑'倡议，推动各国减少塑料污染"。我国是世界上竹资源最丰富、竹产业规模最大的国家。现阶段，我国竹基纤维复合材料、竹微丝复合包装材料等技术取得较大突破，竹产业横跨一二三产业，包括竹建材、竹日用品等10余类、上万个品种。"以竹代塑"是主动作为开辟环保新赛道的缩影，为统筹产业发展和生态保护写下生动注脚。

同时也要看到，我国竹制品的销量和出口量虽逐年增加，但"以竹代塑"产品的市场占有率和认可度还有待提高；技术不够成熟的竹制品受限于产量和成本，尚未成为塑料替代品的首选。这就要求进一步夯实"以竹代塑"的产业基础，在质量、价格等方面增强竹制品竞争力，以便更好满足消费者需求。就经营主体而言，要下更大力气做好市场推广，提升自主创新能力，向科技要效益，向成本要空间。从产学研方面看，应坚持产业发展需求导向，强化竹产业科技创新资源开放共享，加强竹产业关键共性技术、前沿引领技术等联合攻关，突破一批产业化前景良好的关键核心技术，不断推动产业高质量发展。

一头连着低碳环保，一头连着产业发展，一根小竹子，呼唤治理大智慧。把握好减塑降碳与生活便利的平衡点，"有形之手"的作用不可忽视。要让政策添助力，激发龙头带动和产业集聚效应，促进集约经营和集群发展。比如，加强规划引领，布局竹产业集群，优先支持竹产业企业和园区发展。又如，完善财政支持政策，重点支持竹产业科技创新、竹产业新型经营主体培育。再如，建立健全协调推进机制，加强政策指导和支持，研究和协调解决竹产业发展中遇到的新情况新问题，营造良好的产业发展环境。

其实，不只竹制品，一次性塑料制品的替代品还包括布制品、木制品、纸制品以及新型生物降解塑料等产品。在严控使用一次性塑料制品的同时，加强对可替代材料产品研发、生产和推广的支持，推动形成绿色发展方式和生活方式，一定能更好满足人民日益增长的美好生活需要，为建设人与自然和谐共生的中国式现代化作出贡献。

（2023 年 03 月 02 日）

做好乡村市场体系建设大文章

齐志明

在河北省张北县玉狗梁村，村民只需在手机上"一键下单"，优质好物就能送到家门口；在江西省鹰潭市余江区，商业综合体、连锁超市、家电大卖场等拔地而起，县乡居民购物更方便了；在重庆市巫山县竹贤乡，依托重庆市供销合作社牵头建设的农村电商综合服务平台，蔬菜实现产销两旺……近年来，随着物流通道更加顺畅，优质商品加速下沉，消费环境日益改善，我国乡村市场活力得到持续有效激发。

我国有2800多个县级行政区、3.8万多个乡级行政区，县乡人口数量众多。构建新发展格局，把战略基点放在扩大内需上，农村有巨大空间，可以大有作为。数据显示，2022年我国农村网络零售额达2.17万亿元，95%的建制村实现快递服务覆盖。各地大力加强乡村市场体系建设，提升农产品流通服务水平，有力促进农民增收与消费提质形成良性循环。但总体看，县域商业尤其是村镇商业发展依然滞后，流通梗阻依然存在，商品和服务有效供给依然不足。《扩大内需战略规划纲要（2022—2035年）》提出："完善乡村市场体系。"未来还需围绕完善流通设施、增加优质商品和服务、改进监督管理方式等多下功夫，进一步推动乡村市场扩容升级。

商超、便利店等零售终端少，物流配送时效慢，农产品流通网络不健全等，是不少县域地区流通体系的短板，需要完善流通设施，畅通下沉和上行双通道。健全农村现代商贸流通体系，在商业设施上，应当抓紧推进对县城、乡镇和村三级商业设施的"三个一批"改造升级，满足农民便利消费、就近销售需求；在物流设施上，要加快完善以县级物流节点为核心、乡镇服务站点为骨架、村级末端网点为延伸的县乡村三级物流节点设施体系，完善农村电商配套服务。升级过程中，要充分利用数字化、智能化工具，推动农村传统商业企业大规模应用现代信息技术，进一步扩大农村电商覆盖面，有效畅通工业品下乡、农产品进城双向流通渠道。

我国是制造业和生活服务业大国，完全有能力、有条件提供更多适合农村消费特点的优质商品和服务，满足农村居民消费升级需求。在广大农村地区，品质型消费正逐渐取代温饱型消费。我们既要推动农村居民汽车、家电、家具、家装消费升级，也要让城市消费新业态新模式在乡村落地生根。乡村有着丰富的服务资源，可结合实际情况，发展乡村旅游、民俗、特色文化、休闲农业等服务产业，推动农村商旅文娱体融合发展，充分满足县乡居民个性化、多元化、中高端消费需求。

受多种因素影响，过期食品、"三无"食品、山寨货等在一些农村地区依然可见。针对假冒伪劣产品扰乱农村市场秩序、带来安全隐患的问题，必须改进监督管理方式，优化乡村市场消费环境。未来，要继续把规范农村市场秩序和加强市场监管放在突出位置，全力营造安全放心的农村消费环境，通过充实基层执法力量，加大执法力度，完善城乡联动机制，加强源头治理，严厉打击农村生产经营假冒伪劣商品等违法经营行为。与此同时，要加大宣传力度，推动农村诚信体系建设，加强行业自律。

扩内需，最大潜力在农村，建立健全现代乡村市场体系是重要保障。我们必须把有效市场和有为政府结合起来，以渠道下沉和农产品上行为主线，推动资源要素向农村市场倾斜。随着县域商业建设行动的深入实施，县域统筹，以县城为中心、乡镇为重点、村为基础的农村商业体系正加速建立完善。把握流通变革趋势，顺应流通发展规律，推动乡村市场体系高质量发展，我们一定能促进农民收入和农村消费实现双提升，为我国消费升级和产业发展带来持续的牵引力。

（2023 年 03 月 01 日）

让更多基层医生留得住、有发展

申少铁

乡村医生、社区医生等基层医生，承担着城乡居民常见病、多发病、慢病的防治，以及公共卫生、家庭签约服务等工作，是我国医疗卫生人才队伍的重要组成部分。不久前，福建省出台文件，强调建立人员经费保障制度，为在岗的每个基层医生每年提供6800—9800元的补助资金。广东省卫健委发文明确，对乡镇卫生院医务人员建立乡镇工作补贴制度，月人均补贴不低于1000元的标准，同时将村卫生站医生补贴标准提高至每年每行政村2万元。这些支持政策，将有效促进医疗卫生工作重心下移、优质资源下沉。

党的二十大报告提出："发展壮大医疗卫生队伍，把工作重点放在农村和社区。"近年来，中央和地方不断加大对基层医疗卫生机构的投入，基层医生的工作环境、待遇水平、职业发展等都有了明显改善。国家卫健委数据显示，截至2021年底，我国基层医疗卫生机构人员总数达443万余人，农村医疗卫生机构设施和人才的薄弱环节得到加强。不过由于种种原因，基层卫生人力资源配置在不同区域之间、城乡之间仍不均衡，个别偏远地区和农村的基层医疗卫生机构还缺乏好医生。在持续深化医改过程中，有必要加强和优化制度供给，让基层医生队伍更稳定，扎根基层更安心。

提升薪资水平和福利待遇，免除后顾之忧。一方面，应通过完善考核制度、实行灵活激励等方式，让真正有水平、能干事、愿奉献的基层医生获得更好收入。另一方面，要妥善解决基层医生的编制、养老生活补助等问题。目前已有地方做了探索尝试，比如重庆市明确要求，将一部分村医纳入乡镇卫生院编制管理，对未能入编的村医，参照事业编制发放工资。

拓宽优秀人才来源，加强培养培训。在学校教育环节，将全科医学作为医学院校教育发展的重点方向，扩大全科医学专业招生规模，增加储备人才总量。继续实施农村订单定向医学生免费培养，落实好毕业生到农村服务的制度，向农村地区持续输送优质医学人才。在继续教育环节，可通过鼓励参加住院医师规范化培训、助理全科医生培训、全科医生转岗培训等，不断提高年轻基层医生的实操能力。此外，还应充分发挥医联体的制度优势，通过上级医院专家"传帮带"、到上级医院进修学习等方式，提高基层医生诊疗水平。

畅通职业发展渠道，让基层医生工作更有盼头。目前，越来越多地方选择将基层服务年数、质量，作为基层医生晋升职称的重要标准。未来还需加快落实"定向评价、定向使用"的基层职称制度，推进基层制度创新。在基层职称评审中，提高工作量、工作实绩、业务能力和基层工作年限等评价权重，将工作成果的经济、社会效益和群众满意度作为职称评审的重要内容。建立符合实际需求、形式多样的职业发展渠道，才能让医学人才在基层留得住、有发展。

基层医生是居民健康的"守门人"，基层首诊是防病治病的第一道防线。有效提高基层医生的临床能力和业务水平，消除待遇保障、职称晋升等方面的担忧，为的就是让优秀医疗人才与基层医院更好实现精准对接，让患者在家门口就能享受到优质诊疗服务。随着医改的深入推进，广大基层医生必能以仁心仁术造福更多基层群众。

（2023 年 02 月 27 日）

保障新能源发电送得出用得好

丁怡婷

全国最大平价海上风电场建成投运，西藏最大光伏发电保供项目全容量并网，第一批大型风电光伏基地项目全部开工……国家能源局近期发布的数据显示，2022年风电光伏新增装机占全国新增装机的78%，新增风电光伏发电量占全国新增发电量的55%以上，风电光伏已成为我国新增装机和新增发电量的主体。与此同时，新能源利用水平也在稳步提升。据统计，风电利用率由2016年的82.4%，提高至2022年的96.8%；光伏发电利用率由2016年的90%，提高至2022年的98.3%。这充分体现了我国新能源发展速度快、利用水平高、产业竞争力强的良好发展态势。

新能源发电数量和利用水平双提升，离不开电力系统"源、网、荷、储"各环节的共同发力。在电源侧，各地统筹推进新能源开发建设和配套调节能力建设，加大煤电机组灵活性改造力度；分布式光伏占比逐步提高，新增装机布局向东中部地区转移，助力光伏就近消纳。在电网侧，统筹推进新能源和电网送出工程建设，加大优化新能源跨省跨区输送运行方式，加快配电网的改造和升级。在负荷侧，充分挖掘需求侧响应能力，利用市场化方式引导电力用户主动错峰避峰，发挥虚拟电厂作用。在储能侧，加大抽水蓄能建设力度，推动新型储能快速发展等。供给和消纳双管齐下、整体谋划，持续增强了新能源供给能力，为新型电力系统建设提供了有力支撑。

也要看到，风电和光伏发电"靠天吃饭"，具有随机性和波动性。新能源大规模高比例接入，给电力系统的调度运行带来较大挑战，还需要电网输配以及其他电源、储能的协同支撑、统筹推进。如何加快规划建设新能源供给消纳体系，实现高水平消纳利用，保障电力可靠稳定供应，是实现新能源高质量发展必须解决的问题。

一方面，保障新能源发电送得出。当前，以沙漠、戈壁、荒漠地区为重点的风光大基地建设正加快推进，这有助于解决新能源能量密度较低、占地面积大的问题。但这些风光大基地多位于"三北"地区，而用电负荷主要位于中东部和南方地区。这就需要加快建设跨省跨区输电通道，以灵活调节电源为支撑，持续提高风光大基地外送规模和新能源消纳能力。

另一方面，保障新能源发电用得好。这有赖于全面提升电力系统调节能力和灵活性，加大煤电机组灵活性改造、抽水蓄能和新型储能等建设的力度。目前新型储能和抽水蓄能的体量还比较小，与风电、光伏发电的大规模快速发展不相适应，形成有效支撑能力还需时间积累。发展过程中，要进一步完善调峰调频电源补偿机制、储能成本回收机制等市场机制，这有助于激励各类经营主体自发配置储能资源，引导社会资本积极参与新型储能建设。

新能源大规模高比例发展的综合效益巨大。"十四五"期间，我国风电和太阳能发电量将实现翻倍。加大力度规划建设以大型风光电基地为基础、以其周边清洁高效先进节能的煤电为支撑、以稳定安全可靠的特高压输变电线路为载体的新能源供给消纳体系，从政策、技术、机制等环节全方位推进体系建设，我们一定能为新能源又好又快发展提供有力支持，在保障能源安全供应的同时，推动能源绿色低碳转型不断取得新成效。

（2023 年 02 月 24 日）

千方百计让乡亲们腰包更鼓

常　钦

农民增收既关系民生福祉，也事关加快构建新发展格局，必须加大支持力度，强化措施落实，千方百计拓宽农民增收致富渠道

有机大米订单纷至沓来，黑龙江绥化市的农民靠着绿色种植，日子越过越甜；农家乐里升腾"烟火气"，贵州黔西市乡村游持续回暖，旅游饭越吃越香；云南怒江傈僳族自治州脱贫群众触网学习直播带货，把草果卖到全国更多地方……放眼广袤乡村，依靠辛勤劳动，农民群众日子越过越好、腰包越来越鼓。2022 年，我国农村居民人均可支配收入 20133 元，首次迈上 2 万元这个新台阶，实际增长 4.2%，农民增收渠道更多元、内涵更丰富、动能更强劲。

习近平总书记强调："检验农村工作实效的一个重要尺度，就是看农民的钱袋子鼓起来没有。"增加农民收入，是"三农"工作的中心任务。党的十八大以来，在国家各项强农惠农富农政策的推动下，各地区各部门加快构建促进农民持续较快增收的长效政策机制，不断稳定基本盘、拓宽增收面、提升增收点，挖掘农业内部增收潜力，农民收入持续增加。同时也要看到，当前农业生产成本高位运行，农民就业压力较大，增收形势不容

乐观。农民增收既关系民生福祉，也事关加快构建新发展格局，必须加大支持力度，强化措施落实，千方百计拓宽农民增收致富渠道。

巩固提升产能，增产增收。农民家庭经营性收入占全部收入的1/3左右，其中粮食生产是主要一项。中央经济工作会议提出："实施新一轮千亿斤粮食产能提升行动。"抓好粮食生产，让有限耕地产出更多粮食，可以产生更多效益。为此，一方面要推进农业服务社会化和生产机械化，降低生产成本，提高经营效率；一方面要加强政策支持，健全农民种粮收益保障机制，完善价格、补贴、保险"三位一体"扶持政策体系。今年小麦最低收购价继续提高，稻谷最低收购价和稻谷补贴将保持稳定，还要逐步扩大稻谷小麦玉米完全成本和种植收入保险实施范围，让农民务农种粮有钱赚、多得利。

推进产业融合，提效增收。产业是发展的根基，产业兴旺，乡亲们收入才能稳定增长。如今，各地依托绿水青山、田园风光和乡土文化等资源，做优做强乡村休闲旅游业，发展农村电商，乡村特色产业之花开遍山乡大地。今后的发展重点，在于推动乡村产业全链条升级。因此还需更好适应城乡居民消费需求变化，做好"土特产"文章，向开发农业多种功能、挖掘乡村多元价值要效益，向一二三产业融合发展要效益。发展过程中一定要突出农民主体地位，始终把保障农民利益放在第一位，健全完善农业产业的联农带农益农机制，通过就业带动、保底分红、股份合作等多种形式，让农民稳定长期合理分享全产业链增值收益。

促进就业创业，拓岗增收。有好产业、好环境、好服务，就能带动更多农民就业。各地应积极统筹推进县域经济发展，促进投资兴业，利用重大工程建设、以工代赈项目等吸纳当地群众就近就业，推动实现农民就业增收和乡村发展双提升。创造条件推进创业创新，有序引导大学毕业生到乡、能人回乡、农民工返乡、企业家入乡，以创业带动脱贫群众就业增收。据测算，一个返乡创业项目平均可以吸纳6—7个农民稳定就业，17个农民灵活就业。与此同时，要注重发挥好东西部劳务协作、"万企兴万村"等帮扶体系作用，引导农村劳动力有序进城就业。

农业农村工作，说一千、道一万，增加农民收入是关键。通过多种途径着力完善农民持续较快增收的长效机制，不断提升农民的务农收入、工资性收入、经营性收入、财产性收入和转移性收入，我们一定能让农民增收的步伐迈得更加稳健，增收的底气变得更加充沛，推动更多乡村展现欣欣向荣、蓬勃向上的发展新气象。

（2023 年 02 月 23 日）

持续加强电子书版权保护

张 贺

互联网改变了传统的出版业，也改变了人们的阅读方式。如今，越来越多读者使用手机、平板电脑等终端阅读电子书。据统计，2021年我国人均阅读3.30本电子书。读者的阅读需求，也推动着数字出版产业快速发展。2022年我国数字出版行业实现两位数增长，显示出强劲的发展势头。

随着产业蓬勃发展，盗版电子书侵权问题也不断出现。目前，一些网络电商平台，存在不少以代找文件为名的商铺，用户花几元钱就能下载所需电子书。一些网络论坛以交流为名，允许用户自行上传和交换电子书。一些网盘提供电子书搜索和下载服务，用户可以免费下载到电子书。这些电子书绝大部分未经权利人授权，涉嫌盗版侵权，在网络上传播扩散，不利于行业健康发展。

盗版电子书长期存在，收费低廉、获取方便是一个重要原因。正版电子书品种、数量难以满足读者需求，客观上也为盗版提供了滋生空间。目前我国每年出版图书有几十万种，其中很多都没有数字化版本。而且越是出版时间早、难以借阅和购买的图书，数字化版本就越少。与此同时，有的作者和出版社担心作品被盗版，没有授权出版电子书。正版市场发育不足，读者需求难以满足，让盗版电子书有了市场，这反过来进一步强化了权利人的担忧。能否打破这个循环，是解决盗版电子书侵权问题的关键。

版权是知识产权的重要组成部分。近年来，我国不断加强版权保护力度，常年坚持开展"剑网行动"等专项治理，对网络侵权盗版保持高压态势。考虑到盗版电子书的扩散传播隐蔽性较强，权利人为收集和固定证据，往往需要付出很多时间、精力，治理必须双管齐下、疏堵结合。一方面，相关部门要进一步完善相关法律法规，加强市场监管，加大处罚力度；同时，切实解决维权成本高、举证难等问题，维护好权利人合法权益。另一方面，要推动正版电子书市场健康发展，鼓励著作权人授权数字化版权，鼓励出版企业和电子书发行平台提供品种丰富、获取方便、价格合理的电子书产品。

与此同时，也要重视推广、宣传电子书借阅公益服务。目前我国各地图书馆纷纷加大电子书等数字化阅读产品的采购和建设力度，推出客户端方便读者查阅，有的图书馆还提供电子书阅读器外借服务。由于不少读者并不了解有这些免费服务，因此有必要加大对电子书公共服务的宣传力度，推动相关高质量电子书阅读服务走近更多读者。

让互联网时代书香更浓，有赖于数字出版产业链相关各方的通力合作，离不开版权保护的保驾护航，需要广大读者的理解支持。对网络侵权盗版保持高压态势，不断完善版权保护制度体系，持续提升全社会版权保护意识，我们一定能更好满足读者精神文化需求，为推动我国数字文化产业健康快速发展营造更良好的环境。

（2023 年 02 月 22 日）

管好电动自行车需"全链条"发力

史一棋

电动自行车具有经济、便捷等优势，已成为人们重要的短途交通工具。不久前，市场监管总局公布了 2022 年电动自行车及其电池产品质量国家监督抽查情况：抽查 262 家企业生产的 295 批次产品，发现 62 批次产品不合格，抽查不合格率为 21%。产品不合格，质量不达标，无疑会给电动自行车的后续使用埋下隐患。

不只是生产环节的质量缺陷。在一些地方，电动自行车的销售、维修、改装、停放、充电、使用、回收，同样潜藏着不少安全隐患。任何一个环节出了问题，都有可能引发安全事故。目前，全国电动自行车保有量超过 3 亿辆。如何管好电动自行车，确保人民群众生命财产安全，是全社会关心的问题。

电动自行车监管职责分散在各个部门，加强安全管理，强化工作合力尤为重要。去年 8 月，国务院安委会印发《加强电动自行车全链条安全监管重点工作任务及分工方案》，要求依据"管行业必须管安全、管业务必须管安全、管生产经营必须管安全"以及"谁主管谁牵头、谁为主谁牵头、谁靠近谁牵头"的原则，抓实全链条安全监管责任，下大力气解决电动自行车产品质量、流通销售、通行秩序、停放充电、拆解回收等方面的突出问题。目前不少地方陆续出台了电动自行车管理相关法规，这为强化监管执法提供了有力支撑。

电动自行车发生事故，涉及多个环节，最核心的问题是车体和电池本质安全不过关，最难管的问题是擅自改装电池。加强全链条安全监管，必须解决好这两大难题。浙江省上线电动自行车治理数字化系统，给省内所有电动自行车和电池都赋上"浙品码"。这一数字化核验手段，串联起监管各有关部门，既堵住了改装渠道，使车辆产购销等全流程信息一键可查，也让旧车旧电池回收实现全程记录。北京市采取线上线下一体化治理，开展电动自行车"一车一池一码"试点，将产品信息、相关参数及时备案，便于日后其他部门追溯核验。实践证明，落实安全监管责任，完善部门间联网核查和信息通报工作机制是一个抓手。当全链条监管结成一张扎实、紧密的安全网，才能在有效节约管理成本的同时，让电动自行车从生产销售到购买上路各个环节的监管更有效。

管好电动自行车是一项系统工程。各地的治理探索，进一步提升了电动自行车安全治理成效。未来还需围绕综合治理集成改革，出台更具针对性的治理措施。为此，有关部门应继续加强监管、加大执法力度，全力推动电动自行车停放充电场所消防安全管理标准立项，结合实际制定操作性更强的消防安全管理要求。在科研方面，应当加强对锂电池安全性能、火灾致灾危害、灭火装置性能优化提升等问题的研究，比如研制集中充电火灾早期精准探测装置，研发充电柜阻隔及局部应用灭火系统等。作为电动自行车驾驶者，个人也要时刻绷紧安全这根弦，树立安全用车意识，不带车"进楼入户"或"飞线"充电。

消除电动自行车安全隐患，重在抓好车体、电池质量，以及提高使用人的消防安全意识。持续在加强电动自行车生产源头环节安全质量、强化流通销售环节执法查处、规范末端使用环节安全管理、推进拆解回收环节安全管控上发力，定能让全链条监管安全网越织越密，真正治理好电动自行车。

（2023 年 02 月 21 日）

让老字号不断焕发新生机

周人杰

老字号具有很高的经济、文化价值，是弥足珍贵的自主品牌。前不久，商务部等 5 部门联合印发了《中华老字号示范创建管理办法》，释放出推动老字号创新发展、促进品牌消费的积极信号。

消费是最终需求，也是经济增长的重要拉动力。当前，老字号广泛分布在食品加工、餐饮住宿、居民服务等多个领域，全国老字号年营业收入超过 2 万亿元。今年春节假期，老字号餐饮外卖消费同比增长 13.5%，拉动商务部重点监测零售企业销售额同比增长 6.8%。可以说，擦亮老字号这块"金字招牌"，不仅对增强消费能力、改善消费条件、创新消费场景等具有重要带动作用，而且有助于把扩大消费同改善人民生活品质有机结合起来。《扩大内需战略规划纲要（2022—2035 年）》明确提出："打造中国品牌，培育和发展中华老字号和特色传统文化品牌。"在此基础上，《办法》对示范创建的总体要求、基本条件、申报认定、动态管理等作出了明确规定和要求，为推动老字号实现高质量发展提供了重要的政策指引。

抓创新就是抓发展，谋创新就是谋未来。老字号的优势在于"老"，出路在于守正创新。顺应消费升级趋势，加快创新发展，不断提升老字号经营效率、管理水平，才能更好满足人民群众对美好生活的需要。如今，越来越多的老字号，借助新平台、新技术焕发新活力。有电商平台数据显示，春节期间关键词"老年货"搜索量上升120%。为更好实现规模发展，一些老字号企业引入外部力量，完善现代企业制度，利用多层次资本市场做大做强。定准群众认同、市场认可的调子，老字号们创新讲好品牌故事、搏击市场蓝海，开辟的是新领域新赛道，塑造的则是发展新动能新优势。

质量强则品牌强、企业强。老字号的产品质量，很大程度上决定了品牌竞争力。在东北制药102分厂小容量制剂生产线A上，所有药品都要经历"拍照"及红外检测、高压放电检漏等流程；上海黄浦区融合计量、认证认可、检验检测、质量管理、品牌、商标、知识产权等要素资源，为老凤祥等老字号企业提供质量基础设施"一站式"服务。各地实践表明，促进老字号品牌的持续成长，提升产品和服务质量是关键。《办法》出台后，有关部门表示将大力推动老字号企业建设全员、全要素、全过程、全数据的新型质量管理体系，引导老字号企业积极开展质量提升行动。着力突出标准引领，加强全面质量管理，强化质量监管执法，我们才能以质量跃升促进品牌持续发展，打造更多中国精品和"百年老店"。

老字号承载着丰富的生活和文化记忆，创建不易，维护更难。在市场竞争、政府监管、全社会共同监督中，相关经营主体要努力创新，发掘品牌价值，拓展更大市场，打造更加硬核的质量品牌，确保老字号"金字招牌"不褪色。将《办法》落实、落细，引导、支持老字号企业顺应市场机制、守正创新经营，我们一定能推动更多老字号走进千家万户、走进百姓生活，让老字号持续焕发新生机、涌现新活力。

（2023 年 02 月 20 日）

全力打赢全年粮食生产第一仗

常　钦

"立春一年端，种地早盘算。"山西沁源县下好春耕备耕"先手棋"，各农资经营门店购销两旺，种子、肥料、农药等各类农资充足；江苏徐州铜山区小麦返青长势喜人，技术人员进村入户开展农技指导；湖南双峰县许多种粮大户组织工人和技术人员翻耕育秧田、检修农机、储备农资……放眼广袤田畴，农民身影忙碌，农机隆隆作响，一幅人勤春来早的画卷铺展开来，各地区各部门压实责任、抢抓农时，多措并举抓春耕备耕，全力打赢全年粮食生产第一仗。

粮食安全是"国之大者"。习近平总书记强调："保障粮食和重要农产品稳定安全供给始终是建设农业强国的头等大事。"今年是全面贯彻落实党的二十大精神的开局之年，立足自身抓好农业生产，以国内稳产保供的确定性来应对外部环境的不确定性，对于经济工作"稳字当头、稳中求进"有着重要意义。

一年之计在于春。春播粮食产量占全年六成左右，春管粮食产量占主要口粮的近四成。全力保持粮食稳产增产好势头，在我国粮食生产已实现"十九连丰"的基础上，为下一季粮食丰收做好充分准备，必须抓好春耕春管。令人振奋的是，目前春耕备耕总体形势较好，冬小麦冬油菜面积增加、长势正常，春播粮食意向面积稳中略增，农资供应总体充足。同时应看到，当前也存在苗情复杂田管任务重、极端气象灾害和病虫害发生风险高、种粮成本持续攀升等问题。各地区各部门必须层层压实责任，不误农时抓实抓细春季农业生产各项工作，为粮食丰收和重要农产品稳定供应打牢基础。

今年我国粮食生产目标任务重点是"两稳两扩两提"，即稳面积、稳产量，扩大豆、扩油料，提单产、提自给率。农业生产环环紧扣，要完成这些目标，丝毫不能放松，唯有真抓实干。一方面，必须抓早、抓细、抓实，坚持行政推动和政策扶持两手抓，千方百计稳住面积，坚持农田"硬件"和科技"软件"两手抓，把单产提上来。比如，应合理安排种植结构，稳定稻谷小麦玉米生产，巩固大豆扩种成果。另一方面，必须坚持防灾减损和机收减损两手抓，努力把损失降下来。比如，继续实施小麦"一喷三防"全覆盖补助政策，一个环节一个环节抓好控旺促弱、抗旱防冻、防病治虫等田管措施落实。

未来一个时期，随着我国经济高质量发展和城镇化推进，粮食等重要农产品需求仍呈刚性增长态势。从长远看，保障粮食安全关键是提高农业综合生产能力。稳粮仓必须稳产量。应以新一轮千亿斤粮食产能提升行动为抓手，调动一切资源，想尽一切办法，努力推动粮食产能早日迈上新台阶。确保中国人的饭碗主要装中国粮，守牢耕地红线、改善耕地质量是关键。必须把"藏粮于地、藏粮于技"真正落实到位，坚决守住18亿亩耕地红线，逐步把15.46亿亩永久基本农田全部建成高标准农田。种子是农业的"芯片"。必须持续抓好种业振兴，加快推进高水平农业科技自立自强。2022年，面对疫情、灾情等多重困难挑战，我国粮食实现了逆势夺丰收，其中，"义利同抓"是重要保障。"义"就是压实责任，"利"就是加强政策支持。这启示我们，必须全面落实粮食安全党政同责，主产区、产销平衡区、主销区饭碗一起端、责任一起扛，健全种粮农民收益保障机制和主产区利益补偿机制，调动地方政府重农抓粮、农民务农种粮的积极性。

　　一分耕耘，一分收获。透过田间地头忙碌的身影，我们对今年丰产增收充满信心。紧盯不放抓好春管春耕各项工作，奋力夺取夏季粮油丰收，我们必能更好确保全年粮食和重要农产品稳产保供，为稳增长、稳物价、增信心提供坚实支撑。

（2023 年 02 月 17 日）

与时俱进筑牢消费者权益"防火墙"

尹双红

营造良好消费环境，维护好消费者权益，是提振消费信心、促进消费持续恢复的重要一环

主播售假问题暴露直播带货侵权乱象，网络游戏停服删档引发虚拟财产侵权争议，"价格刺客"有违明码标价诚信原则，预制菜产品品质及应用场景存在侵权隐患……中国消费者协会联合人民网舆情数据中心，根据事件涉及人群、波及范围、安全危害三个维度，发布了 2022 年十大消费维权舆情热点报告，引起关注。

一段时间以来，各地有关部门、消协组织采取畅通投诉渠道、倡导经营者压实主体责任、增强消费者维权意识与能力等举措，不断织密消费者权益保护网，消费者满意度稳步提升。数据显示，2022 年有近七成受访者对国内消费环境总体表示放心。但也要看到，当前市场上仍存在一些损害消费者权益的行为，既包括医美机构误导消费、不规范标价等老问题，也有直播售假、网游虚拟财产侵权等新问题。这对消费者权益保护工作提出了更高要求。

消费是畅通国内大循环的关键环节和重要引擎。在食品安全、产品质

量等领域，一个消费侵权案例的发生，可能影响许多人的消费意愿。营造良好消费环境，维护好消费者权益，是提振消费信心、促进消费持续恢复的重要一环。《扩大内需战略规划纲要（2022—2035年）》着眼当前消费领域存在的新老问题，提出"建立健全适应消费新业态新模式发展特点的新型监管机制""建立假冒伪劣产品惩罚性巨额赔偿制度""完善多元化消费维权机制和纠纷解决机制"等具体举措，为进一步做好消费者权益保障明确了方向。

营造安全放心诚信的消费环境，需要加强全链条监管。一方面，要加强事前监管，对产品、服务质量和广告宣传等问题常抓不懈，压缩实施侵权行为的空间。另一方面，要强化社会监督，畅通维权渠道。《关于进一步释放消费潜力促进消费持续恢复的意见》提出，持续优化完善全国12315平台，充分发挥地方12345政务服务便民热线作用，进一步畅通消费者投诉举报渠道。多措并举降低消费者维权的门槛，在更大范围开展消费投诉信息公开试点工作，强化信用约束机制，形成遏制侵权行为的合力，才能持续改善消费环境。

消费者权益保护工作千头万绪，不可能毕其功于一役。对屡禁不止的老问题，要执法从严，形成震慑。去年底，最高人民法院发布《关于为促进消费提供司法服务和保障的意见》，对食品安全、预付式消费、直播电商、快递服务等领域提出16条举措，进一步明晰权责归属，为消费者维权提供坚强司法保障。对新问题，要根据行业发展特点，及时创新监管方式。修订后的《上海市消费者权益保护条例》，对"盲盒"经济、大数据杀熟、互联网广告竞价排名等作出明确规范，积极回应消费者期待，这是有益的探索。与时俱进构筑强而有效的监管堤坝，为消费者权益筑牢"防火墙"，才能消除消费者的后顾之忧，让其愿消费、敢消费。

市场经济是信用经济，在市场竞争日益激烈的今天，漠视消费者权益的行为，最终会得不偿失。随着监管不断加强、消费者安全意识和辨别能力不断提高，种种"消费陷阱"最终也会让侵权者自身陷入困境。期待广大经营者自觉秉持诚信经营的原则，抵制各类不良营销方式，将质量放在第一位，更好满足消费者高层次、多样化的需求，为释放消费活力、促进经济发展作出有益贡献。

（2023 年 02 月 13 日）

让考古遗产焕发历久弥新的光彩

崔　妍

　　"草原丝绸之路"的重要节点辽上京，见证中国百年考古历史的仰韶村，享有"唐代露天石雕艺术博物馆"美誉的乾陵……不久前，国家文物局公布第四批国家考古遗址公园名单和立项名单，泥河湾等 19 处考古遗址公园列入国家考古遗址公园名单，琉璃河等 32 处考古遗址公园列入国家考古遗址公园立项名单。至此，国家考古遗址公园已建成 55 家，立项 80 家，这彰显了我们保护文物和文化遗产的坚定决心。

　　习近平总书记强调："认识历史离不开考古学。"考古工作是展示和构建中华民族历史、中华文明瑰宝的重要工作。将埋藏于地下的古代遗存发掘出土，将尘封的历史揭示出来，一个个考古发现，既展示着中华文明的灿烂成就，也能从中看到中国社会赖以生存发展的价值观和中华民族日用而不觉的文化基因。可以说，考古发现是不可替代的文明课堂。从海昏侯墓等的发掘保护，到良渚、殷墟等遗址考古取得重要进展，再到清代晚期木质沉船"长江口二号"出水，丰硕的考古成果，活化了历史场景，让更多人领略到中华文明的灿烂辉煌。

　　如今，随着考古成果不断融入现代生活，国家考古遗址公园日益成为传播中华文明的重要阵地。良渚文化遗址的重要组成部分玉架山考古遗址公园被打造成综合生态复原、公众科普、公共考古等功能的城市文化公园，沿城垣两边而建的郑韩故城国家考古遗址公园成为河南新郑的城市标志，万寿岩国家考古遗址公园集遗址展示、科普教育、学术研究和生态旅游于一体……"十三五"期间，二里头、盘龙城等30余处国家考古遗址公园，累计接待公众1.54亿人次。国家考古遗址公园将大型古遗址保护利用融入所在区域经济社会发展，兼顾了文物安全与人民群众日益增长的公共文化服务需求，既为国际文化遗产保护领域提供了中国经验，也为当地经济社会发展提供了助力。

国家文物局有关负责人表示，与我国源远流长的历史和丰富的文化遗产数量相比，目前的55座国家考古遗址公园还不足以构成完整体系。让考古遗产焕发历久弥新的光彩，还需要持续发力、善作善成，确保国家考古遗址公园高质量发展。一方面，应在保护上下功夫。保护是利用的前提，只有保护好才能利用好。比如，安吉以农整压实保障，通过开展全域土地整治，辖区内搬迁民屋，收购农户青苗，为考古遗址公园的整体规划、保护奠定了坚实的基础。这也启示我们，建设好国家考古遗址公园，必须始终把保护放在第一位，因地制宜、因情施策，统筹采取不同保护手段，系统保护各级各类历史文化遗产。

另一方面，应在活化利用上下功夫。利用是保护的拓展，合理利用是最好的保护。深入挖掘、广泛传播文物蕴含的文化精髓和时代价值，创新文物合理利用方式，推动文物保护利用工作全面融入经济社会发展，才能为考古遗址公园注入蓬勃生机。比如，强化公共文化服务功能，完善国家考古遗址公园管理机制，提升运营服务水平，可以让文化遗产发展成果惠及更多群众；加强文物价值阐释传播，融通多媒体资源，拓展传播渠道，能吸引更多人走近文化遗产。推动文物活化利用，不仅能让考古遗产重新焕发光彩，也有助于人们更好认识源远流长、博大精深的中华文明。

石器美玉、秦砖汉瓦、城垣楼阁……考古发现，是蕴涵着丰富知识、智慧、艺术的无尽宝藏，也是满足人民美好生活需要的重要资源。坚持"在保护中发展、在发展中保护"，坚持创造性转化、创新性发展，建设好国家考古遗址公园，我们必能让更多考古遗产活起来、火起来。

（2023 年 02 月 09 日）

智能电视如何留住用户

徐　之

最大程度发挥智能电视庞大内容池的吸引力，还需进一步打通内容生态隔断，调整视频产品定价策略，根据用户反馈优化使用体验

海量内容、丰富应用、大屏享受……近年来，更"聪明"的智能电视，逐渐走进千家万户。然而，不少消费者发现，一些智能电视机存在开关机广告无法消除、观看视频平台内容需要购买会员等情况。有时即便开通了会员，想看平台上某些类别的节目，还得再次充值购买。

不同于以往将售卖硬件作为主要盈利方式，如今的电视厂商，将经营目光转向更为分散的使用场景。市面上的智能电视，大多数预装了各种视频平台。用户在大屏端完成会员充值，电视厂商就能获得一定比例的分成，这成为电视厂商重要的收益来源之一。一家电视生产企业的 2022 年半年报显示，最赚钱的业务正是智慧显示终端，利润占比达 71.29%，营收占比达 80.78%。有营收和利润双增长的激励，智能电视里的视频平台越装越多，会员收费种类也越分越细，有的电视厂商还推出自家会员体系。靠预装视频平台创收，这种经营模式正被越来越多电视厂商所倚重。

除了日益变多的会员项目，各种商业广告也是智能电视的常客。人民

网财经研究院发布的《2021年智能电视开关机广告调研报告》显示，近九成消费者家中的智能电视存在开关机广告。除此之外，还有视频播放前的广告、窗口广告、贴片广告等。这些广告，如果不购买会员，往往难以关闭或跳过。广告法明确规定："利用互联网发布、发送广告，不得影响用户正常使用网络。在互联网页面以弹出等形式发布的广告，应当显著标明关闭标志，确保一键关闭。"智能电视的广告，同样属于利用互联网从事广告活动。电视厂商理当加强自律、加快整改，还消费者以良好的收视体验。

电视厂商创新营收模式无可厚非，竞争快速成长的消费细分市场也符合商业逻辑。但产品更新迭代、市场策略调整，不能忽视消费者权益、社会公共利益，更不能只盯着用户的钱包。据统计，2022年中国彩电市场全渠道零售量规模为3634万台，同比下滑5.2%。同时，当前电视机的日均开机率已经下降到不足30%。这其中固然有智能手机、平板电脑等移动终端争夺注意力的因素，但观看电视体验感的降低、各种套路导致消费者不满意，也是重要影响因素。多屏时代，如何以更丰富的内容、更优质的体验留住观众、吸引更多用户，值得广大电视厂商认真思考。

家电消费是扩大内需的重要方面。智能电视聚合了广播、电视和各大视频平台内容，能满足用户个性化观看需求。不过，中国每百户家庭电视机保有率已经突破100台。在内容与服务变得日益多样化的当下，智能电视操作越简便、功能越人性化，越能获得消费者的青睐。让智能电视走进更多家庭，最大程度发挥智能电视庞大内容池的吸引力，还需进一步打通内容生态隔断，调整视频产品定价策略，根据用户反馈优化使用体验。

有效需求往往是通过高质量供给创造出来的。当前，居民消费不断升级，基于互联网平台的消费空间在持续拓展，消费者自由选择、自主消费的意愿也更为强烈。学会倾听用户声音，不断提升电视产品对不同年龄阶段用户的友好度，让消费者享受到品类更多元、性价比更高的优质视频内容服务，才能进一步释放家电市场的消费潜力，更好满足消费者需求，实现口碑和市场双丰收。

（2023 年 02 月 08 日）

让手机应用软件更清爽

韩　鑫

近年来，应用软件产业发展迅猛，为广大消费者提供了丰富多彩的互联网应用，便利了人民群众的生产生活。与此同时，预置应用软件过多且无法卸载等新情况，也令人不胜其烦。查看一下手机等移动智能终端，一般都有好几款预置应用软件，多的可能会超过 10 款。这些预置应用软件大多功能比较弱，占用内存空间，容易导致手机运行减慢，消耗待机时间，其中有一些还强行推送广告、窃取个人信息，不仅影响用户使用体验，更潜藏着侵害用户权益的风险。无论从保护用户合法权益，还是从清朗信息消费环境来看，规范终端预置应用软件势在必行。

消费者期待在哪里，监管和服务就要跟进到哪里。2013 年印发的《关于加强移动智能终端进网管理的通知》提出，生产企业申请进网许可时应提供预置应用软件基本配置信息。2017 年实施的《移动智能终端应用软件预置和分发管理暂行规定》强调，生产企业和互联网信息服务提供者应确保除基本功能软件外的移动智能终端应用软件可卸载。今年 1 月 1 日起，《关于进一步规范移动智能终端应用软件预置行为的通告》（以下简称《通告》）正式执行。近年来，相关部门接续发力、频频出台相关举措，目的就是让手机应用软件更加清爽，更好维护用户权益。

其实，在移动智能终端接入预置应用软件并非不行，关键是要依法合规。设计构造移动智能终端的主动权在厂商，但购买后下载什么软件、如何使用，消费者有权自主选择。正因此，要在尊重并保障用户知情权和选择权的前提下，按照"最小必要"原则预置应用软件，既确保用户能够正常使用终端产品，又最大限度压缩不可卸载应用软件的范围。《通告》进一步明确和细化了"不可卸载"预置应用软件的定义和范围，明确生产企业应确保移动智能终端中除基本功能软件外的预置应用软件均可卸载，并提供安全便捷的卸载方式供用户选择。这意味着，预置应用软件不可删除这一问题有望得到解决。

规定出台只是起点，能否落地显效还有待观察。如今智能手机等移动智能终端行业进入存量竞争阶段，各品牌在硬件上的差异越来越小，不少厂商将营收重心转向互联网服务。有的厂商和应用软件开发者借用预装方式捆绑销售，以实现市场推广、拓展用户和收入增长等目的，这是预置应用软件难以瘦身的重要原因。从这个角度看，规范移动智能终端预置应用软件还需久久为功，一方面应同步修订配套的标准规范，强化标准引领；另一方面要完善应用软件全链条监管体系，从应用软件预置和分发等多环节共同发力，在进网环节加强安全检测，在运行环节强化应用软件管理，从而促进移动互联网和智能终端产业安全、有序、健康发展。

预置应用软件看似可以给移动智能终端厂商和应用软件运营商带来双赢，现实中却很有可能因为影响用户使用体验、损害用户权益导致双输。用户选择移动智能终端和应用软件，既有使用便利的需求，更有自主舒心的考量，这些衡量因素都应当引起移动智能终端厂商的重视。把选择权还给消费者，多在创新产品服务上下功夫，才能赢得用户、赢得口碑、拿到更多市场份额。期待各方协力推进，构建更加安全、更有活力的产业生态，让信息通信服务供给更加优质，移动智能终端使用环境更加清朗。

（2023 年 02 月 07 日）

高质量推进国家公园建设

寇江泽

建立国家公园体制，是生态文明体制改革的一项重大制度创新。国家公园建设的成果已成为我国建设生态文明和美丽中国的亮丽名片

前不久，国家林草局、财政部、自然资源部、生态环境部联合印发《国家公园空间布局方案》，遴选出 49 个国家公园候选区（含正式设立的 5 个国家公园），并提出到 2035 年基本完成国家公园空间布局建设任务。《方案》的出台是我国国家公园建设的又一个标志性成果，对于推进国家公园高质量发展、建设全世界最大的国家公园体系具有重要的指导意义。

建立国家公园体制，是生态文明体制改革的一项重大制度创新。党的十八大以来，以习近平同志为核心的党中央以前所未有的力度抓生态文明建设，创新性地将生物多样性保护与国土空间规划相结合，推动落实生态保护红线制度，构建以国家公园为主体的自然保护地体系。2021 年 10 月 12 日，习近平主席在《生物多样性公约》第十五次缔约方大会领导人峰会上宣布，中国正式设立三江源、大熊猫、东北虎豹、海南热带雨林、武夷山等第一批国家公园。一年多来，国家公园建设在管理体制创新、严格生态保护、社区融合发展等方面积极探索、积累经验，国家公园建设的成果

已成为我国建设生态文明和美丽中国的亮丽名片。不断总结国家公园体制建设中的做法和经验，推动国家公园建设工作提质量、上水平，才能更好完成《方案》提出的目标任务。

高质量推进国家公园建设，应坚持实行最严格的保护。《方案》突出青藏高原、长江流域、黄河流域重点生态区位和生物多样性、典型景观分布，以国家代表性、生态重要性、管理可行性为统一尺度，把我国自然生态系统最重要、自然景观最独特、自然遗产最精华、生物多样性最富集的区域纳入国家公园体系。遴选出的 49 个国家公园候选区，总面积约 110 万平方公里，共涉及现有自然保护地 700 多个。坚持生态优先，加强原真性和完整性保护，才能更好保护生物多样性，保护生态安全屏障。

同时，应努力实现生态保护、绿色发展、民生改善相统一。除了发挥生态功能，国家公园还肩负着改善民生等重任，兼具科研、教育、游憩等综合功能。在第一批设立的国家公园中，农牧民通过生态补偿、公益岗位、发展特色产业等方式增加了收入，也提升了获得感。根据《方案》，全社会将共同参与国家公园建设，通过特许经营、志愿服务、生态管护公益岗位等形式吸纳原住居民、社会公众，直接加入国家公园的保护建设管理，共享国家公园带来的生态福祉。推动绿水青山转化为金山银山，让自然财富、生态财富源源不断带来经济财富、社会财富，必将为国家公园建设提供更有力支撑。

还应不断完善制度体系。国家公园建设涉及自然资源资产产权、国土空间用途管制、生态补偿和生态损害责任追究等多项制度创新。一方面，必须不断完善国家公园设立、建设、运行、管理等各环节，以及生态保护、自然教育、科学研究等各领域的制度办法，形成全过程闭环管理的制度体系。另一方面，也应加快推进国家公园立法，将实践证明行之有效的制度上升为国家法律，为高质量推进国家公园建设提供法治保障。

建立国家公园体制，对于推进自然资源科学保护和合理利用，促进人与自然和谐共生，推进美丽中国建设，具有极其重要的意义。以习近平生态文明思想为指引，牢固树立绿水青山就是金山银山理念，高质量推进国家公园建设，必能进一步推动形成人与自然和谐共生新格局，我们生活的家园也必将更加美丽宜人。

（2023 年 02 月 06 日）

"国潮热"彰显文化创造力

石　羚

"国潮"产品受青睐，是因为作品中蕴含着丰富的文化创造力，
涌动着将传统文化之美和当下生活之用结合在一起的文化生命力

在不久前举办的首届中国（澳门）国际高品质消费博览会上，一款国产腕表将生肖虎、动画名作《大闹天宫》、上海豫园"九曲映月"等内容融入时尚设计，备受好评。近年来，从"冰墩墩""雪容融"迅速走红，到故宫文创产品大受欢迎，再到老字号品牌不断推陈出新，文韵悠长的"国潮"，带动一款款产品销售火爆，一个个品牌发展壮大，成为拉动消费、扩大内需的重要力量。

国风流行、国货热销、"国潮"涌动，折射中国消费者的喜好之变，越来越多的年轻人开始欣赏传统文化、国产品牌。相关报告显示，2011年至2021年，"国潮"热度增长超5倍，78.5%的消费者更偏好选择中国品牌，90后、00后贡献了74%的"国潮"消费。

"国潮"迅速兴起，并不仅仅因为简单的市场偏好，还在于具有优良品质的国货与源于传统文化的时尚相结合，让年轻消费群体产生了强烈的情感共鸣和价值认同。一方面，国产品牌质量有显著提升，工艺设计更贴近国内消费者喜好，售后服务保障持续改善，产品性价比不断提高。另一

方面，经过一段时间发展，从一开始加入传统文化元素作为商品卖点，到如今把传统美学融入产品内核，"国潮"已变成一种极具文化创造力的时尚符号。从小就通过互联网了解世界、在中国经济腾飞背景下成长起来的年轻人，民族自豪感与文化自信心更强，对兼具设计与质量的国货认同感更高，推动"国潮"成为一股不可忽视的消费新潮流。

"国潮"是年轻人带动的时尚潮流，但反映了更普遍的文化需求。随着时代发展进步，生活水平不断提升，人们开始追求审美表达上的丰富性，比如通过"物"来传达精神旨趣和审美态度。从这个角度看，"国潮"产品受青睐，是因为作品中蕴含着丰富的文化创造力，涌动着将传统文化之美和当下生活之用结合在一起的文化生命力。近年走红的"国潮"作品，往往超越了对传统文化元素的简单拼贴，结合当代审美习惯进行创造性转化、创新性发展，为消费者带来了更丰富的审美体验、更深层的精神满足。

当前，"国潮热"方兴未艾，给国货品牌带来了难得的机遇。重视精神价值、分享表达的年轻人，不仅是"国潮"产品的主要消费群体，而且愿意通过社交媒体等分享自己喜欢的"国潮"产品，这为国产品牌转型升级创造了良好的消费生态。面对消费者的情感认同，"国潮"品牌也应着眼长远发展，在改善产品和服务质量方面下更大功夫。以更稳定的质量、更周到的服务、更有创意的产品，带给消费者更多惊喜，才能打造持久的竞争力，让"国潮"成为一股长盛不衰的热潮。

"国潮热"既是经济现象，也是文化现象。"国潮"的流行，不仅彰显着中国制造水平的提升，更体现出当代中国旺盛的文化创造力。春节假期，春联福袋、"国潮"盲盒等年货新品销售火爆，多地举办的"国潮"演出精彩纷呈，古风主题集市提供吃住行游购娱等周到服务……越来越多的"国潮"产品，找到现代生活中的接入点并更深地融入日常生活。回望历史，立足当下，坚定自信，不断创新，打造更多体现当代中国人审美趣味、文化精神的"国潮"产品，就能让我们的生活更有文化气息，也让中华优秀传统文化得到更好传承。

（2023 年 02 月 03 日）

让互联网时代书香更浓

张　凡

出版行业作为以内容为核心的创意产业，必须不断优化产品供给，为读者更好更快地提供更多优质图书

在社交平台上晒年度书单，在城市书房里享受静谧的阅读时光，在热闹的直播间里购买书籍、交流阅读心得……当下人们的生活日常中，阅读有了许多新的打开方式。不久前发布的一份报告显示，2022 年我国图书零售市场码洋（全部图书定价总额）规模为 871 亿元。其中，短视频电商零售图书码洋同比上升 42.86%，占比已赶超实体书店。不断变化的线上渠道，为纸质书销售找到新的出口，形成了互联网时代的阅读新图景。

在互联网时代，人们越来越习惯于快速浏览。碎片化阅读的增加，并不必然以纸质书的退场为代价，也不意味着阅读兴趣的流失。事实上，人们花在阅读上的时间总体上增多了。调查显示，2021 年我国成年国民各媒介综合阅读率持续稳定增长，图书阅读率和数字化阅读方式接触率均保持增长。

短视频电商与图书之间碰撞出的"化学反应"，反映了互联网对于阅读的正面推动作用。这种被称为"知识带货"的图书销售模式之所以兴起，得益于一批知识储备丰富的主播，在推介图书时增加了知识厚度，讲解生

动有趣，令人耳目一新，从而有了更强烈的购书和阅读欲望。后来，一些作家也加入进来，与读者近距离交流互动，进一步提升了"知识带货"的热度。如今，在短视频电商平台上，文学、社科、历史等类图书在直播间纷纷亮相。许多优秀的作品、出色的故事，因为多渠道传播获得了更大影响力。比如，茅盾文学奖获奖作品、作家迟子建的《额尔古纳河右岸》，借助直播推荐火爆"出圈"，销售量显著增长。

当前，各种新的销售渠道不断兴起，人们的阅读热情有增无减，这为图书出版行业带来了新的发展契机，也提出了更高要求。读者的注意力是有限的，只有那些高品质的作品才能获得更多关注。无论阅读方式怎样变化，销售渠道如何整合，出版行业作为以内容为核心的创意产业，必须不断优化产品供给，为读者更好更快地提供更多优质图书。一方面，要倾力抓好创作生产，努力打造更多原创的精品佳作，为读者提供更丰富选择。要注重挖掘经典作品的潜力，通过引入新的视角，密切当代读者与中华优秀传统文化的联结。另一方面，要想办法提升人们的购书和阅读体验。在这方面，智能化技术可以提供很大的助力。比如，北京发行集团打造的未来书店数字化应用场景，可为读者提供图书推荐、共享空间服务、社群服务、电子内容阅读服务、活动沙龙服务、个人书店管理等个性化服务。这样的全新体验，无疑更能让读者感受阅读的魅力。

最是书香能致远。重视学习、重视读书，是中国人自古以来的传统。随着"知识半衰期"越来越短，一个全民阅读、终身学习的时代正加速到来。用好互联网时代的技术便利，让更多优质图书在市场上脱颖而出，温润心灵、启迪心智，就能助力书香中国建设，更好满足人民群众精神文化生活新期待，为奋进新征程、建功新时代注入强大精神力量。

（2023 年 02 月 01 日）

在年味中感受春节的文化魅力

张向阳

春节文化不仅为各国人民观察和感知中国打开了一扇窗口，也搭建起心灵交流的桥梁，让更多人领悟中华文化所蕴含的价值观与智慧，凝聚"一起向未来"的信心和力量

机场车站，旅客纷纷踏上旅程，奔赴家乡团圆；大江南北，处处张灯结彩，丰富多彩的年俗活动烘托出年节氛围；线上线下，特色年货琳琅满目、供销两旺……癸卯兔年即将到来，神州大地洋溢着蓬勃盎然的春意，人们也在热腾腾的烟火气、扑面而来的年味里，感受着春节文化的独特魅力。

春节是团圆的日子，是相聚的时间。中华民族自古以来就重视家庭、重视亲情，团圆是春节不变的主题。不久前，网上有个提问：哪个瞬间让你感觉要过年了？有人回复回老家赶大集，有人留言炸丸子、炒花生、吃饺子，有人说写对联、贴窗花……回答各不相同，但与家人团圆、和亲人相聚却是背后的共同期盼。家是心灵的港湾、情感的归宿，团圆是最浓的年味。不管路程有多远，不论工作有多忙，回家过年总是每个中国人内心最朴素的期待。这是烙在我们心头的浓郁乡愁，是始终不变的亲情守望。

如果说团圆是春节的文化内核，那么各式各样的年俗则让春节文化更

加丰富立体，进一步满足着人们的精神文化需求。贴春联、写福字、挂中国结，祈福迎祥；亲朋好友相互拜年，祝福来年诸事如意；逛庙会、猜灯谜、看非遗表演，感受优秀传统文化的魅力……每个地方的年俗不尽相同，这种丰富性共同构成了多彩的春节文化，滋养着我们的精神文化生活。

当然，春节文化悠久灿烂，并非一成不变。从一定程度上看，正是因为年俗不断与时俱进，传统节日才能散发持久的文化魅力。无论是从长辈手里接过压岁钱，还是在手机上分享亲人红包，讨的都是新年彩头；无论是登门拜访，还是在线拜年，送出的都是美好祝福；无论是吃上家乡的土特产，还是品尝新口味，咀嚼的都是幸福味道；无论是重传统，笔墨纸砚写春联，还是赶新潮，在博物馆里过大年，体验的都是文化风尚……时代在变，年俗也在不断变迁。这既让传统焕发出新的时代光彩，也让春节更加有滋有味，让年味一年更胜一年。

今天，春节文化早已走出中国，走向世界。当习俗融进现代时序、仪式浸入生活肌理，中华文化的和合之美也绽放于世界。在法国巴黎，2023年"欢乐春节"系列活动全面展开；在美国费城和纽约，"唐诗的回响"音乐会上演，展现音乐与诗歌的完美交融；在马来西亚吉隆坡市茨厂街，春节亮灯仪式将整条街红彤彤的灯笼点亮……作为中华文化的一道独特风景和鲜明标识，春节文化不仅为各国人民观察和感知中国打开了一扇窗口，也搭建起心灵交流的桥梁，让更多人领悟中华文化所蕴含的价值观与智慧，凝聚"一起向未来"的信心和力量。

"共欢新故岁，迎送一宵中。"春节是时令的分界，也是希望的起点。家人亲朋相聚，欢声笑语里憧憬的是生活越过越红火的美好未来；千家万户共此时，万家灯火映照的是家宁国安的祥和图景。让我们在祈岁纳福中感悟家国同心的力量，在万象更新中积蓄奋力向前的信心。我们相信，明天的中国一定会更美好，明天的世界也一定会更美好。

（2023 年 01 月 20 日）

慕课打开教育数字化新空间

丁雅诵

技术赋能教育，教育塑造未来。慕课等在线教育，能把优质教育资源开放给社会公众，彰显了教育数字化的巨大优势

工作之余，很多人都有"充充电""加加油"的想法。慕课等在线教育的兴起，让越来越多人有了继续学习的兴趣和机会。截至去年11月，我国慕课数量已经达到6.2万门，注册用户4.02亿，学习人次达9.79亿，在校生获得慕课学分认定3.52亿人次，慕课数量和学习人数均居世界第一。中国慕课经过十年探索与实践，正在为更多人打开知识的大门，成为中国教育的一张闪亮名片。

慕课的跨越式发展，得益于教育数字化的推进。作为线上学习平台，慕课一头连着教育资源，一头连着无数学子。它让知识得以跨越山海，实现无远弗届的传播，抵达每一个渴望学习的心灵。让优质教育资源覆盖面不断扩大，是慕课的独特价值，也让它广受欢迎。2013年起步时仅有5门课程、上百个注册用户的慕课，如今不仅课程数量和学习人数实现了爆发式增长，还从公共课、通识课逐步拓展到专业基础课、专业课和实验课，建立起覆盖多学科门类的体系。

近年来，随着网络通信基础设施的持续改善，优质教育资源供给的不

断丰富，慕课等在线教育在促进教育均衡、教育公平方面的作用更加彰显。以"慕课西部行"计划为例，仅 2022 年就帮助西部高校开展混合式教学 126 万门次，参与学习学生数 2.1 亿人次，有效提升了西部高校教师的教育教学水平和学生学习效果。

慕课在诞生之初，就以激发学习兴趣和动力为立身之本，从而为个性化学习创造了条件。如今，不断发展壮大的慕课，正在推动教育形态发生深刻改变。不少教师依托慕课尝试在线学习、翻转课堂、混合式教学等新的教学方式，帮助学生更好开展自主学习和合作学习，"以学生为中心"的教学理念得以实现。此外，教师可以利用信息技术增强教学互动、获取教学行为大数据，掌握每位学生的学习情况，形成更加客观的教学标准、方法、评价等，更好实现因材施教、个性化培养。可以说，慕课等在线教育的兴起，打开了教育数字化新空间，为教育创造了更多可能。

乘着数字化的发展浪潮，慕课等在线教育为人们便捷、高效地获取新知识和更多信息资源提供了强大助力，形成了时时、处处、人人皆可学的教育新形态。不过，真正让人培养出终身学习的理念与技能，并非一朝一夕之功。慕课等在线学习方式，一直存在学生完课率较低的短板。在一个全民学习、终身学习的时代，慕课等在线教育要想继续发挥更大作用，必须进一步提高吸引力，提供更有价值的深度学习。一方面，要在优化交互体验、拓展应用场景等方面下更大功夫，让人们能够获得更多沉浸式、更具实感的在线学习体验。另一方面，要健全用户反馈机制，完善针对学习效果的科学评价，提高服务终身学习的能力与水平。

技术赋能教育，教育塑造未来。党的二十大报告提出："推进教育数字化，建设全民终身学习的学习型社会、学习型大国。"慕课等在线教育，能把优质教育资源开放给社会公众，彰显了教育数字化的巨大优势。这样的发展，也让人看到了未来教育的更好图景——以更高质量、更加公平、更多选择、更加便捷、更加开放、更加灵活的教育服务，满足人民群众的高品质、个性化学习需要，每个人都拥有更多提升自我的机会，拥有更多人生出彩的机会。

（2023 年 01 月 19 日）

让知识产权更好支撑创新发展

谷业凯

2022年，我国有效发明专利产业化率达36.7%，创近5年新高。不久前，国家知识产权局发布的《2022年中国专利调查报告》显示，我国有效发明专利产业化率呈持续上升态势，更多创新成果通过知识产权转化运用获得了实际价值。

专利产业化率，直观体现了将专利转化为现实生产力、支撑经济发展的能力。以专利为主要内容的知识产权转移转化成效越好，支撑实体经济创新发展的能力就越强。从各地实践来看，知识产权与经济发展互相支撑作用明显。比如，广东等10个省市，知识产权与经济发展高度融合，知识产权对区域经济发展促进作用显著；四川等6个省市，知识产权对区域经济发展具有较好引领作用，有力促进地区传统产业转型升级。

习近平总书记强调，"要依托我国超大规模市场和完备产业体系，创造有利于新技术快速大规模应用和迭代升级的独特优势，加速科技成果向现实生产力转化"。党的十八大以来，我国不断健全知识产权法规制度体系和保护体系、加大知识产权保护力度，走出了一条中国特色知识产权发展之路。一方面，不断强化企业的创新成果转移转化主体地位，发挥其带动作用。我国国内发明专利有效量中近七成由企业拥有，其专利产业化能力在不断提高。2022年，我国企业有效发明专利产业化率为48.1%，尤其是国家高新技术企业、专精特新"小巨人"企业，发明专利产业化率分别为 56.1% 和 65.3%，远高于平均水平。另一方面，加强产学研协同，促进科学研究与市场应用有效衔接。调查显示，近两年，以高校为第一专利权人的产学研发明专利产业化率为 17.8%，远高于高校一般专利的产业化平均水平。正是在领先方阵的推动下，我国专利产业化率实现了持续提升。

也要看到，提升专利产业化率，促进科技成果转化，受技术成熟度、市场变化和资金回报等现实因素制约，难以一蹴而就。高校院所的科研人员欠缺产业化经验，我国科技中介服务市场还不够发达。解决好知识产权"多而不优、大而不强"的问题，仍需付出长期而艰苦的努力。

当前，我国已转向高质量发展阶段，必须进一步提升知识产权质量效益，以知识产权的高效流转促进创新资源要素的有序流动和优化配置，加速释放全社会的创新创造活力。首先，要提高知识产权质量，引导创新主体在关键领域、"卡脖子"技术上下更大功夫，形成更多高价值专利。其次，要盘活、用好知识产权资源，使其产生效益、推动发展。比如，高校院所仍有大量"沉睡"的科研成果，而大量中小微企业缺乏可用的知识产权，双方存在广阔合作空间。一些地方通过畅通供需对接、完善配套服务等措施，推动相关专利技术向中小企业转化实施，取得了良好成效。再次，应有效遏制专利侵权行为，持续优化知识产权保护环境。调查显示，2022 年我国专利权人中遭遇过专利侵权的比例为 7.7%，处于历史低位。但在这个问题上，我们不能有任何松懈。

创新是引领发展的第一动力，保护知识产权就是保护创新。经过长期发展，我国积累了丰富的知识产权资源，其市场价值和产业化水平不断提升。在全面建设社会主义现代化国家的新征程上，进一步推动知识产权的高效运用，加快科研成果向现实生产力转化，就能为经济社会高质量发展注入澎湃动能，在未来基于创新的国际竞争中赢得先机。

（2023 年 01 月 18 日）

让古籍与数字化时代共振

智春丽

古籍历久弥新，靠的是一代代研究者、守护者薪火相传。无数人将生命的能量注入薄薄的纸页间，从而让文化传承更有厚度

输入网址、轻点鼠标，飘逸俊秀的汉隶代表作《曹全碑》书法跃然眼前，经典目录学著作《校雠通义》可逐页在线阅览，一批未经整理出版的日记、书札稿抄本首次公之于世……不久前，国家图书馆（国家古籍保护中心）等收藏单位第七次联合发布古籍数字资源，6700多部（件）古籍在云端与读者见面。近年来，一批又一批中华古籍借助数字技术加速开放共享，让更多人有机会具象化地了解"典籍里的中国"。

越来越多的古籍向公众开放，得益于古籍数字化的不断推进。对古籍进行数字化转换，不仅方便学者研究，也能降低普通读者接触古籍的门槛。在数字技术条件下，开放共享的资源规模更庞大，渠道也更便捷。比如，在"中华古籍资源库"平台，公众无需注册登录，就可以直接阅览敦煌遗书等珍贵资料。不只是国内的古籍，那些流布海外、国内缺藏的珍贵汉籍，其数字化回归也令人期待。

习近平总书记强调："要运用现代科技手段加强古籍典藏的保护修复和综合利用，深入挖掘古籍蕴含的哲学思想、人文精神、价值理念、道德规

范，推动中华优秀传统文化创造性转化、创新性发展。"党的十八大以来，我国系统谋划推进古籍保护、整理、出版和利用工作，不断强化古籍保护基础性研究，发挥科技保护支撑作用，推动古籍事业高质量发展。经过普查登记，我们基本摸清古籍家底，3000 万册（件）古籍都有了"身份证"；截至 2021 年底，全国累计完成古籍普查登记数据 270 余万部，累计修复古籍超过 385 万叶；截至目前，全国累计发布古籍及特藏文献影像资源达到 13 万部（件）……不断取得的新进展，将推动这些基础性资源在更大范围向公众开放，从而为更好传承弘扬中华优秀传统文化奠定更坚实的基础。

扩大古籍资源的开放共享，只是第一步，让古籍里的知识、故事、思想被深刻地理解并传承下去，是更艰巨的任务。我国古籍浩如烟海，无论是保护修复，还是整理研究，都需要巨大投入。要善于发挥数字化技术的长处，在保护的基础上做好系统性研究，提高利用效率。比如，运用人工智能技术进行文字识别和数据分析，不仅能以很高的准确度给古籍加标点，对人名、地名、官职等进行标记，还能对古籍内容进行深度处理和知识提取。这有助于提升研究效率，为后续利用、传播创造条件。

更好挖掘古籍的时代价值，还要找准它们与当今时代的结合点，让书写在古籍里的文字都活起来。从各地图书馆依托古籍资源推出文创产品，到《典籍里的中国》等节目热播，从通过古籍考证还原古代服饰，到依据古籍版刻设计艺术字，近年来有许多成功的尝试，让古籍走进更多人的视野。不过，要想让古籍与当下生活产生更大的共振效应，还需要培养更多专业人才。古籍历久弥新，靠的是一代代研究者、守护者薪火相传。无数人将生命的能量注入薄薄的纸页间，从而让文化传承更有厚度。

进入数字化时代，古籍的保护修复、活化利用、普及传播，都产生了新的变化，但古籍中蕴含的思想观念、生活情感，能穿过岁月长河，与当代人产生心灵共振。顺应时代发展趋势，发挥数字化技术的优势，深入挖掘古籍的当代价值，就能把祖国宝贵的文化遗产保护好、传承好、发展好，让它们被更多人看见、被更多人喜欢，以蓬勃的生命力活在当下、走向未来。

（2023 年 01 月 17 日）

形成治理欠薪的强大合力

何　娟

不断巩固拓展根治欠薪成效，让农民工劳有所得，仍需多措并举、久久为功

临近农历新年，工资结算进入高峰期。黑龙江省司法部门在全省开展专项维权行动，加大法律援助力度；湖南省浏阳市人社局推出"欠薪反映"小程序，进一步畅通维权渠道；河北省石家庄市劳动监察局依托根治欠薪大数据可视化决策平台，排查各类欠薪线索……一段时间以来，各地区各部门出真招实招，努力确保农民工及时足额拿到工资，保障了农民工权益，回应了社会关切。

保障农民工工资支付，事关广大农民工切身利益和民生福祉，事关社会公平正义与和谐稳定。习近平总书记强调，"全社会都要关心关爱农民工，要坚决杜绝拖欠、克扣农民工工资现象，切实保障农民工合法权益"。近年来，从制定出台《保障农民工工资支付条例》等法规，到持续开展根治欠薪冬季专项行动，从开通"全国根治欠薪线索反映平台"，到启动依托全国一体化在线监管平台支撑根治欠薪试点工作，我国始终把根治欠薪作为重要的民生工程来抓，不断扎紧制度篱笆、持续加大工作力度，取得显著成效，劳动者尤其是农民工欠薪高发多发的现象得到明显遏制。

数据显示，去年前三季度，各级劳动保障监察机构立案办结工资类违法案件 5.2 万件，为 59.9 万名劳动者追发工资等待遇 75.5 亿元。欠薪问题背后，既有市场秩序不规范的原因，也有农民工工资专用账户及实名管理等制度"重覆盖、轻运行"的因素，还与部分企业生产经营不稳定有关。不断巩固拓展根治欠薪成效，让农民工劳有所得，仍需多措并举、久久为功，形成治理欠薪的强大合力。

治理欠薪是一项系统工程，也是一道现实考题，既要紧盯重点领域和重要时间节点集中整治，也要抓常抓长，推动欠薪治理常态化长效化。一方面，要督促有支付能力的单位尽快清欠农民工工资，协调妥善解决困难行业企业的欠薪问题；另一方面，要持续堵漏洞、补短板，落实工资保证金等制度，同时加大执法和惩处力度，不断强化"不敢欠"的震慑效应。

根治欠薪需要不断创新治理手段，建立覆盖事前、事中、事后的全过程监管闭环，推动欠薪治理从清欠向防欠转变。比如新疆大力推进农民工工资支付监控预警平台建设，自去年 5 月上线启用以来，累计将 4754 个工程项目、40.57 万农民工纳入平台监控，实现了对农民工工资发放的全流程线上监管、动态监控、实时预警。"干活有数据、用工有实据、讨薪有依据"，有助于从源头上杜绝欠薪问题。从各地实践看，用好大数据等技术手段，打通数据壁垒、推动信息共享，不仅能提升根治欠薪工作效能和水平，也有助于解决用工信息不透明、计薪结算不准确、维权证据缺失等治理难题，从而将欠薪隐患化解在萌芽状态。

党的二十大报告提出，"完善劳动者权益保障制度"。农民工是我国重要的就业群体，是推动国家现代化建设的重要力量。工资报酬是他们最直接、最核心的权益，每一份工资都牵动一个家庭的幸福冷暖。扎实做好根治拖欠农民工工资工作，保持治理欠薪的高压态势，打好清欠防欠"组合拳"，定能确保付出辛劳的农民工及时足额拿到应得的劳动报酬，让他们无论在外打拼，还是在家就业都更有底气。

（2023 年 01 月 12 日）

推出更多健康优质的精品短剧

尹双红

坚持把社会效益放在首位，坚持社会效益与经济效益有机统一，不断提升作品的精神力量、文化内涵、艺术价值

在通勤路上，在茶余饭后，在睡前间隙，时长十几分钟的各类短剧，成为越来越多人的休闲选择。短剧广受欢迎，发展迅速，也亟须规范引导。不久前，国家广播电视总局印发了《关于推动短剧创作繁荣发展的意见》，提出统筹发挥短剧和中长剧集等不同类型剧集优势特长，探索推进题材、体裁、风格、样式创新，对进一步推动行业健康发展具有重要意义。

短剧单集时长一般在 15—30 分钟，有系列单元剧、连续剧、周播剧等多种形态。由于具有篇幅短小、内容精炼、情节紧凑等特点，近年来短剧创作传播日益活跃，在丰富群众精神文化生活、满足多样化收视需求方面发挥了积极作用。

短剧的兴起，并非偶然。移动互联网的深度应用和视频拍摄制作技术的逐渐普及，以及各类网络视听平台的快速发展，为短剧的繁荣创造了条件。与此同时，年轻观众越来越喜欢短而精的视频内容，电视剧行业出于降本增效的考虑，对制作成本低、内容轻量化的短剧愈加重视，为短剧的壮大提供了契机。

习近平总书记强调，"要把提高质量作为文艺作品的生命线"。短剧虽然压缩了时长，但依然要有明确的主题和主线、连续和完整的故事情节，这其实对作品质量提出了更高要求。从短剧发展的市场环境看，近年来，我国网络视听行业市场不断细分，有发展较为成熟的中长剧集、短视频等，还有同样是后起之秀的微短剧。2022 年 6 月 1 日，国家广播电视总局对网络剧片正式发放行政许可，推动网络影视创作加速进入精耕细作阶段。短剧只有顺应精品化的发展趋势，才能赢得更多观众青睐。《意见》提出，各电视台和网络视听平台要积极采购具有较高思想艺术水平的优秀短剧。这一要求正是为了鼓励创作者推出更多健康优质的精品短剧。

短剧行业发展潜力巨大，但也面临诸多挑战。比如，不少短剧创作者都是由中长剧集班底转变而来，对短剧创作规律不够熟悉。此外，短剧创作题材有限，已经出现套路趋同、同质化作品增多的问题，导致市场加速饱和、观众产生审美疲劳。解决好这些问题，必须坚持走精品化发展之路，坚持把社会效益放在首位，坚持社会效益与经济效益有机统一，不断提升作品的精神力量、文化内涵、艺术价值。要打开创作视野，从时代的脉搏中感悟艺术的脉动，把艺术创造向着亿万人民的伟大奋斗敞开，向着丰富多彩的社会生活敞开。尤其是要加强现实题材短剧创作，发掘更多代表时代精神的新现象新人物，打造具有文化特色、生活气息浓郁、群众喜闻乐见的短剧品牌。同时，还要善于运用新的技术、新的手段激发短剧创意灵感，积极探索新的艺术形式和表达手段，提升短剧创新创造能力。

一花独放不是春，百花齐放春满园。文艺作品只要质量过硬，无论篇幅长短，都有助于丰富人民精神文化生活。在媒体格局、传播方式发生深刻变化的今天，深入把握受众需求和观看习惯，深化供给侧结构性改革，促进不同类型的视听作品齐头并进、共同繁荣，定能更好满足人民群众多样化、多层次、多方面的精神文化需求。

（2023 年 01 月 10 日）

保持吸引外资"增量提质"态势

高凌云

　　中央经济工作会议强调，"更大力度吸引和利用外资"。不久前，商务部发布的数据显示，2022 年前 11 个月，我国实际使用外资金额达 11560.9 亿元，按可比口径同比增长 9.9%，已超过 2021 年全年。外资看好中国、投资中国，向世界展示了中国市场的超强韧性和巨大吸引力。

　　在"稳存量、扩增量"的基础上，我国外资"提质量"也取得明显成效。首先，引进外资促进了关键领域发展。高技术制造业实际使用外资金额增长 58.8%，高技术服务业增长 23.5%，已成为吸引外资的"主引擎"。其次，外资的来源更多元。来自韩国、德国、英国、日本等国家的实际投资同比分别增长 122.1%、52.6%、33.1% 和 26.6%。"一带一路"沿线国家对我国市场的认可度也不断提升，投资不断增长。再次，外资的区域分布更合理。我国中、西部地区对外资吸引力逐渐增强，外资流入增速分别为 28.6% 和 24.6%。可以说，我国吸引外资在 2022 年实现逆势增长，出现了"增量提质"的态势，充分表明我国经济韧性强、潜力大、活力足。

　　吸引和利用外资"增量提质"良好局面来之不易。成绩的取得，源于我国完整的产业体系、超大规模的市场、稳定的社会大局、长期向好的经济基本面等综合优势，也因为我国毫不动摇实施了一系列吸引外资的高水平开放举措，切实保障了外资对安全、回报和市场的期盼。在坚持扩大外资市场准入方面，2022 年，我国连续第六年缩减全国和自贸试验区外资准入负面清单；把沈阳、南京、杭州、武汉、广州、成都 6 个城市纳入服务业扩大开放综合试点；2022 年版《鼓励外商投资产业目录》总条目比 2020 年版增长了近 20%。在坚持优化投资营商环境方面，2022 年，各地区各部门继续深入清理、修订和废止了与外商投资法及其实施条例和司法解释不符的法规文件；积极落实《外商投资企业投诉工作办法》，推动营商环境市场化法治化国际化建设不断深化。在坚持对接高标准规则方面，2022 年以来，我国积极推进加入《全面与进步跨太平洋伙伴关系协定》（CPTPP）和《数字经济伙伴关系协定》（DEPA），继续推进多个自贸协定的谈判和升级进程。

同时，也要清醒认识到，当前国际形势复杂多变，跨国投资者分散风险考量明显上升，各国吸引外资竞争日趋激烈，世界范围内新增投资呈分散趋势。做好 2023 年经济工作，实现经济运行总体回升，要求我们切实稳住吸引外资的基本盘，进一步提升利用外资的水平。中央经济工作会议提出："要推进高水平对外开放，提升贸易投资合作质量和水平。"全面贯彻党中央的决策部署，要稳步扩大制度型开放，落实好外企国民待遇，坚定外资企业在华投资的信心；要认真研究新形势下利用外资的新趋势，抓住全球产业结构和布局调整带来的新机遇，优化外资来源结构；要继续引导外资流向高技术、高标准、绿色低碳等领域，均衡外资产业分布，让我国成为更富吸引力的投资热土。

开放是人类文明进步的重要动力，是世界繁荣发展的必由之路。过去中国经济发展是在开放条件下取得的，未来中国经济实现高质量发展也必须在更加开放的条件下进行。只要继续推进高水平对外开放，增强国内国际两个市场两种资源联动效应，就能保持对外资的强大吸引力，以中国新发展为世界提供新机遇。

（2023 年 01 月 09 日）

凝心聚力全面推进乡村振兴

常　钦

全面建设社会主义现代化国家，最艰巨最繁重的任务依然在农村，最广泛最深厚的基础依然在农村

不久前，在第十九届中国国际农产品交易会上，160 个乡村振兴重点帮扶县与 30 多家批发市场、采购商达成意向签约额 50.8 亿元。《乡村振兴责任制实施办法》印发，要求"五级书记抓乡村振兴"，推动更多社会力量投身乡村振兴一线。放眼广袤田畴，脱贫攻坚成果得到巩固拓展，一幅农业强、农村美、农民富的乡村振兴画卷徐徐展开。

强国必先强农，农强方能国强。习近平总书记在近日举行的中央农村工作会议上强调："全面推进乡村振兴、加快建设农业强国，是党中央着眼全面建成社会主义现代化强国作出的战略部署。"在全面建设社会主义现代化国家开局起步的重要时刻，习近平总书记的重要讲话明确了当前和今后一个时期"三农"工作的目标任务、战略重点和主攻方向，为建设农业强国、加快推进农业农村现代化提供了遵循。

全面建设社会主义现代化国家，最艰巨最繁重的任务依然在农村，最广泛最深厚的基础依然在农村。推动实现农村更富裕、生活更幸福、乡村更美丽，必须采取更有力的举措，推动人力投入、物力配置、财力保障转

移到乡村振兴上来，全面推进产业、人才、文化、生态、组织"五个振兴"。

产业振兴是乡村振兴的重中之重。目前，各地乡村产业都有了一定基础，有些地方新产业新业态发展势头很红火。但是，总体看来，乡村产业发展还处于初级阶段，规模小、布局散、链条短，品种、品质、品牌水平都还比较低。要适应城乡居民消费需求，做好"土特产"文章，向开发农业多种功能、挖掘乡村多元价值要效益，向一二三产业融合发展要效益，推动乡村产业发展壮大。另外，发展乡村产业，还要通过全产业链拓展产业增值增效空间，强龙头、补链条、兴业态、树品牌，增强市场竞争力和可持续发展能力，让农民分享更多产业增值收益。

农村是亿万农民的家园。未来我国城镇化将达到很高水平，但仍会有几亿人在农村就业生活。建设宜居宜业和美乡村是农业强国的题中应有之义，必须加快实现乡村由表及里、形神兼备的全面提升。让农民更好享受现代文明生活，要继续把公共基础设施建设的重点放在农村，短板要加快补上。要在推进城乡基本公共服务均等化上持续发力，注重加强普惠性、兜底性、基础性民生建设。同时，要完善党组织领导的自治、法治、德治相结合的乡村治理体系，让农村既充满活力又稳定有序。

做好农业农村工作，说一千道一万，农民增收是关键。巩固拓展脱贫攻坚成果是全面推进乡村振兴的底线任务。要继续压紧压实责任，把脱贫人口和脱贫地区的帮扶政策衔接好、措施落到位，加强动态监测帮扶。要坚持把增加农民收入作为"三农"工作的中心任务，培育提升产业，增强群众技能，积极扩大就业，千方百计拓宽农民增收致富渠道。

乡村振兴，关键在人、关键在干。如今，脱贫攻坚的成就已载入史册，全面推进乡村振兴的新蓝图已经绘就。新征程上，我们要乘势而上、接续奋斗，汇聚更强大的力量全面推进乡村振兴，让希望的田野更加充满希望，为全面建设社会主义现代化国家开好局起好步提供有力支撑。

（2023 年 01 月 05 日）

推动夜经济提档升级

彭　飞

让夜经济更好满足消费者需求、实现高质量发展，不仅是一道经济课题，也是一道治理考题

天台上的夜市烟火升腾，汽车尾厢集市流光溢彩，灯光中的"老字号"热闹不减，霓虹闪烁的"湾区之光"吸引众多游客……暮色渐浓，一个充满潮流活力和时尚风情的"夜深圳"尤显迷人。越来越热闹的夜间消费场景，也成为全国各地经济稳步复苏的生动缩影。

作为城市经济的重要组成部分，夜经济的繁荣程度，堪称城市经济开放度、便利度和活跃度的晴雨表。发放电子消费券，推出景区门票、宾馆和购物打折等文旅消费优惠活动，营造灯火璀璨的夜经济场景……近期，多地陆续出台激励政策和有效措施，激活夜经济活力，拉动消费回暖，让城市有了更多烟火气。

发展夜经济不仅能满足人民日益增长的美好生活需要，对于扩大内需、繁荣市场、创造就业等也具有明显的拉动作用。一项城市居民消费习惯调查报告显示，大约60%的消费发生在夜间，一些大型商场每天18时至22时的销售额占全天比重超50%。夜经济发展需要诸多业态的支持，在此过程中会产生大量就业服务需求，有利于为解决就业问题拓展途径。前不久

举行的中央经济工作会议，系统部署 2023 年经济工作，强调"要把恢复和扩大消费摆在优先位置"，指出"增强消费能力，改善消费条件，创新消费场景"，要求"落实落细就业优先政策"。在此背景下，推动夜经济加快复苏、实现更好发展，可谓正当其时。无论是功能齐全的商业综合体，还是灵活便利的流动摊车，夜经济的霓虹点亮、人气聚集，必将更好激发消费潜能、广泛惠及民生，从而助力城市焕发新活力。

近年来，我国夜经济蓬勃发展，呈现出一些新变化。许多地方的夜经济正从传统的以餐饮、购物为主的夜市，向融合了文化、旅游、住宿、餐饮、购物、娱乐等多种业态的夜间文旅消费集聚区转变。在江苏苏州观前街，戏院传出悠扬婉转的昆曲，苏绣旗袍、油纸伞等特色文化符号随处可见，夜晚的江南水乡同样诗情画意；在安徽黄山歙县的徽州古城非遗夜市，非遗传承人现场进行非遗表演、工艺展示、产品展销，徽文化魅力尽显；在广东中山古镇镇海洲村，依托灯光秀初步形成"夜购、夜食、夜游、夜宿、夜赏"五大夜经济业态……不断涌现的新模式、新场景、新项目，展现了夜经济产业化、专业化、品质化的发展方向，折射着大众消费升级的新需求、新趋势。

让夜经济更好满足消费者需求、实现高质量发展，不仅是一道经济课题，也是一道治理考题。怎样对夜间文旅消费集聚区进行合理规划，避免同质化、低水平建设？怎样进一步完善交通、停车场等基础设施，提升治安管理、噪声控制、垃圾处理等公共服务水平，打造繁荣、安全、有序的夜间消费环境？如何加强对夜间经营场所的监管，保障食品安全、提升环保水平，使居民安心消费？推进夜经济综合治理，实际上也是不断提升城市管理和服务水平、提高公共资源保障效率的过程。如果夜经济搞得好，必将有益于城市面貌的更新、城市品质的提升。

培育夜经济是一项系统工程，需要政府搭台、企业唱戏、消费者参与。因地制宜、积极创新、凝聚合力，从精细化管理层面下功夫，在对接消费需求上出实招，必能让夜经济不断绽放新光彩、释放更多红利，为城市经济社会发展注入新动能。

（2023 年 01 月 04 日）

深化现代职业教育体系建设改革

康 岩

优化课程供给，促进职业教育的"专业群"与区域经济的"产业群"无缝对接，让职业教育成为"有学头、有盼头、有奔头"的教育

在上海，职业院校与区级政府合作建立"双元制"特色产业学院，整合职业教育资源；在安徽，职业院校与制造企业签订校企合作订单协议书，推动校企合作、产教融合；在山东青岛，企业发挥主体作用，接收职业院校或高等学校学生实习实训……近年来，多地整合职业教育资源，为区域经济高质量发展培养高素质技术技能人才。

习近平总书记强调："在全面建设社会主义现代化国家新征程中，职业教育前途广阔、大有可为。"近日，中共中央办公厅、国务院办公厅印发《关于深化现代职业教育体系建设改革的意见》，要求"深化职业教育供给侧结构性改革""培养更多高素质技术技能人才、能工巧匠、大国工匠"，并从战略任务、重点工作、组织实施等方面为持续推进现代职业教育体系建设改革描绘了蓝图。

深化现代职业教育体系建设改革，要以提升职业院校关键能力为基础。

当前，新一轮科技革命和产业变革正在重构全球创新版图、重塑全球经济结构，职业教育要围绕国家重大战略，紧密对接产业升级和技术变革趋势，面向新业态、新职业、新岗位，优先在现代制造业、现代服务业、现代农业等领域，组织知名专家、业界精英和优秀教师，打造核心课程，及时把新方法、新技术、新工艺、新标准引入教育教学实践。同时，优化课程供给，促进职业教育的"专业群"与区域经济的"产业群"无缝对接，让职业教育成为"有学头、有盼头、有奔头"的教育。

深化现代职业教育体系建设改革，要持续深化产教融合、科教融汇。把企业搬进职业院校、让职业院校走进企业，推动职业院校育才和企业用人的精准匹配，找准校企双方的结合点、共赢点，让职业院校和企业真正做到"两头热"和"真融合"。比如，有的职业院校与合作企业灵活设置"厂中校"和"订单班"，企业提供学习、住宿场所，职业院校提供教育教学设施设备，按照教育教学计划和企业用工需求，适时安排学生进驻产业学院。通过合作，职业院校得以充分利用企业的场地、设备资源，企业也获得了技能人才供给。在延伸校企合作的深度与范围上做好文章，打通学校到企业的"最后一公里"，就能实现人才培养与企业需求精准有效对接。

深化现代职业教育体系建设改革，还要持续推动职普融通。以中等职业学校为基础、高职专科为主体、职业本科为牵引，建设一批符合经济社会发展和技术技能人才培养需要的高水平职业院校和专业，是改革职业教育体系的题中应有之义。比如，上海的一家职业本科院校的毕业生成了就业市场的"香饽饽"，首届37名职业本科毕业生日前顺利毕业走上工作岗位，还有一名考上全日制硕士研究生继续深造。确立就业和升学"双导向"，贯通职业教育与本科教育，打破职业教育止步于高职的"天花板"，不同禀赋的学生就能够多次选择、多样化成才，职业教育也能在就业市场上进一步增强竞争力与吸引力。

教育是国之大计、党之大计。职业教育是培养技术技能人才、促进就业创业创新、推动中国制造和服务实现高质量发展的重要基础。围绕产业结构升级而"转",随着市场需求转变而"动",适应社会发展需要而"变",职业教育必能不断发展,既为广大青年学习就业提供新的选择,又为高质量发展提供人才支撑。

（2023 年 01 月 03 日）